21世纪经济管理新形态教材·会计学系列

# 管理会计

高 樱 徐琪霞 ◎ 主 编

清华大学出版社
北京

本书封面贴有清华大学出版社防伪标签,无标签者不得销售。
版权所有,侵权必究。举报: 010-62782989, beiqinquan@tup.tsinghua.edu.cn。

#### 图书在版编目(CIP)数据

管理会计/高樱,徐琪霞主编. —北京:清华大学出版社,2021.3(2024.2 重印)
21 世纪经济管理新形态教材. 会计学系列
ISBN 978-7-302-57489-7

Ⅰ. ①管… Ⅱ. ①高… ②徐… Ⅲ. ①管理会计-高等学校-教材 Ⅳ. ①F234.3

中国版本图书馆 CIP 数据核字(2021)第 021553 号

责任编辑:吴 雷
封面设计:李伯骥
责任校对:王荣静
责任印制:宋 林

出版发行:清华大学出版社
网 址: https://www.tup.com.cn, https://www.wqxuetang.com
地 址:北京清华大学学研大厦 A 座     邮 编:100084
社 总 机: 010-83470000     邮 购: 010-62786544
投稿与读者服务: 010-62776969, c-service@tup.tsinghua.edu.cn
质量反馈: 010-62772015, zhiliang@tup.tsinghua.edu.cn

印 装 者:三河市龙大印装有限公司
经 销:全国新华书店
开 本: 185mm×260mm     印 张: 16     字 数: 380 千字
版 次: 2021 年 3 月第 1 版     印 次: 2024 年 2 月第 3 次印刷
定 价: 49.00 元

产品编号: 091100-01

# 前言
## PREFACE

"管理会计"作为会计学的两大分支之一,是企业实现科学管理、提高经营管理效益的应用性课程。2020年5月教育部印发的《高等学校课程思政建设指导纲要》,要求高校课程思政要融入课堂教学建设。在"互联网＋教育"背景下,《教育信息化"十三五"规划》要求将信息化技术引入教育教学活动过程。鉴于此,进行"管理会计"课程的配套思政化和数字化教材建设尤其显得重要和紧迫。

为适应新时代我国经济发展的需要,贯彻教育部关于高等院校人才培养的有关精神,笔者按照最新政策指引编写了本书。本书具有以下特点:

**1. 数字化**

"互联网＋教育"新生态下,本书内容融合了传统纸质教材与数字化教学资源。数字化教学资源包括政策研学、思政经典案例、在线测试题。

**2. 思政化**

《高等学校课程思政建设指导纲要》要求将课程思政融入课堂教学建设全过程,包括课堂授课、教材选用和教学课件等方面。本书每章以"思政名言集锦"开篇,章中穿插"思政经典案例",章末结合专业特色编写了"思政案例分析"。

**3. 新颖性**

本书涵盖财政部发布的《管理会计应用指引》的核心内容,既包括传统管理会计的基本内容,又吸收了大量近年来国内外管理会计理论研究的最新成果,将传统管理会计内容和战略管理会计内容较好结合。

**4. 实用性**

本书注重培养学生参与管理会计工作所需的基本技能和基本观念,以提升学生的实践能力。每章均设有引导案例、政策研学、知识点小结、思考题等,便于学生实际操作,突出对学生动手能力的培养。

本书由山西大学商务学院高樱和徐琪霞负责编写框架和拟定提纲,并负责对全书进行统稿和最终定稿;由王辛平、崔慧敏和薛洋担任副主编。编写工作的具体分工为:高樱负责编写第9章、第10章、第11章;徐琪霞负责编写第2章、第3章、第4章;王辛平负责编写第 7 章；崔慧敏负责编写第 1 章、第 6 章（存货决策部分）、第 8 章；薛洋负责编写第 5 章、第 6 章、第 10 章（平衡计分卡部分）。

  本书在编写过程中参阅了大量国内外有关管理会计的著作和文献资料，在此谨对这些值得尊敬的专家、学者和老师表示深深的感谢。由于编者水平有限，书中不妥之处在所难免，恳请同行专家、学者及读者批评指正。

高 樱

2020 年 11 月 30 日

# 目录
# CONTENTS

第1章 管理会计概述 ································································· 1
  1.1 管理会计定义及发展 ························································· 2
    1.1.1 管理会计的含义 ··························································· 2
    1.1.2 管理会计的发展 ··························································· 4
  1.2 管理会计基本理论 ··························································· 8
    1.2.1 管理会计的职能 ··························································· 8
    1.2.2 管理会计的基本内容 ··················································· 10
    1.2.3 管理会计与财务会计的关系 ········································ 11
  1.3 管理会计师 ······································································ 13
    1.3.1 管理会计师的类别 ······················································ 13
    1.3.2 管理会计职业能力框架 ·············································· 15
    1.3.3 管理会计师职业道德 ·················································· 18
  本章小结 ················································································· 20
  思考题 ···················································································· 21

第2章 成本性态分析 ································································· 22
  2.1 成本及其分类 ·································································· 23
    2.1.1 成本的概念 ································································· 23
    2.1.2 成本的一般分类 ························································· 23
  2.2 成本按性态分类 ······························································ 24
    2.2.1 固定成本 ····································································· 24
    2.2.2 变动成本 ····································································· 27
    2.2.3 混合成本 ····································································· 29
  2.3 成本性态分析方法 ··························································· 31
    2.3.1 成本性态分析的含义与前提 ······································· 31
    2.3.2 成本性态分析的方法 ·················································· 32
  本章小结 ················································································· 39
  思考题 ···················································································· 39

## 第 3 章 变动成本法 ... 40

### 3.1 变动成本法概述 ... 41
- 3.1.1 成本计算及其主要分类 ... 41
- 3.1.2 变动成本法的理论前提 ... 42

### 3.2 变动成本法和完全成本法的比较 ... 43
- 3.2.1 应用的前提条件和提供的信息用途不同 ... 43
- 3.2.2 成本的构成不同 ... 44
- 3.2.3 销货成本及存货成本水平不同 ... 45
- 3.2.4 损益确定的程序和中间指标的计算不同 ... 46

### 3.3 两种成本法分期计算营业利润差异的变动规律 ... 47
- 3.3.1 两种成本法分期计算营业利润差异的原因 ... 47
- 3.3.2 采用两种不同成本法对营业利润计算的影响 ... 50

### 3.4 变动成本法的评价与应用 ... 53
- 3.4.1 变动成本法的优缺点 ... 53
- 3.4.2 完全成本法的优缺点 ... 55
- 3.4.3 变动成本法和完全成本法的结合应用 ... 55

本章小结 ... 59

思考题 ... 59

## 第 4 章 本量利分析 ... 60

### 4.1 本量利关系 ... 61
- 4.1.1 本量利分析的基本含义 ... 61
- 4.1.2 本量利分析的基本假定 ... 62
- 4.1.3 本量利分析原理及相关指标的计算 ... 63

### 4.2 保本条件下的本量利分析 ... 65
- 4.2.1 保本分析概述 ... 65
- 4.2.2 单一品种的保本分析 ... 66
- 4.2.3 多品种的保本分析 ... 68
- 4.2.4 安全边际指标及计算 ... 72
- 4.2.5 影响保本点和安全边际指标的因素 ... 74

### 4.3 保利条件下的本量利分析 ... 76
- 4.3.1 实现目标利润分析及其意义 ... 76
- 4.3.2 保利分析的计算与应用 ... 76
- 4.3.3 影响保利点的相关因素分析 ... 77

### 4.4 本量利关系的敏感性分析 ... 78
- 4.4.1 敏感性分析的含义及目的 ... 78
- 4.4.2 保本点的敏感性分析 ... 79
- 4.4.3 保利点的敏感性分析 ... 80

本章小结 ... 82

思考题 ... 83

## 第 5 章　预测分析 ········································································· 84
### 5.1　预测分析概述 ···································································· 85
#### 5.1.1　预测分析的含义 ······················································· 85
#### 5.1.2　预测分析的步骤 ······················································· 85
#### 5.1.3　预测分析的方法 ······················································· 86
#### 5.1.4　预测分析的内容和原则 ············································· 87
### 5.2　销售预测 ·········································································· 87
#### 5.2.1　销售预测的含义 ······················································· 87
#### 5.2.2　定性销售预测方法 ··················································· 87
#### 5.2.3　定量销售预测方法 ··················································· 90
### 5.3　成本预测 ·········································································· 94
#### 5.3.1　成本预测的含义 ······················································· 94
#### 5.3.2　成本预测的步骤 ······················································· 95
#### 5.3.3　成本预测分析的方法 ················································ 95
### 5.4　利润预测 ·········································································· 98
#### 5.4.1　目标利润的预测分析 ················································ 98
#### 5.4.2　目标利润预测的原则 ················································ 98
#### 5.4.3　目标利润预测的步骤 ················································ 99
### 5.5　资金需要量预测 ······························································· 101
#### 5.5.1　销售百分比法 ························································· 101
#### 5.5.2　资金增长趋势预测法 ·············································· 103
### 本章小结 ··············································································· 105
### 思考题 ·················································································· 105

## 第 6 章　短期经营决策分析 ······················································· 106
### 6.1　决策分析概述 ·································································· 107
#### 6.1.1　决策分析的意义 ····················································· 107
#### 6.1.2　决策分析的分类 ····················································· 107
#### 6.1.3　经营决策分析的程序 ·············································· 108
#### 6.1.4　经营决策分析中的成本概念 ····································· 109
### 6.2　经营决策分析方法 ··························································· 111
#### 6.2.1　生产经营决策的常用方法 ········································ 111
#### 6.2.2　生产决策分析 ························································ 115
### 6.3　定价决策 ········································································ 120
#### 6.3.1　产品定价方法 ························································ 120
#### 6.3.2　产品最优售价决策 ·················································· 121
#### 6.3.3　特殊定价决策 ························································ 122
### 6.4　存货决策 ········································································ 123
#### 6.4.1　存货成本管理 ························································ 123
#### 6.4.2　存货决策 ······························································· 124

本章小结 ·············································································································· 128
思考题 ················································································································ 129

## 第 7 章　长期投资决策 ························································································· 130
### 7.1　长期投资概述 ································································································ 131
#### 7.1.1　长期投资的分类 ····················································································· 131
#### 7.1.2　长期投资的特点 ····················································································· 131
#### 7.1.3　长期投资的程序 ····················································································· 132
#### 7.1.4　影响长期投资的因素 ·············································································· 134
### 7.2　长期投资决策评价方法 ··················································································· 138
#### 7.2.1　非贴现现金流量评价方法 ······································································· 138
#### 7.2.2　贴现现金流量评价方法 ·········································································· 140
### 7.3　投资决策指标的运用 ······················································································ 143
#### 7.3.1　寿命期不等的互斥项目的投资决策 ·························································· 143
#### 7.3.2　固定资产更新改造决策 ·········································································· 145
本章小结 ·············································································································· 148
思考题 ················································································································ 149

## 第 8 章　全面预算 ································································································ 150
### 8.1　全面预算概述 ································································································ 151
#### 8.1.1　全面预算的内容 ····················································································· 151
#### 8.1.2　全面预算体系 ························································································ 152
#### 8.1.3　全面预算的编制期与编制程序 ································································· 154
### 8.2　预算的编制 ·································································································· 154
#### 8.2.1　销售预算 ······························································································· 154
#### 8.2.2　生产预算 ······························································································· 155
#### 8.2.3　直接材料预算 ························································································ 156
#### 8.2.4　直接人工预算 ························································································ 157
#### 8.2.5　制造费用预算 ························································································ 158
#### 8.2.6　产品成本预算 ························································································ 159
#### 8.2.7　销售及管理费用预算 ·············································································· 160
#### 8.2.8　现金预算 ······························································································· 161
#### 8.2.9　预计利润表及利润分配表 ······································································· 163
#### 8.2.10　预计资产负债表 ··················································································· 164
### 8.3　编制预算的具体方法 ······················································································ 165
#### 8.3.1　固定预算与弹性预算 ·············································································· 165
#### 8.3.2　定期预算与滚动预算 ·············································································· 168
#### 8.3.3　增量预算与零基预算 ·············································································· 169
本章小结 ·············································································································· 171
思考题 ················································································································ 172

# 第9章 标准成本法与作业成本法 ··· 173

## 9.1 成本控制概述 ··· 174
### 9.1.1 成本控制的含义 ··· 174
### 9.1.2 成本控制的原则 ··· 174
### 9.1.3 成本控制的程序和方法 ··· 175

## 9.2 标准成本法 ··· 175
### 9.2.1 标准成本法的含义 ··· 175
### 9.2.2 标准成本的制定 ··· 176
### 9.2.3 标准成本的差异分析 ··· 179
### 9.2.4 成本差异账务处理 ··· 183

## 9.3 作业成本法 ··· 183
### 9.3.1 作业成本法的基本概念 ··· 183
### 9.3.2 作业成本法的程序与应用 ··· 187
### 9.3.3 作业成本法与传统成本法的比较 ··· 191
### 9.3.4 作业成本管理 ··· 192

本章小结 ··· 196
思考题 ··· 197

# 第10章 责任会计 ··· 198

## 10.1 责任会计概述 ··· 199
### 10.1.1 责任会计的产生和发展 ··· 199
### 10.1.2 责任会计的含义 ··· 199
### 10.1.3 责任会计的作用 ··· 200
### 10.1.4 责任会计的基本原则 ··· 200
### 10.1.5 责任会计的基本内容 ··· 202

## 10.2 责任中心 ··· 202
### 10.2.1 责任中心概述 ··· 202
### 10.2.2 成本中心 ··· 203
### 10.2.3 利润中心 ··· 205
### 10.2.4 投资中心 ··· 206

## 10.3 对责任中心的评价与考核 ··· 206
### 10.3.1 对成本中心的评价与考核 ··· 207
### 10.3.2 对利润中心的评价与考核 ··· 208
### 10.3.3 对投资中心的评价与考核 ··· 209

## 10.4 内部转移价格 ··· 212
### 10.4.1 内部转移价格的含义 ··· 212
### 10.4.2 内部转移价格的制定 ··· 213
### 10.4.3 内部结算方式 ··· 215
### 10.4.4 内部仲裁 ··· 215

## 10.5 平衡计分卡 ··· 216

10.5.1 平衡计分卡的含义……………………………………………………… 216
　　10.5.2 平衡计分卡基本原理…………………………………………………… 217
　　10.5.3 平衡计分卡的评价……………………………………………………… 218
本章小结…………………………………………………………………………………… 222
思考题……………………………………………………………………………………… 222

## 第 11 章　战略管理会计……………………………………………………………… 223
11.1 战略管理概述……………………………………………………………………… 224
　　11.1.1 战略与战略管理的含义………………………………………………… 224
　　11.1.2 战略管理的基本程序…………………………………………………… 224
　　11.1.3 战略管理的基本层次…………………………………………………… 225
11.2 战略管理会计概述………………………………………………………………… 226
　　11.2.1 战略管理会计的产生…………………………………………………… 226
　　11.2.2 战略管理会计的含义…………………………………………………… 226
　　11.2.3 战略管理会计的目标…………………………………………………… 226
　　11.2.4 战略管理会计的特点…………………………………………………… 227
　　11.2.5 战略管理会计的基本假设……………………………………………… 228
11.3 战略管理会计的基本内容………………………………………………………… 229
11.4 战略管理会计的主要方法………………………………………………………… 231
　　11.4.1 战略定位分析…………………………………………………………… 231
　　11.4.2 价值链分析……………………………………………………………… 234
　　11.4.3 战略成本动因分析……………………………………………………… 235
　　11.4.4 产品寿命周期分析……………………………………………………… 236
　　11.4.5 质量成本分析…………………………………………………………… 236
本章小结…………………………………………………………………………………… 238
思考题……………………………………………………………………………………… 239

**参考文献**………………………………………………………………………………… 240

# 第1章 管理会计概述

**【思政名言集锦——道德修养篇】**

子曰:"人而无信,不知其可也。大车无輗,小车无軏,其何以行之哉?"
——《论语·为政》

子曰:"其身正,不令而行;其身不正,虽令不从。"
——《论语·子路》

富贵不能淫,贫贱不能移,威武不能屈。
——《孟子·滕文公下》

**【学习目标】**

通过本章学习:理解管理会计的形成与发展及基本理念,重点掌握管理会计与财务会计的关系以及管理会计的职能和内容,了解管理会计的发展趋势,熟悉管理会计师的职业能力和职业道德。

**【引导案例】**

### 人工智能时代财务会计向管理会计转型

随着信息技术发展和技术创新,人工智能早已渗透进企业的日常活动中,2017年四大国际会计师事务所之一的德勤会计师事务所推出了德勤财务机器人,大有以人工智能机器人取代基础财务会计人员的态势。另外,随着我国经济市场化水平不断提高,企业之间竞争越来越激烈,要求企业不断加强内部管理、动态总结过去的经济活动并且科学规划未来的发展道路。而管理会计中基于作业成本法、变动成本法和本量利分析等手段的全面预算方法以及各类经济活动控制的方法正符合当下企业科学管理的要求。管理会计的这些方法可以为企业的经济活动提供动态指导,帮助管理者制定基于企业外部环境信息和过去行为的未来发展规划。

基于此,财务会计向管理会计转型已成为历史发展的必然,我国管理会计起步较晚,转型要从以下三方面着手:

第一，完善管理会计理论体系。管理会计的实践发展必须要有完善的理论体系作为指导，但我国目前还没有相关完善的理论体系。因此，国家层面要不断完善管理会计准则体系，以指导全国管理会计工作的展开。

第二，要不断加强管理会计人才的培养。推进财务会计向管理会计转型的重中之重在于人才的培养。只有具备专业素养的管理会计从业人员，我国的管理会计工作才能不断推进。

第三，会计从业者要加强管理会计理论的学习。会计从业人员本身要重视管理会计知识，不断加强管理会计理论的学习，提高自身管理会计专业水平。尤其是要结合各种人工智能软件的运用，不断提高自身管理会计知识水平，从基础的财务会计人员转变为具有扎实基础知识、完备职业技能的管理会计人才，以适应未来会计工作的转型。

相信随着管理会计的日趋完善，其在企业中的应用将更加广泛。

## 1.1 管理会计定义及发展

管理会计成为现代企业管理不可缺少的一门综合性的交叉学科，能够在现代企业内部的经营管理工作中发挥重要作用，同其他任何学科一样也经历了一个由简单到复杂、从低级到高级的逐步发展过程。历史证明，管理会计是随着科学技术的不断进步与创新，以及社会经济的不断变革和发展而逐步形成并不断发展的。为贯彻落实党的十八大和十八届三中全会精神，深入推进会计强国战略，全面提升会计工作总体水平，推动经济更有效率、更加公平、更可持续地发展，2014 年 10 月 27 日，财政部根据《会计改革与发展"十二五"规划纲要》，制定发布了《关于全面推进管理会计体系建设的指导意见》，明确了管理会计体系建设的指导思想和基本原则，提出了管理会计体系建设的总目标，并围绕该目标部署了相应任务。

### 1.1.1 管理会计的含义

我们可以从广义和狭义两个方面来理解管理会计（management accounting）。

**1. 广义管理会计的定义**

广义的管理会计，是指用于概括现代会计系统中区别于传统会计的，能够直接体现预测、决策、规划、控制和责任考核评价等会计管理职能的那部分内容。

需要说明的是，这个定义比较简单，存在口径过于宽泛、界限过于模糊、现实性比较差的缺点。由于这个定义采用排除法来界定管理会计，就容易把原本不应划归于管理会计范畴的其他会计分支统统纳入管理会计门下，使"管理会计"成了无所不包的大杂烩，从而导致理论研究的表面化。

**2. 狭义管理会计的定义**

狭义的管理会计，又称微观管理会计，是指在当代市场经济条件下，以强化企业内部经营实现最佳经济效益为最终目的，以现代企业经营活动及其价值表现为对象，通过对财务相关信息的深加工和再利用,实现对经济过程的预测、决策、规划、控制、责任考核评价等职能的一个会计分支。

管理会计的工作主体是现代企业,而现代企业又处在现代市场经济条件下。从现代系统论的角度看,现代经济的变化不仅对管理会计的产生起到了积极的作用,而且不断地对其提出了新的要求,最终促进了管理会计的发展。

可以从以下几个方面来理解狭义管理会计的定义:

(1) 管理会计的奋斗目标是确保企业实现最佳的经济效益。

(2) 管理会计的对象是企业的经营活动及其价值表现。

(3) 管理会计的手段是对财务信息等进行深加工和再利用。

(4) 管理会计的职能必须充分体现现代企业管理的要求。

(5) 管理会计与企业管理的关系是部分与整体之间的从属关系。

(6) 管理会计的本质既是一种侧重于在现代企业内部经营管理中直接发挥作用的会计,又是企业管理的重要组成部分,因而也有人称其为"内部经营管理会计",简称"内部会计"。

(7) 管理会计是现代企业会计系统中与传统的财务会计相对立的概念。

总之,被西方称为"管理会计"的那个客体,就其客观内容而言,不过是现代会计系统中区别于传统会计,能够更明显、更集中地体现包括预测经营前景、参与经营决策、规划经营方针、控制经济过程、考核评价责任业绩等内在功能的那部分工作内容。显然,将管理会计作为现代会计的范畴来考察,将其同现代经济环境、现代经济管理实践的特点联系起来,有助于一系列管理会计基本问题的圆满解决。

本书主要讨论狭义的管理会计问题。

**3. 管理会计的概念**

本书采用《财政部关于全面推进管理会计体系建设的指导意见》的观点,认为管理会计是会计的重要分支,主要服务于单位(包括企业和行政事业单位)内部管理需要,是通过利用相关信息,有机融合财务与业务活动,在单位规划、决策、控制和评价等方面发挥重要作用的管理活动。正确研究和理解管理会计应注意以下四点:

(1) 从属性上看,管理会计属于管理学中的会计学科,是以提高经济效益为最终目的的会计信息处理系统。

(2) 从范围来看,管理会计既为企业管理当局的管理目标服务,也为股东、债权人、规章制度制定机构及税务当局甚至国家行政机关等非管理集团服务。也就是说,其研究范围并不限于企业,目前其研究范围有扩大的倾向。

(3) 从内容上看,管理会计既要研究传统管理会计所要研究的问题,也要研究管理会计的新领域、新方法,并且应把成本管理纳入管理会计研究的领域。

(4) 从目的来看,管理会计要运用一系列专门的方式方法,通过确认、计量、归集、分析、编制与解释、传递等一系列工作,为管理和决策提供信息,并参与企业经营管理。

管理会计既是会计的分支,也是管理的分支,尽管管理会计是会计学科发展的必然结果,但在其形成和发展过程中,一系列的管理理论对管理会计也产生了极其重要的影响,并为其奠定了坚实的理论基础。

### 1.1.2 管理会计的发展

管理会计自问世以来,已经有了一个世纪的历史。在这个过程中,同其他任何新鲜事物一样,管理会计从无到有、从小到大,经历了由简单到复杂、从低级到高级的发展阶段。本节简单回顾管理会计的发展历程,并分析促进其产生和发展的根本原因。

**1. 管理会计的历史沿革**

从客观内容上看,管理会计的实践最初萌生于19世纪末20世纪初,其雏形产生于20世纪上半叶,正式形成和发展于第二次世界大战之后,20世纪70年代后在世界范围内得以迅速发展。

1) 西方管理会计的简要发展脉络

相对于财务会计,管理会计是着重为企业改善经营管理、提高经济效益服务的一个会计分支。从发展历程看,西方管理会计是随着经济社会环境、企业生产经营模式以及管理科学和科技水平的不断发展而逐步发展起来的,大致经历了以下三个阶段:

(1) 成本决策与财务控制阶段(即传统管理会计阶段,20世纪20至50年代)。管理会计萌芽于20世纪初,随着社会生产力水平的提高和商品经济的迅速发展,以经验和直觉为核心的传统管理方式所无法克服的粗放经营、资源浪费严重、企业基层生产效率低下等弊端同大机器工业生产的矛盾越来越尖锐。于是,取代旧的、落后的"传统管理"的"科学管理"方式应运而生。20世纪20年代,泰勒提出的以提高劳动生产率、标准化生产和专业化管理为核心的科学管理学说在美国许多企业中受到重视,"标准成本控制""预算控制"和"差异分析"等旨在提高企业生产效率和经济效益的管理方法被引入企业内部的会计实务中。但由于泰勒的科学管理学说重局部、轻整体,"二战"后期其逐步被现代管理科学所取代,形成了主要致力于加强企业内部生产经营与管理,尤其是对企业的未来进行科学预测与决策、对生产经营活动进行事前、事中规划的相对独立的理论与方法体系。在此基础上,以杜邦公司为代表的大型企业倡导并发展了以投资净利率指标为核心的杜邦财务指标体系,用来衡量各个部门的效率和整个企业的业绩。管理会计形成了以预算体系和成本会计系统为基础的成本决策和财务控制体系。1952年,国际会计师联合会年会正式采用"管理会计"来统称企业内部会计体系,标志着管理会计正式形成,自此现代会计分为财务会计和管理会计两大分支。

科学管理具备了定量化、规范化、制度化的特征。与此相适应,新的会计观念与技术方法相继出现,其主要内容包括以下几个方面:

① 标准成本,是指按照科学的方法制定在一定客观条件下能够实现的人工、材料消耗标准,并以此为基础,形成产品标准成本中的标准人工成本、标准材料成本、标准制造费用等。标准成本的制定,使成本计算由事后的计算和利用转为事前的计算和利用,这是现代会计管理职能的一大体现。

② 预算控制,是指按照人工、材料消耗标准及费用分配率标准,将标准人工成本、标准材料成本、标准制造费用以预算形式表现出来,并据此控制料、工、费的发生,使之符合预算的要求。

③ 差异分析,即在一定期间终了时,对料、工、费脱离标准的差异进行计算和分析,查明

差异形成的原因和责任，借以评价和考核各有关方面的工作业绩，促使其改进工作。

(2) 管理控制与决策阶段(即现代管理会计阶段，20世纪50至80年代)。随着信息经济学、交易成本理论和不确定性理论被广泛引入管理会计领域，加上新技术如电子计算机大量应用于企业流程管理，管理会计向着精密的数量化技术方法方向发展。投入产出法、线性规划、存货控制和方差分析等计划决策模型在这一时期发展起来，建立了有关流程分析、战略成本管理等理论与方法体系，极大推动了管理会计在企业的有效应用，管理会计职能转为向内部管理人员提供企业计划和控制信息。但由于管理会计对高新技术发展重视不足，且依旧局限于传统责任范围并主要强调会计方面，其发展不仅落后于技术革命，而且落后于新的企业经营管理理论。为了改变这一状况，管理会计学者对新的企业经营环境下管理会计发展进行了探索，质量成本管理、作业成本法、价值链分析以及战略成本管理等创新的管理会计方法层出不穷，初步形成了一套新的成本管理控制体系。管理会计完成了从"为产品定价提供信息"到"为企业经营管理决策提供信息"的转变，由成本计算、标准成本制度、预算控制发展到管理控制与决策阶段。

管理控制与决策阶段的主要内容包括以下几个方面：

① 预测。预测是指运用科学的方法，根据历史资料和现实情况，预计和推测经济活动未来趋势和变化程度的过程，包括销售预测、成本预测、利润预测、资金需要量预测等内容。

② 决策。决策是指按照既定的目标，通过预测、分析、比较和判断，从两个或两个以上的备选方案中选择最优方案的过程，包括经营决策(如产品品种决策、产品组合决策、生产组织决策、定价决策)、投资决策等内容。

③ 预算。预算是指用货币度量和非货币度量反映企业一定期间收入、成本、利润、对资产的要求及资金的需要，反映经营目标和结果的计划，包括业务预算、专门决策预算和财务预算等内容。

④ 控制。控制是指按预算要求，控制经济活动使之符合预算的过程，包括标准成本法和责任会计等内容。

⑤ 考核和评价。考核和评价是指通过实际与预算的比较，确定差异，分析差异形成的原因，并据此对责任者的业绩进行评价和对生产经营进行调整的过程，这一过程往往在标准成本法和责任会计的实施中表现出来。

(3) 强调企业价值创造阶段(即战略管理会计阶段，20世纪90年代以后)。随着经济全球化和知识经济的发展，生产要素跨国跨地区流动不断加快，世界各国经济联系和依赖程度日益增强，技术进步导致产品寿命缩短，企业之间因产品、产业链的分工合作日趋频繁，准确把握市场定位、客户需求等尤为重要。在这样的背景下，管理会计越来越容易受到外部信息以及非财务信息对决策相关性的冲击，企业内部组织结构的变化也迫使管理会计在管理控制方面要有新的突破，需要从战略、经营决策、商业运营等各个层面掌握并有效利用所需的管理信息，为此管理会计发展了一系列新的决策工具和管理工具。其主要包括两方面内容：一是宏观性的决策工具和管理工具，如阿里巴巴的阿里云，可以通过云计算对客户的所有信息进行全面分析，从而判断客户的信用情况、供货或消费倾向、是否可以放贷等，这是管理会计未来的一个发展方向；二是精细化的决策工具和管理工具，主要体现在企业内部管理方面的精细化，如运用平衡计分卡将企业战略目标逐层分解，这不但克服了信息的庞杂性和不对称性的干扰，也为企业提供了有效运作所需的可量化、可测度、可评估的各种信息，有利于推动企业战略目标的实现。

此阶段的理论与方法具体体现在以下几个方面：

① 为适应适时生产系统的需要，建立"及时适量生产和存货控制制度"，树立"零存货"的管理理念，依靠最先进的计算机技术，合理规划并大大简化生产和销售过程，减少库存，完全消除"停工待料"或"有料待工"的现象，借以提高产品质量和劳动生产率，降低库存水平和储存成本。随着适时制生产系统的建立，作业成本法得以广泛应用于低成本战略的企业中，从而使之成为战略管理会计的一项重要内容。

② 为了强化全面质量管理，应该改变原有的"可接受的质量水平"管理思想，树立"零瑕疵、高质量"的管理理念和方法，以产品的高质量来赢得竞争激烈的市场。1987年，西蒙以调查问卷的形式，访问了防卫者和开拓者。他发现在持防卫者战略的企业中，战略管理会计并不十分注重对预算的编制和控制，而是侧重于研究影响战略的不确定因素，如产品或技术的变化对企业现行低成本的影响；在持开拓者战略的企业中，战略管理会计极为重视预测数据、设立严格的预算目标，以及控制产品的产量，而对成本的控制比较宽松。

③ 改变传统的成本计算方法（主要是传统的间接费用分摊方法），推行与作业管理相适应的作业成本计算法，以适应当前的技术密集型企业对成本信息的需要，并在企业成本预测、决策和绩效评价方面发挥重要的作用。

④ 对组织规模越来越大的企业，进行有效的资源分配、设计合理的责任体制和进行有效的业绩考核，以保证企业整体目标的顺利实现。例如，平衡计分卡的出现使得只使用财务资本和实物资本为基础的传统评价体系发生了变化。理想的评价体系不仅包括传统的财务指标，还应该包括企业无形资产和智力资产的综合价值，如高质量的产品和服务、雇员的技术和积极性、可以预测的企业内部流程及客户的满意和忠诚度。

为了适应企业从战略的高度面向全球，以取得竞争优势为主要目标，运用各种方法收集、加工、整理与企业战略管理相关的各种信息，帮助战略管理者进行战略决策，"战略管理会计"应运而生。

管理会计在西方公共管理中得到了广泛应用。随着管理会计越来越广泛地应用于企业管理，基于管理具有相通性这一认识，一些国家也尝试将管理会计引入公共部门管理中。20世纪70年代以前，政府管理会计主要运用于对公共服务领域进行成本控制、加强预算管理等。20世纪70至80年代，通过预算、成本、绩效等实践推动了政府管理会计的发展，但仍主要局限于预算编制和控制。20世纪90年代之后，新公共管理思想使政府组织和第三部门领域管理理念发生了根本性变革，倡导建立"以市场为基础的公共管理，最大限度地重视国家资源的使用效率"。在西方公共管理改革实践中，企业管理会计方法被广泛应用，其内容和范围也不断丰富和拓宽，促进了各国政府实现由注重投入（input）向注重产出（output）和结果（outcome）的转变，进一步发挥绩效与战略管理的重要作用，推动了"5E"［即，经济（economy）、效率（efficiency）、效果（effectiveness）、环境（environment）和公平（equity）］目标的实现。但由于企业具有自主经营决策权，而公共部门受较多制度规定约束，管理会计在公共部门的发展总体上滞后于企业。

2）管理会计在我国的发展

管理会计作为会计的一个分支，虽然在理论上其引入我国较晚，但在实践中早已有之。中华人民共和国成立之初，在计划经济体制下，国营企业的生产计划由国家统一确定，企业的产品由国家统一定价,成本计划及其完成情况成为考核国营企业的重要手段。为此,以成本为核心的内部责任会计得到应用和推广,起到了降低成本、提高资源使用效率的作用。这一时期的内部责任会计实际上就属于管理会计的范畴。改革开放之后,我国企业改革围绕放权让利不断深化,企业成为独立的生产者和经营者,一批能够适应市场变化的国有企业将目光转向市场和企业内部管理。与之相适应,管理会计由之前的执行性管理会计转变为决策性管理会计。20世纪70年代末期,企业在建立、完善和深化各种形式的经济责任制的同时,将厂内经济核算制纳入经济责任制,形成了以企业内部经济责任制为基础的责任会计体系。20世纪80年代末,与经济责任制配套,许多企业实行了责任会计、厂内银行,责任会计发展进入一个高潮期。进入20世纪90年代后,随着社会主义市场经济体制目标的确立,在市场经济条件下,企业必须依靠质量、成本以及管理方面的优势在市场中竞争,西方管理会计理论和方法在我国会计界引起了广泛讨论,成本性态分析、盈亏临界点与本量利依存关系、经营决策经济效益的分析评价等管理会计理念和方法,在我国许多企业中运用并取得了一定效果。21世纪以来,随着我国加入WTO,在经济全球化以及互联网技术快速发展的背景下,向管理要效益、着力挖掘财务信息中价值创造的潜力成为我国企业的迫切任务,逐步形成了以价值管理为核心的管理会计理念。

同时,管理会计也广泛应用于我国行政事业单位财务管理实践之中。比如,从上到下编制的绩效预算,预算执行中的有效控制、制定效益目标、明确责任制、制定绩效考核清单,建立适应单位内部财务和业务部门畅通联系的信息平台,及时掌控预算执行和项目进度,深入开展决算分析与评价,及时发现预算执行中存在的问题并提出改进意见和建议。通过管理会计工作,财政财务管理水平和行政事业单位资金使用效益不断提高。

尽管我国对管理会计做了不少成功探索和有益尝试,但总体上发展仍较为滞后。目前,我国单位运用管理会计大致有四种状态。第一种是"不知未做",即既不知道管理会计这件事,也没有在实践中运用有关技术方法。随着管理的重要性日益凸显,这种状况相对较少。第二种是"不知在做",即不知道管理会计是什么,但在实践中运用了管理会计的技术方法,这种状态在我国单位中比较普遍。比如,原铁道部从1989年起开始搞本量利分析,将年度经营指标的预测和决策分解下达给各铁路局的负责人,并从计划年度上一年的前两三个月开始进行有关收入、成本费用、利润及整个收支盘子的预测。1998年推动清算办法改革,即在国家批准的统一运价下,在铁道部和铁路局之间实行模拟区域运价,运用作业成本法和标准成本法进行测算,对不同铁路局实行不同的单价。2002年,按照财政部的要求开展全面预算管理实践,从年初收支预测到确定各铁路局经营目标,再到实行资产经营责任制考核,都是管理会计的内容。又如,国家邮政局的资费标准由国家确定,但不同省份的业务量、成本等方面存在较大差异,为此制定了一套内部控制体系,这也是管理会计应用的一个方面。很多单位都存在类似情况,尽管已经做了很多年管理会计方面的工作,却不知道这些就是管理会计。第三种是"已知未做",即知道什么是管理会计,但在实践中没有加以运用。这部分单位主观上对管理会计重要性认识不足,特别是主要领导不够重视,再加上管理会计不像财务会计有对外公开的需要,也缺乏运用管理会计提高企业管理水平的外在动力。第四种是"已知在做",即既知道什么是管理会计,也在实践中不断探索运用。这部分单位最有活力和创新意识,走在了我国管理会计实践的最前沿,但它们目前也只是运用了管理会计的部分职能,系统性、针对性和有效性还有待进一步提升。

总体上看,我国管理会计在服务经济社会发展,对单位经营情况和支出效益进行深入分析,但在制定战略规划、经营决策、过程控制和业绩评价等方面,尚未发挥其应有的作用。按照当前全面深化改革的部署,结合建立现代企业制度和现代财政制度的要求,必须根据经济社会发展需要和市场需求,加快发展中国特色管理会计,促进经济社会持续健康发展。

【政策研学 1-1】 《财政部关于全面推进管理会计体系建设的指导意见》

扫描此码

深度学习

**2. 管理会计未来发展趋势**

如果说在 20 世纪 70 年代甚至之前更远的年代中,管理会计还只是在西方发达国家中流行的话,那么,从 20 世纪 80 年代起,"管理会计"就已风靡全球。1980 年 4 月,国际会计师联合会在巴黎召开的第一次欧洲会计专家会议上,与会者发出呼吁:"为了在当今复杂多变的世界上能够使企业生存下去并繁荣起来,一个战略性的问题就是应用和推广管理会计。"

近年来,越来越多的国家加大了应用和推广管理会计的力度,越来越多的最新研究成果(如作业成本法、准时制等)被迅速应用到企业的管理实践之中。一些国家成立了管理会计师职业管理机构,相继颁布了管理会计工作规范和执业标准。国际会计标准委员会和会计师联合会等国际性组织也成立了专门的机构,尝试制定国际管理会计准则,颁布了有关管理会计师的职业道德规范等文件促进管理会计人员深度参与管理决策、制订计划与绩效管理,帮助管理者制定并实施组织战略。加快管理会计发展有助于企业效益和经济绩效的提升,有助于政府部门资源利用效率和管理效能的提升。目前,专家学者将研究的热点集中在管理会计工作系统范化、管理会计职业化和社会化,以及国际管理会计和战略管理会计等课题上,可见现代管理会计具有系统化、规范化、职业化、社会化和国际化的发展趋势。

## 1.2 管理会计基本理论

### 1.2.1 管理会计的职能

管理会计的职能是指管理会计客观上具有的功能。由于管理会计是管理科学与会计科学相结合的产物,它是为企业管理服务的,所以管理会计职能也应当与企业管理的职能相匹配,其职能范围也是随着社会经济的发展而逐步扩大的。按照管理职能的观点,可以将管理会计的主要职能概括为预测、决策、规划、控制和考核评价职能。

**1. 预测职能**

所谓预测是指采用科学的方法预计推测客观事物未来发展的必然性或可能性的行为。管理会计发挥"预测"的职能，就是预测经济前景，即按照企业未来的总目标和经营方针，充分考虑经济规律的作用和经济条件的约束，选择合理的量化模型，有目的地预计和推测未来企业销售、利润、成本及资金的变动趋势和水平，为企业经营决策提供第一手信息。

**2. 决策职能**

决策是在充分考虑各种可能的前提下，按照客观规律的要求，通过一定程序对未来实践的方向、目标、原则和方法做出决定的过程。管理会计发挥"决策"职能，就是参与经济决策，主要体现在根据企业决策目标搜集、整理有关信息资料，选择科学的方法计算有关长短期决策方案的评价指标，并做出正确的财务评价，最终筛选出最优的行动方案。

**3. 规划职能**

规划是对企业未来经济活动的计划，它以预测、决策为基础，以数字、文字、图表等形式将管理会计目标落实下来，以协调各单位的工作、控制各单位的经济活动、考核各单位的工作业绩。管理会计规划职能就是规划经营目标，是通过编制各种计划和预算实现的。它要求管理会计提供高质量的历史和未来信息，采用适当的方式，量化并说明未来经济活动对企业的影响。在最终决策方案的基础上，将事先确定的有关经济目标分解落实到各有关预算中去，从而合理有效地组织协调企业供、产、销，以及人、财、物之间的关系，并为控制和责任考核创造条件。

**4. 控制职能**

控制是对企业经济活动按计划要求进行的监督和调整，以使其最终达到或超过预期目标。管理会计发挥"控制"职能就是控制经济过程，将经济过程的事前控制同事中控制有机地结合起来。一方面，企业应监督计划的执行过程，确保经济活动按照计划的要求进行，从而为完成目标奠定基础；另一方面，企业也应对采取的行动及计划本身的质量进行反馈，以确定计划阶段对未来期间影响经济变动各因素的估计是否充分、准确，从而调整计划或工作方式，以确保目标的实现。因此，为了实现控制职能，企业应建立完善的控制体系，确保该控制体系所提供的与经济活动有关的信息真实、完整，确保该控制体系能够适时、有效地调整计划及管理人员的行为。

**5. 考核评价职能**

在对未来经济活动进行计划的过程中，管理人员应提供预测、决策的备选方案及相关的信息，并准确判断历史信息和未来事项的影响程度，以便选择最优方案。在这一过程中，管理人员应对有关信息进行加工处理，去粗取精、去伪存真，以确保选用信息能够反映经济活动的未来趋势，揭示经济活动的内在比例关系。管理会计履行"考核评价"的职能，就是考核评价经营业绩。这是通过建立责任会计制度来实现的，即在各部门、各单位及每个人均明确各自责任的前提下，逐级考核责任指标的执行情况，总结成绩并找出不足，从而为奖惩制度的实施提供依据。

### 1.2.2 管理会计的基本内容

现代管理会计包括预测决策会计、规划控制会计和责任会计三项基本内容。预测决策会计是指管理会计系统中侧重于发挥预测经济前景和实施经营决策职能的最具有能动作用的子系统,它处于现代管理会计的核心地位,又是现代管理会计形成的关键标志之一。规划控制会计是指在决策目标和经营方针已经明确的前提下,为执行既定的决策方案而进行有关规划和控制,以确保预期奋斗目标顺利实现的管理会计子系统。责任会计是指在组织企业经营时,按照分权管理的思想划分各内部管理层次的相应职责、权限及所承担义务的范围和内容,通过考核评价各有关方面履行责任的情况,反映其真实业绩,从而调动企业全体职工积极性的管理会计子系统。

管理会计程序包括分析、决策、预算、业绩报告、控制和评价,管理会计职能有预测、决策、规划、控制和考核评价。将其程序和职能联系起来分析,便构成了管理会计学科体系的基本内容。

(1)第一部分,管理会计基础,包括如下内容:

① 总论。阐明管理会计的产生和发展、概念和特点、对象和职能、内容和方法、目标和原则、任务和工作组织等。

② 成本性态分析。分析成本与产量间的依存关系。

③ 变动成本法。了解变动成本法的基本原理及其应用。

④ 本量利分析。研究本量利分析的基本原理及其应用。

(2)第二部分,预测与决策会计,包括如下内容:

① 预测分析。有关销售预测、利润预测、成本预测、资金需要量预测的方法。

② 短期经营决策分析和长期投资决策分析。

(3)第三部分,规划与控制会计,包括如下内容:

① 成本控制。有关标准成本及其他成本控制的方法。

② 存货控制。经济订货批量控制、最优生产批量控制等。

③ 全面预算。全面预算的编制及专门方法。

(4)第四部分,业绩评价会计,包括:内部各责任单位经济责任和工作业绩量、评价和考核的责任会计制度。

(5)第五部分,管理会计新领域,包括:研究管理会计发展的新成果,如国际管理会计、战略管理会计、质量成本管理会计等。

【政策研学 1-2】　　　　　《管理会计基本指引》

扫描此码

深度学习

## 1.2.3 管理会计与财务会计的关系

管理会计是从传统财务会计体系中分离出来的,在某些方面,它与财务会计有一定的内在联系。但是,管理会计是一门独立的学科,它是为了适应现代企业管理的需要,突破传统会计的体系而建立的,所以同财务会计相比,管理会计又有许多自己的特点。

**1. 管理会计与财务会计的联系**

(1) 核算对象基本一致。管理会计和财务会计的核算对象就总体而言是一致的,两者都是可以用货币表现的经济活动。但是由于分工的不同,在时间与空间上各有侧重。管理会计的对象,在时间上侧重于现在或未来的经济活动;在空间上侧重于部分的、可选择的或特定的经济活动。财务会计的对象,在时间上侧重于过去的、已经发生的经济活动;在空间上覆盖企业的全部经济活动。

(2) 服务对象有交集。作为"外部会计"的财务会计,同时也为企业的内部管理服务;作为"内部会计"的管理会计,同时也为企业外部服务。这是因为:财务会计提供的许多重要财务成本指标,如资金、成本、利润等,对企业管理者同样重要,是其制定决策、编制计划和实施控制所不可缺少的。企业管理者在不了解企业财务状况和经营成果的条件下,不可能对未来的生产经营活动进行正确规划和控制,也不可能进行科学预测和决策。

同样地,管理会计所进行的预测、决策、计划和控制等工作,虽然企业外部关系人并不直接关心,但它们是围绕着维持企业生产经营的最佳运转而展开的,是为保持良好的财务状况和取得预期的经营成果服务的,同投资者、债权人的最终经济利益密切相关。

可见,管理会计同财务会计在为谁服务的问题上有着明显的区别,但也有共同之处,二者之间存在着交叉服务的现象。

(3) 基本信息同源。管理会计一般不涉及填制凭证和按照复式记账法登记账簿的问题,它经常直接对财务会计通过记账、算账所提供的财务信息进行分析研究,根据这些资料进行一系列特殊的加工、改造,再结合其他有关信息进行计算、对比和分析,编成各种管理报表,为改善企业内部经营管理、提高经济效益服务。

(4) 职能、目标相通。一般来说,财务会计的基本职能是对企业过去的生产经营过程进行事后的核算和监督,管理会计的基本职能是对企业未来的生产经营活动进行事前的规划和控制。两者从不同的角度,不同的方式发挥各自的职能作用。然而,它们的职能目标却不是对立而是相通的,都是为有关方提供参谋、咨询服务。财务会计为企业外部关系人了解企业的财务状况和经营成果提供咨询服务,并对他们今后的投资、借款等活动施加影响。管理会计为企业内部的管理者进行正确决策、有效经营提供咨询服务,并对他们正在进行和将要进行的规划和控制活动施加某种影响。

综上所述,就理论、方法而言,管理会计与财务会计是两个不同的体系,但是在某些方面有着十分密切的联系。现代化的企业管理,应当把两者扬长避短地结合在一起,最大限度地发挥它们各自的职能作用。

**2. 管理会计与财务会计的区别**

（1）工作侧重点（具体目标）不同。管理会计工作的侧重点在于对企业经营管理遇到的特定问题，进行分析研究，以便向企业内部各级管理者提供有效的预测、决策、控制和考核等信息资料，其具体目标主要是为企业内部管理服务，从这个意义讲，管理会计又可称为"内部会计"。

财务会计工作的侧重点在于根据日常的业务记录，登记账簿，定期编制有关的财务报表，向企业外部关系人（股东、财税机关、债务人、证券交易所等）报告企业的财务状况与经营成果，虽然对内也能提供与企业有关的、最基本的财务、成本信息，但主要侧重于为企业外界服务，从这个意义上讲，财务会计又可称为"外部会计"。

（2）作用时效不同。管理会计的工作重点在于"算活账"，即从作用时效上，不仅要反映和分析过去，而且要能动地利用历史信息来预测前景、参与决策、规划未来、控制和评价现在的经济活动，从而涵盖过去、现在和未来三个时态。管理会计面向未来的作用时效是第一位的，因此，它实质上属于"经营型"会计。

财务会计主要是"记呆账"，即从作用时效上，主要在于反映过去，记录既成事实的信息和解释信息，强调客观性，坚持历史成本原则，因此，它实质上属于"报告型"会计。

（3）工作主体（范围）的层次不同。管理会计的工作主体可分为多个层次，既可以以整个企业（如投资中心、利润中心）为主体，又可以将企业内部的局部区域或个别部门甚至某一管理环节（如成本中心、费用中心）、一个项目或一个问题作为其工作的主体。实际工作中，管理会计主要以企业内部责任单位为主体，以突出"以人为本"的行为管理。

财务会计的工作主体往往只有一个层次，即以整个企业或者说是以控制资源、负有一定法律的经济实体为主体，从而能够适应财务会计所特别强调的完整反映监督整个经济过程的要求。

（4）约束性大小不同。尽管管理会计也要在一定程度上考虑"公认会计原则"或企业会计准则的要求，利用一些传统的会计观念，但并不完全受其限制和严格约束，在工作中还灵活应用预测学、控制论、信息理论、决策理论、目标管理原则和行为科学等现代管理理论，它所使用的许多概念都超出了传统会计要素的基本概念范畴。如在短期决策中，可以不受历史成本原则的限制，而采用收付实现制；责任会计更是以人及其承担的经济责任为管理对象，这大大突破了传统会计核算只重物不考虑人的观念限制。

财务会计工作必须严格遵守"公认会计原则"（或企业会计准则和行业统一会计制度），以保证所提供的会计信息在时间上的前后一致性和空间上的可比性。其基本观念的框架结构和工作程序是稳定的，各企业的一致性较好。

（5）信息特征及信息载体不同。管理会计所提供的信息，往往是为满足内部管理的特定需要而有选择的、部分的和不定期的管理信息，既包括定量资料，也包括定性资料；其计量单位既可以使用货币单位，又可以选择实物量单位、时间单位和相对数单位。其中，凡涉及未来的信息不要求过于精确（无此必要和可能），只要求满足及时性和相关性。由于其报告往往不对外公开，故不具有法律效能。管理会计的信息载体大多为没有统一格式的各种内部报告，而且，对这些报告的种类也没有统一的规定。

财务会计要求定期地向外部关系人提供较为全面、系统、连续的和综合的财务信息。这些信息主要是以价值尺度反映的定量资料，对精确度和真实的要求较高，至少在形式上要绝对平衡。由于它们往往要对外公布,故具有一定的法律效能。财务会计的信息载体为具有统一格式的凭证系统、账簿系统和报表系统。而且,社会往往要统一规定财务报告的种类。

(6) 工作程序不同。由于管理会计工作的程序性较差,没有固定的工作程序可循,有较大的灵活余地,所以企业可以根据自己的实际情况,自行设计其管理会计工作流程。不同企业间差别较大。

财务会计必须遵照会计法律法规、准则制度执行固定的会计循环程序。从凭证转换,到登记账簿,直至编制财务报告,都必须严格地按照既定的程序处理,而且在通常情况下不得随意变更其工作内容或程序。因而,其工作具有一定的强制性和程序性。在实务中,同类企业间一致性较强。

(7) 报告期不同。管理会计可按任何时期报告,也可临时加报(过去时期和将来时期)。财务会计按年、季、月报告(过去时期)。

(8) 对会计人员素质的要求不同。由于管理会计工作需要考虑的因素较多,涉及的内容较复杂且往往关系重大,这就要求从事这项工作的人员必须具备较宽泛的知识面和较深层次的专业造诣,具有较强的分析问题、解决问题的能力和果断的应变能力。一般由复合型的高级会计人才来承担。财务会计工作要求严格按照会计准则、会计制度对过去已发生业务进行记录,因此对从业人员只要求本专业领域的熟练掌握和应用。

**【思政经典案例】** 自强不息的苏泊尔借助管理会计创造 400 亿元市值

扫描此码

深度学习

## 1.3 管理会计师

管理会计自身发展和管理会计在管理中的作用,促进了管理会计职业化发展。在一些发达国家,如美国、英国,管理会计师同注册会计师一样,成为了专业化的职业队伍。回看国内,按照当前全面深化改革的部署,结合建立现代企业制度和现代财政制度的要求,必须根据经济社会发展需要和市场需求,加快发展中国特色管理会计,培养中国自己认证的管理会计师,并对其职业能力和职业道德进行指导和约束。

### 1.3.1 管理会计师的类别

**1. 美国注册管理会计师**

美国管理会计师协会(简称 IMA)是一个全球领先的国际管理会计师组织,也是全球最大的会计师协会之一。美国管理会计师协会成立于 1919 年,由美国成本会计师协会

(NACA)衍生而来,拥有遍布全球265个分会,超过70 000名会员。在国际上,作为COSO委员会(The Committee of Sponsoring Organizations of the Treadway Commission)的创始成员及国际会计师联合会(IFAC)的主要成员,IMA在管理会计、公司内部规划与控制、风险管理等领域参与到了全球的最前沿实践。此外,IMA还在美国财务会计准则委员会(FASB)和美国证券交易委员会(SEC)等组织中起着非常重要的作用。CMA是美国注册管理会计师(certified management accountant)的简称,是美国管理会计师协会的专业资格证书,是目前全球管理会计及财务管理领域最权威、顶级的专业资格认证,40年来一直被公认为国际财务领域的黄金标准,广泛地被世界500强企业采用并成为主要人力资源评估标准。

CMA与理财规划师(CFA)、美国注册会计师(AICPA)一起被称为全球财经领域最牛的三大黄金认证,刚登陆中国就被财政部、国资委、商务部、总会计师协会等16大机构列入国家重点人才培养计划。CMA认证客观评估了学员对管理会计和财务管理知识体系掌握的能力和技能,成为求职就业有力的敲门砖。与注册会计师(CPA)、全球著名会计师公会(ACCA)不同的是,CMA不仅涉及财会方面的知识,而且涵盖了整个管理知识体系,特别是在帮助管理层决策分析方面,能够起到非常好的指导作用。

**2. 英国特许管理会计师**

英国特许管理会计师是持有CIMA职业认证的会计师,CIMA是世界上最大的管理会计师考试、管理与认证机构,同时它也是国际会计师联合会(IFAC)的创始成员之一,拥有15万会员和学员,遍布156个国家。CIMA成立于1919年,总部设在英国伦敦,在澳大利亚、新西兰、爱尔兰、斯里兰卡、南非、赞比亚、印度、马来西亚、新加坡等国家以及中国香港特区和内地均设有分支机构或联络处。

CIMA资格在国际商界享有近百年盛誉,世界知名跨国企业,如联合利华、壳牌、福特等,都对其推崇备至,它们除了招聘CIMA会员外,还定期选派雇员参加CIMA的培训课程。CIMA资格不同于普通会计认证,它以会计为基础,涵盖了管理、战略、市场、人力资源、信息系统等方方面面的商业知识和技能。CIMA会员不仅精通财务而且擅长管理,除了在企业中担任财务总监、CFO等,还有许多会员成为了跨国企业的总经理和CEO。

**3. 中国管理会计师**

管理会计作为会计的一个分支,在中国发展较晚。中国管理会计在服务经济社会发展、对单位经营情况和支出效益方面已展开深入分析,但在制定战略规划、经营决策、过程控制和业绩评价等方面,尚未发挥其应有的作用。中国培养了大量的注册会计师(CPA),但是既懂往后看、会记账,又懂往前看、能为决策服务的管理会计人才严重不足。

中国总会计师协会根据财政部《会计行业中长期人才发展规划(2010—2020)》(财会〔2010〕19号)及《财政部关于全面推进管理会计体系建设的指导意见》等文件要求,发挥中国总会计师协会在推动管理会计应用推广方面的作用。

自2015年11月试点开展"管理会计师专业能力培训"工作(简称PCMA),为来自企业、行政事业单位的财务管理人员提供系统规范的管理会计专业能力培训,帮助企业、行政事业单位的财务管理人员了解和掌握管理会计最新理论和工具方法,促进企业转型升级,加强行政事业单位内部管理,提升财务管理人员的履职能力。

经中国总会计师协会研究决定,开展"管理会计师(初级)专业能力培训项目"试点工作,进而为《会计改革与发展"十三五"规划纲要》明确提出的"到2020年培养3万名精于理财、善于管理和决策的管理会计人才"的总体目标贡献力量。

### 1.3.2 管理会计职业能力框架

为进一步量化管理会计从业人员的职业能力,各专业机构先后颁布管理会计能力框架,旨在明确管理会计师的专业能力。

**1. CGMA 管理会计能力框架**

2012年初,由皇家特许管理会计师公会(CIMA)与美国注册会计师协会(AICPA)共同推出全球特许管理会计师(CGMA),旨在提升管理会计职业的全球影响力。作为两会合作的一项基础成果,2014年4月,CIMA和AICPA联合发布了《全球特许管理会计能力框架》(简称《CGMA 管理会计能力框架》)。该框架对管理会计人才提出了全面的能力标准及要求。它以道德、诚信和专业精神为基础,构建了全球特许管理会计师的四方面职业技能:技术技能、商业技能、人际技能和领导技能,并基于此重新构建了CIMA管理会计职业资格框架及考试大纲。

2016年1月27日,由中国总会计师协会(CACFO)和CIMA皇家特许管理会计师公会联合主办的《CGMA管理会计能力框架》(中文版)发布仪式在北京举行,《CGMA管理会计能力框架》(中文版)旨在提高管理会计师行业的职业标准,帮助管理会计师与企业内外的沟通与协作。

CGMA管理会计能力框架(见图1-1)由四个知识领域构成:全球管理技术技能、商业技能、人际技能和领导技能。这些知识领域由道德、诚信和专业精神加以支持。

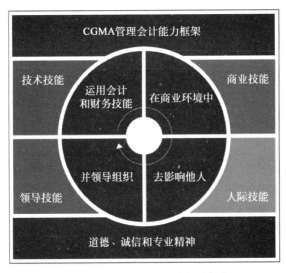

图1-1 CGMA 管理会计能力框架

CGMA 管理会计能力框架将各项能力按照四个等级划分：

（1）基础：这个阶段要求对企业结构、运营和财务业绩具备基本的了解，需要通过自身的行动，负责实施战略和实现成果，而不是通过他人的行动。

（2）中级：这个阶段需要对总体业务运营和衡量具备中等程度的了解，包括负责监督战略的实施。这一阶段需要有限或非正式地对同事负责，或需要有限或非正式地负责考虑业务处理方式或后果。

（3）高级：这个阶段需要对组织的环境、当前战略地位和方向具备深入的了解，同时具备强有力的分析技巧，并且能够就战略选项为企业提供建议。这一阶段需要对同事及其行动正式负责，其决策将产生更广泛的影响。

（4）专家级：这个阶段需要专家级知识，从而制定战略愿景，为组织的总体方向提供独特洞察力。这一阶段需要对业务领域正式负责，其行动和决策具备高层战略影响力。

**2. IMA 管理会计能力素质框架**

2019 年 3 月，美国管理会计师协会（IMA）发布的新版管理会计能力素质框架（下称"能力素质框架"），充分展示和评估了财会专业人士应对当下及未来挑战所应具备的多种技能和素质。新版能力素质框架能够更好地与快速变化的商业和技术环境保持同步，为财会专业人士技能评估、职业发展和企业人才管理提供全面的指南。

该能力素质框架确定了财会专业人士在数字化时代保持相关性并有效履行其当前和未来职责所必备的六大核心知识、素质和能力模块。

这几个模块分别是：

（1）战略、规划和绩效。该模块包括 8 项能力，为财会专业人士制定领先的战略规划，为评估业务发展状况指明方向。

（2）报告和控制。该模块包括 7 项能力，为财会专业人士提供以合规的方式衡量和报告组织业绩的工具。

（3）技术和分析。该模块包括 4 项能力，展示如何利用数据提升企业分析能力，以及如何利用技术推动组织前行。

（4）商业敏锐度和运营。该模块包括 4 项能力，展示财会专业人士如何进行跨职能协作，以推动整个组织实现运营转型。

（5）领导力。该模块包括 7 项能力，帮助财会专业人士成长为领导者去建设并指导其所负责的团队实现个人和组织目标。

（6）职业道德和价值观。该模块包括 3 项能力，要求财会专业人士树立正确的职业价值观，遵守道德准则和法律法规，确保个人职业和企业发展符合道德规范。

**3. 中国管理会计职业能力框架**

当前，我国经济已经由高速增长阶段转向高质量发展阶段，正处于转变发展方式、优化经济结构、转换增长动力的关键期。在这样的经济发展阶段，应以习近平中国特色社会主义思想为指导开展各项工作。大力推进和加强管理会计工作是与新经济发展阶段相适应的，对实现建立现代化经济体系战略、完善现代企业制度、增强核心竞争力和价值创造力，促进经济转型升级，提高经济发展质量以及推动行政事业单位增强成本意识，防范内部风险，提高财政资金使用效益,都有着十分重要的意义。

为使企业、行政事业单位培养、衡量管理会计人才时能有一套符合我国国情,具有中国特色的人才标准作为参照,为培养管理会计人才和部分财会人员转岗提供帮助,同时也为了促进落实财政部发布的关于管理会计体系建设的系列制度并作为系列制度的有益补充,中国总会计师协会依据《管理会计基本指引》和《管理会计应用指引》等系列文件,在深入调查研究,广泛吸取国内管理会计研究和实践成果、国外经验并听取各方面专家意见的基础上,编制了《中国管理会计职业能力框架》。

管理会计职业能力分为专业能力和综合能力两大类。专业能力包括财务会计能力和管理筹划能力,综合能力包括创新能力和领导力。管理会计的职业能力应该建立在职业道德与行为规范基础之上。管理会计职业能力结构如图1-2所示。

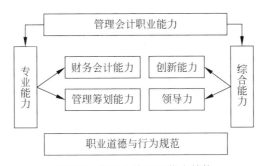

图1-2　管理会计职业能力结构

财务会计能力是管理会计的基础职业能力,管理会计开展工作所依托相关信息的基础来自财务会计。管理筹划能力是管理会计的根本能力,是管理会计职业能力最重要的部分。综合考虑管理会计工具方法的应用领域和实践,我们将管理筹划能力具体分为战略管理能力、预算管理能力、成本管理能力、营运管理能力、绩效管理能力、投融资管理能力、风险防控能力、管理会计报告能力8个方面。

管理会计与财务会计相比是开放型的,其所涉及的领域也大大超出财务会计,最终应用效果是达到单位的业财融合。因此做好管理会计工作,仅有专业技术能力是远远不够的,还要具有综合能力。一是需要强调开拓创新能力,包括技术上善于依托信息等新技术手段、思维上勇于创新开拓。二是管理会计工作是面向全单位经营管理的各个环节,管理会计人员沟通、协调能力以及高级管理会计人员的领导能力,成为管理会计职业能力不可或缺的组成部分。

根据以上考虑,管理会计职业能力分类如表1-1所示。

目前,我国管理会计职业能力分为初级、中级、高级、特级4个等级。结合管理会计人员应具备的各种职业能力,按照这4个等级做了划分。对初级、中级、高级提出了具体的职业能力要求。根据在调查研究中了解到的情况和部分专家学者的意见,特级的职业能力应高于高级,但更强调对宏观经济形势的分析、判断能力,政策掌控能力并注重工作经历及工作业绩,因此,只做总体性描述,不再列出具体职业能力要求。

一般来讲,管理会计初级职业能力侧重于了解和掌握具体管理会计工具方法;中级职业能力侧重于理解和熟练操作管理会计各种工具方法以及具有一定的组织协调能力;高级和特级职业能力则侧重于制定和指导、组织实施与管理会计相关的各项工作的能力。

表 1-1 管理会计职业能力分类

| 管理会计职业能力分类 | | |
|---|---|---|
| 专业能力 | 财务会计能力 | |
| | 管理筹划能力 | 战略管理能力 |
| | | 预算管理能力 |
| | | 成本管理能力 |
| | | 营运管理能力 |
| | | 绩效管理能力 |
| | | 投融资管理能力 |
| | | 风险防控能力 |
| | | 管理会计报告能力 |
| 综合能力 | 创新能力 | 思维创新能力 |
| | | 信息技术应用能力 |
| | | 管理会计工具创新能力 |
| | 领导力 | 沟通协调能力 |
| | | 团队建设能力 |
| | | 组织能力 |
| 职业道德与行为规范 | | |

## 1.3.3 管理会计师职业道德

社会主义职业道德是社会主义社会各行各业的劳动者在职业活动中必须共同遵守的基本行为准则。它是判断人们职业行为优劣的具体标准，也是社会主义道德在职业生活中的反映。管理会计从业人员应对社会公众、他们的行业、他们服务的组织和他们自身负责，应保持最高的道德行为标准。无论是国内业务还是国际业务，坚持遵守该准则是实现管理会计目标不可或缺的内容。管理会计从业人员不应实施与该准则相悖的行为，同时也不能姑息企业内其他人员实施与该准则相悖的行为。管理会计师职业道德包括：

（1）胜任能力（competence）。每一名管理会计从业人员都必须履行以下责任：

① 不断拓展知识与提升技能，保持适当水平的专业知识。

② 遵守相关法律、法规和技术标准。

③ 提供准确、清晰、简要和及时的决策支持信息及建议。

④ 确认并报告那些可能会对一项活动的合理判断或成功执行造成妨碍的专业局限或其他约束。

由于会计准则是动态的，因此会计准则不断变化。跟随法规的变化，并适应行业新的法律和标准是非常重要的。未能跟上法律法规的变化可能在无意中导致不道德的行为。

（2）保密（confidentiality）。每一名从业人员都必须履行以下责任：

① 对获取的信息保密，除非经授权披露或者法律要求披露。

② 告知所有相关方要正确使用保密信息。监督下属的活动，以确保其遵照执行。

③ 不得利用保密信息获取不道德的或非法的利益。

尽管保密标准相对简单,但是现代科技的进步事实上可能阻碍管理会计师们做出明智决策。管理会计师们要妥善保存纸质和电子文档以及全部谈话,特别是那些通过手机进行的谈话,应该在一个隐秘的地方进行,而不应该在公众场合,如机场或咖啡厅内进行。

(3) 正直(integrity)。正直要求坦诚,在特定情况下提供必要的全部相关信息,进而在合理期限内采取合适的措施。要做到正直,应充分说明相关情况。正直表现在:客观地提供信息和反馈;识别和更正错误;选择供应商时不存在成见、偏见或偏好。

每一名从业人员都必须履行以下责任:
① 同商业伙伴定期沟通,以避免明显的利益冲突。告知所有利益相关者潜在的利益冲突。
② 不从事任何可能会妨碍遵照道德规范履行职责的活动。
③ 不从事或支持任何有损职业声誉的活动。

**【例 1-1】** 晓东电子公司的会计赵丽因工作努力,钻研业务,积极提出合理化建议,多次被公司评为先进会计工作者。赵丽的丈夫在一家私有电子企业任总经理,在其丈夫的多次请求下,赵丽将在工作中接触到的公司新产品研发计划及相关会计资料复印件提供给其丈夫,这给公司带来了一定的损失。公司认为赵丽不宜继续担任会计工作。

试分析回答赵丽违反了管理会计职业道德中的哪些内容。

**答**:赵丽违反了保密和正直的职业原则。她未经许可擅自将公司内部资料提供给丈夫,违背了保密原则。进而从事了妨碍遵照道德规范履行职责的活动,违背了正直原则。

(4) 诚信(credibility)。它要求提供专业服务时有诚信,保证分析和传递信息的真实性。诚信是人们对会计或财务人员看中的关键要素之一,"如果你连你的会计都不能相信,你还能相信谁呢?"诚信的表现包括:向外部审计人员提供全部必要的相关信息;拒绝登记任何不准确的信息;提供真实信息,以帮助他们基于该信息进行决策。

每一名从业人员都必须履行以下责任:
① 公允、客观地报告信息。
② 披露那些人们有理由认为会影响目标使用者对报告、分析或建议的理解的所有相关信息。
③ 遵照组织政策或适用法律披露在信息、及时性、流程或内部控制上的延误或缺陷。

诚信与胜任能力标准密切相关。要做到诚信,该人员必须具备胜任能力。诚信的深层次含义是指管理会计师在提前做出计划、评估潜在风险、收集足够信息时,应充分了解全部相关事实,并及时传递不利信息。

(5) 客观(objectivity)。在下结论时,应不偏不倚、客观地评价相互冲突的观点。企业依赖内部和外部财务人员的客观性,以做出重要的商业决策。管理层在做出一个合理、深刻、客观和合法的决策之前,常常会参考财务人员的意见。客观表现在:客观表述财务和法律指南、按照信息标准披露相关信息、在已有数据基础上提出政策建议。

(6) 责任(responsibility)。责任要求采取真实、可靠的行动。对客户和职业负责是财务从业人员应遵守的最重要的道德行为。它不仅包括对客户的短期利益负责,而且应对财务决策的长期影响负责。责任的表现包括:及时地传递信息、保证报告信息的准确、收集足够的信息以做出决策。

管理会计师严格遵守职业道德要求是保证企业良性运行的基础,各从业人员应谨记职业道德要求,做到不偏不倚。

**【思政案例分析】　　　　管理会计人的职业道德**

中华 5 000 年文明孕育了无数德才兼备的中国人,人们将道德的理念写入蒙学读物,《千字文》中说:"德建名立,形端表正",意为养成良好的道德,便会成就自身好的名声。就如同一个人如果体态端庄,仪表也会看起来肃穆一样。教育孩子们要从小树立良好的道德标准。人们将道德和不同的职业相连便形成了职业道德。例如,公元前 6 世纪的中国古代兵书《孙子兵法》中,就有"将者,智、信、仁、勇、严也"的记载。智、信、仁、勇、严这五德被中国古代兵家称为将之德。明代兵部尚书于清端提出的封建官吏道德修养的六条标准,被称为"亲民官自省六戒",其内容有"勤抚恤、慎刑法、绝贿赂、杜私派、严征收、崇节俭"。另外中国古代的医生,在长期的医疗实践中形成了优良的医德传统。"疾小不可云大,事易不可云难,贫富用心皆一,贵贱使药无别",是医界长期流传的医德格言。进入当代,科技的进步带来层层叠叠的诱惑,"不忘初心,克己奉公"仍是我们每一个公民应遵守的职业道德。纵观那些在金钱面前迷失自己的人,无一不是后悔万分。

安徽王某,23 岁,大学专科毕业后被分配到某市一企业国债服务部,担任柜台出纳并兼任金库保管员。1999 年 5 月 11 日,王某偷偷从金库中取出 1997 年国库券 30 万元,4 个月后,王某见无人知晓,胆子开始大了起来,又取出 50 万元,并通过证券公司融资回购方法,拆借人民币 89.91 万元用来炒股,没想到赔了钱。王某在无力返还单位债券的情况下,索性于 1999 年 12 月 14、15 日,将金库里剩余的 14.03 万元国库券和股市上所有的 73.7 万元人民币全部取出后潜逃,用化名在该市一处民房隐匿。至此,王某共贪污 1997 年国库券 94.03 万元,折合人民币 118.51 万元。案发后,当地人民检察院立案侦查,王某迫于各种压力,于 2000 年 1 月 8 日投案自首,检察院依法提起公诉。

要求:根据上述思政案例内容,思考以下问题。

1. 上述案例中犯罪嫌疑人王某十分年轻,在比较重要的岗位上工作,但他胆大妄为,从学校刚刚走上工作岗位就犯罪。这说明了什么?

2. 结合上述案例简述管理会计职业道德教育的意义。

3. 党的十八大提出社会主义核心价值观,请你结合案例,简述管理会计职业道德与社会主义核心价值观的关系。

4. 2019 年 10 月,中共中央、国务院印发了《新时代公民道德建设实施纲要》,并发出通知,要求各地区各部门结合实际认真贯彻落实。请你认真学习该文件,并说说自己的感受。

5. 有人说:"道德的准则是自由,而自由又可定义为既不压迫人,也不受人压迫。"请结合管理会计职业道德准则,说说你对这句话的理解。

## 【本章小结】

管理会计是一个与传统财务会计相对立的概念,又称内部经营管理会计。它是通过对财务信息的深加工和再利用,实现对经济过程预测、决策、规划、责任考核与评价等职能的一个会计分支。管理会计有预测决策会计、规划控制会计与责任会计,三者既相对独立,又相辅相成,共同构成现代管理会计的基本内容。管理会计与财务会计间存在一定联系,但两者间也存在区别。管理会计师在我国属于新兴职业,随着政策的扶持、科技的发展、行业的重视其将发挥越来越大的作用,其从业人员在执业过程中应谨记管理会计师职业道德。

**【在线测试题】** 扫描书背面的二维码,获取答题权限。

扫描此码

在线自测

**【思考题】**

1. 什么是管理会计？它的职能与内容有哪些？
2. 管理会计是怎样产生并发展起来的？
3. 管理会计与财务会计的关系如何？
4. 我国管理会计师的职业能力框架包含哪些内容？
5. 管理会计师职业道德包括哪些内容？

# 第2章
# 成本性态分析

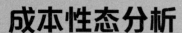

【思政名言集锦——爱国篇】

国破山河在，城春草木深。感时花溅泪，恨别鸟惊心。
烽火连三月，家书抵万金。白头搔更短，浑欲不胜簪。
——杜甫《春望》

青海长云暗雪山，孤城遥望玉门关。
黄沙百战穿金甲，不破楼兰终不还。
——王昌龄《从军行》

苟利国家生死以，岂因祸福避趋之。
——林则徐《赴戍登程口占示家人》

【学习目标】

通过本章学习：掌握固定成本、变动成本和混合成本的概念、构成内容、特征及其类型，了解成本性态分析的各种方法，重点掌握高低点法和回归直线法的应用技巧。

【引导案例】

## 固定成本和变动成本

某生产豆浆机的企业在7月份投产一批新型产品，产量为800台，每台成本是360元。由于消费者不太了解该新型产品，致使当月生产的产品有70台没能销售出去。厂长决定把8月份产量降为400台以节省开支，但财务科提供的数据显示每台成本却上升至403元，成本升幅超过10%。厂长对新型豆浆机生产车间的所有员工给予严厉批评，并扣发了每个人的当月奖金。该生产车间主任感到十分委屈，向厂长提供了相关数据，这些数据表明8月份成本实际上比7月份还要低些。因此厂长对财务科提供的成本资料非常不满，而财务科科长十分肯定，并提供了充足的证据，说明他们提供的成本信息完全是准确的。

请运用本章所学知识解释上述结论。

## 2.1 成本及其分类

### 2.1.1 成本的概念

在管理会计中,成本及其分类不仅属于最基本的概念,而且被赋予与传统的财务会计截然不同的含义。

财务会计中将成本定义为生产成本或制造成本,是企业为生产一定种类和一定数量产品所发生的各种生产耗费和支出。这是一个狭义的概念,是从会计角度来研究如何将为生产商品和提供劳务所发生的耗费和支出归集,计算出生产成本。所以说,这个定义主要是为生产成本核算服务的。

管理会计中使用的是广义成本的概念。成本是指企业在生产经营过程中对象化的、以货币表现的、为达到一定目的而应当或可能发生的各种经济资源的价值牺牲或代价。在管理会计的范畴中,强调成本形成的原因和所发生的必要性。成本的时态可以是过去时、现在完成时和将来时。成本不仅为核算服务,也主要为管理服务。

### 2.1.2 成本的一般分类

由于各种管理职能的目的不同,因而履行其所需的成本信息的要求也不同,因此需要根据各种管理职能的要求来核算和提供符合各种用途的成本信息。按照企业管理的不同要求,成本一般是按经济用途分类。这是财务会计中有关成本分类的最主要的方法,也是一种传统的分类方法。成本按经济用途不同可以分为制造成本和非制造成本两大类。

**1. 制造成本**

制造成本也称生产成本,是指为制造(生产)产品或提供劳务而发生的支出。制造成本根据其具体的经济用途分为直接人工、直接材料和制造费用。

(1) 直接人工。指在生产过程中直接对制造对象施加影响以改变其性质或形态所耗费的人工成本。核算上即为生产工人的工资。

(2) 直接材料。指在生产过程中直接用以构成产品主要实体的各种材料成本。这里所说的材料,对具体企业而言,是指构成其产品的各种物资,不仅仅指各种天然的、初级的原材料,也包括外购半成品。如汽车制造厂所用的汽车轮胎购自橡胶厂,对橡胶厂而言,轮胎当然是产成品,而对汽车厂来说,轮胎只不过是汽车这一产品的原材料之一。

直接人工与直接材料的共同特征是都可以将其成本准确地归属于某一种产品上,最能体现成本"归属性"这一传统上的本质属性。

(3) 制造费用。指为制造产品或提供劳务而发生的各项间接费用。从核算的角度讲,除了直接人工、直接材料以外的,为制造产品或提供劳务而发生的,无法直接归属某一产品的全部支出。制造费用内容繁杂,人们通常将其细分为:间接人工,指为生产提供劳务而不直接进行产品制造的人工成本,如设备养护费用、维修人员的工资;间接材料,指在产品制造过程中被耗用、但不容易归入某一特定产品的材料成本,或者是不必要单独选择分配标准以确定其归属某一特定产品份额的材料成本,如各种工具、物料的消耗成本;其他制造费用,指不属于直接人工和直接材料的其他各种间接费用,如固定资产的折旧费、保险费,车间的动力费、照明费等。

应该指出的是,生产方式的改变和改进对上述直接人工、直接材料和制造费用的划分或三者的构成有直接的影响。如生产自动化水平的提高会导致上述意义上的制造费用在生产成本总量中所占的比重增大;再如生产上专业化分工的加深会导致制造费用的形象更加"直接化"。当制造费用按一定的标准在各受益对象即产品中分配完毕,制造成本也就演化成为所谓的"产品成本",即以产品品种来识别的成本。

### 2. 非制造成本

非制造成本也称期间成本或期间费用,这些成本是根据它们发生的期间来确认,而不是根据生产或购买商品的数量。期间成本在发生的期间被确认为费用。所有销售费用、财务费用和管理费用,都被当作是期间成本。销售费用是指为销售产品而发生的各项成本,如专职销售人员的工资、津贴和差旅费,专门销售机构固定资产的折旧费、保险费、广告费、运输费等。财务费用是指企业为筹集资金所付出的代价,如利息、手续费、汇兑差额等支出。管理费用是指企业行政管理部门为使组织整体运作而发生的成本,如董事经费、行政管理人员的工资、办公费、行政管理部门固定资产的折旧费及相应的保险费和财产税等。

## 2.2 成本按性态分类

成本性态(cost behavior)也称成本习性,是指成本与业务量之间的依存关系。这里的成本是指为取得营业收入而发生的营业成本费用,包括全部生产成本和销售费用、管理费用及财务费用等非生产成本。这里的业务量,一般是指企业在一定经营期内投入或完成的经营工作量的统称,业务量可以使用多种计量单位,可以是实物量(如投产量、产出量和销售量)、价值量(如销售收入、产值和成本)和时间量(如人工小时和机器小时);也可以是百分比或比率,如开工率或作业率。具体使用什么计量单位应视管理要求和现实可能而定。

成本性态是指在业务量变化时成本所表现出来的某种特性。因此,成本总额与业务总量的依存关系是客观存在的,而且具有规律性。研究成本性态分类可以说是管理会计这一学科的基石之一,它可以揭示成本与业务量之间的规律性的联系,可使企业进行最优管理决策和改善经营管理绩效。按成本性态可以将企业的全部成本分为固定成本、变动成本和混合成本。

### 2.2.1 固定成本

#### 1. 固定成本的含义和特征

固定成本(fixed costs)是指在一定相关范围内,成本总额不受业务量变动的影响而保持固定不变的成本。例如,行政管理人员的工资、办公费、财产保险费、不动产税、按直线法计提的固定资产折旧费、职工教育培训费等,均属固定成本。固定成本具有总额不变性和单位成本反比例变动性的特点。固定成本总额的不变性是指在相关范围内,其成本总额总是保持在同一个水平上的特征。单位成本的反比例变动性是指单位固定成本与业务量的乘积恒等于一个常数的特征,即单位成本与业务量成反比关系。

**2. 固定成本的性态模型**

假设 $y$ 代表成本总额,$x$ 代表业务量,$a$ 代表一个常数,则固定成本总额的性态模型可表示为 $y=a$。在 $oxy$ 平面直角坐标系中,固定成本总额的性态模型是一条平行于 $x$ 轴的直线。如果 $y'$ 代表单位固定成本,则单位固定成本的性态模型可表示为 $y'=a/x$。在 $oxy'$ 平面直角坐标系中,单位固定成本的性态模型是一条反比例曲线。固定成本的性态模型如图 2-1 所示。

【例 2-1】 某企业生产一种产品,其专用生产设备的租金为 30 000 元,该设备最大加工能力为 120 000 件/年。显然,公司每年生产的产品在 120 000 件之内时,租用机器设备的租金固定不变。单位产品所负担的固定成本如表 2-1 所示。

表 2-1 单位产品所负担的固定成本

| 产量 $x$(件) | 设备租金 $a$(元) | 单位产品所负担的固定成本 $a/x$(元/件) |
| --- | --- | --- |
| 0 | 30 000 | |
| 30 000 | 30 000 | 1 |
| 60 000 | 30 000 | 0.5 |
| 80 000 | 30 000 | 0.375 |
| 120 000 | 30 000 | 0.25 |

从例 2-1 中可以直观地看出,每年可生产产品 120 000 件,在 0~120 000 件的范围内机器设备的租金总额保持不变,即每年均支付租金 30 000 元。尽管租用设备的总成本不变,但随着产量的变化,单位产品所负担的固定成本与产量成反比关系,即产量的增加会导致单位产品负担的固定成本的下降,反之亦然。如表 2-1 所示,每件产品的租金成本从 1 元/件降至 0.25 元/件。我们若以 $a$ 表示固定成本,$x$ 表示业务量,$a/x$ 表示单位业务量所负担的固定成本,则上述关系(即固定成本的性态)可以通过 $y=a$ 和 $y'=a/x$ 这样一个简单的数学模型来表达,如图 2-1 所示。

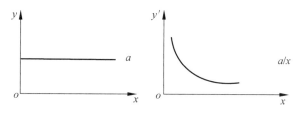

图 2-1 固定成本的性态模型

**3. 固定成本的分类**

固定成本按其是否受管理当局短期决策行为的影响,可进一步细分为酌量性固定成本和约束性固定成本。

酌量性固定成本也称为选择性固定成本或者可调整固定成本,是指管理当局的决策可以改变其支出数额的固定成本,例如广告费、职工教育培训费、技术开发费等。酌量性固定成本的基本特征是:

(1) 其支出额的大小由企业根据生产经营方针确定。因此,管理当局的判断力高低就显得非常重要了。

(2) 预算期较短,通常为一年。由于其预算额只在预算期内有效,因此,企业的经理人员可以随着情况的变化及时调整不同预算期的开支数。

当然,这并不意味着酌量性固定成本可有可无。因为从性质上讲酌量性固定成本仍是企业的一种"存在成本",是一种为企业的生产经营提供良好条件的成本,而非生产产品的成本。从短期看,其发生额同企业的业务活动量水平并无直接关系。要降低这部分成本,应在预算时认真决策、精打细算,在执行中厉行节约,在保证不影响生产经营的前提下尽量减少其支出总额。通常我们讲降低固定成本总额就是指降低酌量性固定成本。

约束性固定成本,也称经营能力固定成本,是指管理当局的决策不能随意改变其支出数额的固定成本,用于形成和维护经营能力、对生产经营能力有约束力的固定成本。例如,厂房及机器设备按直线法计提的折旧费、房屋及设备租金、不动产税、财产保险费、照明费、行政管理人员的薪金等,均属于约束性固定成本。约束性固定成本的基本特征是:

(1) 该项成本的预算期通常比较长,如果说酌量性固定成本预算着眼于在总量上进行控制,那么约束性固定成本预算则着眼于更为经济合理地利用企业的生产经营能力。

(2) 约束性固定成本支出额的大小,取决于生产经营能力的规模和质量。它在很大程度上制约着企业正常的经营活动,管理当局的当前决策无法改变,即不能轻易削减此项成本。

约束性固定成本是企业维持正常生产经营能力所必须负担的最低固定成本,其支出的大小只取决于企业生产经营的规模与质量,因而具有很大的约束性,企业管理当局的当前决策不能改变其数额。正由于约束性固定成本与企业的经营能力相关,因而又被称作"经营能力固定成本",又由于企业的经营能力一旦形成,短期内难以改变,即使经营暂时中断,该项固定成本仍将维持不变,因而也被称为"能量成本"。

因此,约束性固定成本具有很大的约束性,要想降低约束性固定成本,只能从合理充分地利用其创造的生产经营能力的角度入手,提高产品的质量,相对降低其单位成本。

**4. 固定成本的相关范围**

固定成本的"固定性"并不是绝对的,而是有限制条件的。这一条件在管理会计中通称为"相关范围",它具有如下特定的含义:

(1) 指特定的期间,即固定成本表现为在某一特定期间内具有固定性。因为从较长时期看,所有成本都具有变动性,即使"约束性"很强的固定成本也是如此。随着时间的推移,一个正常成长的企业,其经营能力无论是从规模上还是从质量上均会发生变化:厂房势必扩大、设备势必更新、行政管理人员也可能增加,这些均会导致折旧费用、财产保险费、不动产税,以及行政管理人员薪金的增加。经营能力的逆向变化当然也同样会导致上述费用发生变化。由此可见,只有在一定的期间内,企业的某些成本才具有不随产量变动的固定性特征。

（2）指特定的业务量水平，一般指企业现有的生产能力水平。因为业务量一旦超出这一水平，势必扩大厂房、更新设备和增加行政管理人员工资，相应的费用也势必增加。很显然，固定成本的固定性也是针对某一特定业务量范围而言的，如果脱离了一定的"相关范围"，固定成本的固定性就不复存在。

### 2.2.2 变动成本

**1. 变动成本的含义和特征**

变动成本（variable costs）指在一定相关范围内，成本总额随着业务量的增减变动而成正比例变动的成本项目。例如，直接材料费、产品包装费、按件计酬的工人薪金、推销佣金及按加工量计算的固定资产折旧费等，均是典型的变动成本项目。变动成本具有总额的正比例变动性和单位额不变性的特点。变动成本的正比例变动性是指在相关范围内，其成本总额随着业务量的变动而成倍数变动的特性。单位额的不变性是指无论业务量怎样变化，其单位成本都保持在原有水平上的特性。

**2. 变动成本的性态模型**

以 $y$ 代表成本总额，$x$ 代表业务量，$b$ 代表一个常数，则变动成本总额的性态模型可表示为 $y=bx$。在 $oxy$ 平面直角坐标系中，变动成本总额的性态模型是一条通过原点，以单位变动成本 $b$ 为斜率的直线，显然，单位变动成本越大，即斜率越大，变动成本总额线的坡度越陡。设以 $y'$ 表示单位变动成本，则单位变动成本的性态模型为 $y'=b$。在 $oxy'$ 平面直角坐标系中，单位变动成本的性态模型是一条平行于横轴的直线。变动成本的性态模型如图 2-2 所示。

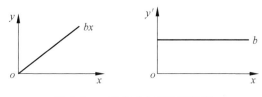

图 2-2　变动成本的性态模型

【例 2-2】　某企业生产一种产品，单位产品的直接材料用量为 4 千克，原材料的单价为 2 元/千克。当产量分别为 100 件、300 件、500 件、700 件和 900 件时，耗用材料的总成本和单位产品的材料成本如表 2-2 所示。

表 2-2　耗用材料的总成本和单位产品的材料成本

| 产量 $x$（件） | 单位产品材料成本 $b$（元） | 材料总成本 $bx$（元） |
| --- | --- | --- |
| 100 | 8 | 800 |
| 300 | 8 | 2 400 |
| 500 | 8 | 4 000 |
| 700 | 8 | 5 600 |
| 900 | 8 | 7 200 |

由此可见,该企业发生的产品材料总成本($bx$)与完成的产品产量呈现正比例变化趋势,但单位产品的材料成本(8元)却与产量的多少没有任何关系。

### 3. 变动成本的分类

变动成本可以根据其发生的原因分为酌量性变动成本和约束性变动成本。

酌量性变动成本是指通过企业管理当局的决策行动可以改变其支出数额的变动成本。如按产量计酬的工人薪金、按销售收入的一定比例计算的销售佣金等。这些支出比例或标准取决于企业管理当局的决策,当然企业管理当局在做上述决策时不能脱离当时的市场环境。例如,在确定计件工资时就必须考虑当时的劳动力市场情况,在确定销售佣金时必须考虑所销产品的市场情况,并由经理决定销售佣金计提的百分数,因此,这部分支出也属于酌量性变动成本。这类成本的显著特点是其单位成本的发生额可由企业最高管理层决定。又例如,在质量能保证并且单耗不变的条件下,企业的原材料可通过不同的采购渠道选择不同的供货单位,则原材料成本的消耗属于酌量性变动成本。要想降低这类成本,应当通过合理决策、优化劳动组合、改善成本－效益关系、全面降低材料采购成本、严格控制制造费用的开支等措施来实现。

约束性变动成本也称技术性变动成本,是指企业管理当局的决策无法改变其支出数额的,并与业务量有明确的技术或实务关系的变动成本。这类成本的实质是利用生产能力进行生产时所必然发生的成本。它通常表现为企业所生产产品的直接物耗成本,其中以直接材料成本最为典型。当企业所生产的产品定型(包括外形、大小、色彩、重量、品质等方面)以后,上述成本的大小就具有了很大程度上的约束性。这类成本的改变往往也就意味着企业的产品改型了。如企业生产组装某计算机需用的部件,在外购价格一定的条件下,其成本属于受设计技术影响的、与电脑产量成正比例的技术性变动成本。再如某热电厂的锅炉必须使用燃烧值在一定千卡以上的专用精煤,在这种情况下,燃烧成本就属于与发电量成正比例的技术性变动成本。要想降低这类成本,应当通过改进设计方案,改造工艺技术条件,提高劳动生产率、材料综合利用率和投入产出比率,以及加强控制、降低单耗等措施来实现。

### 4. 变动成本的相关范围

与固定成本一样,变动成本的变动性,即"随着业务量的变动而成正比例变动",也有其"相关范围"。

从时间范围看,即使业务量保持不变,随着时间的推移,由于客观条件的变化,如价格波动等原因,使得单位产品成本发生改变。

从业务量范围看,通常当企业的产品产量较小时,单位产品的材料成本和人工成本可能比较高。但当产量逐渐上升到一定范围内(即相关范围)时,由于材料的利用可能更加充分、工人的作业安排可能更加合理等原因,会使单位产品的材料成本和人工成本逐渐降下来。而当产量突破上述范围继续上升时,可能使某些变动成本项目超量上升(如加倍支付工人的加班工资),从而导致单位产品中的变动成本由降转升。因此,可以说明同一产品的生产,在少量生产、正常生产、大量生产三种情况下,单位产品原材料成本和单位工时成本等是不同的,所以不同产量上的单位变动成本也可能是不相等的。

### 2.2.3 混合成本

**1. 混合成本的概述**

混合成本顾名思义是指那些"混合"了固定成本和变动成本两种不同性质的成本,也就是介于固定成本和变动成本之间,其总额随业务量变动而变化但不成正比例的那部分成本。企业的电话费、机器设备的维护保养费等都属于混合成本。如前文所述,人们为了进行决策特别是短期决策,需要将成本按性态划分为固定成本和变动成本。但现实经济生活中,许多成本项目并不直接表现为固定成本性态或者变动成本性态。这类成本的基本特征是,其发生额的高低虽然直接受业务量大小的影响,但不存在严格的比例关系,人们需要对混合成本按性态进行近似的描述(称混合成本的分解,见本章2.3节),只有这样才能为决策所用。其实,企业的总成本就是一项混合成本,一项最大的混合成本。它的存在具有客观必然性,这是因为全部成本按性态分类,并采用了"是否变动"和"是否正比例变动"的双重分类标志,其结果必然导致出现介于固定成本和变动成本之间的混合成本。

【思政经典案例】　　　　　向管理要效益,提倡细节管理

扫描此码

深度学习

**2. 混合成本的分类**

混合成本项目繁多,按照混合成本变动趋势的不同,通常可以分为以下几种类型。

(1) 半变动成本。此类成本又称标准式混合成本。它的特征是:当业务量为零时,成本为一个非零基数,当业务发生时,成本以该基数为起点,随业务量的变化而成比例变化,呈现出变动成本性态。因此,此类成本是由固定成本和变动成本两部分组成的成本。企业的公用事业费,如电费、水费、电话费等均属半变动成本。如企业租用一台机器,租金规定同时按两种标准计算:按年支付租金7 000元,并且机器每运转1小时支付租金1元。设该机器某年累计运转了3 000小时,那么该企业共需支付租金10 000元。企业支付的上述费用通常都有一个基数部分,超出部分则随业务量的增加而增大。

标准式混合成本是混合成本中较为普遍的一种存在类型,具有广泛的代表性。为此,有人干脆将标准式混合成本直接称为半变动成本。此外,前面曾说企业的总成本就是一项混合成本,那是因为总成本与半变动成本表现为一种相同的性态,也可以用 $y=a+bx$ 这样的数学模型来表示,如图2-3所示。

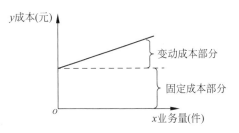

图 2-3　半变动成本

(2) 半固定成本,又称阶梯式混合成本。此类成本的特征是在一定业务量范围内,其成本不随业务量的变化而变动,体现着固定成本性态;但当业务量突破这一范围,成本就会跳跃上升,并在新的业务量变动范围内固定不变,直到出现另一个新的跳跃为止。从这些描述中不难看出,在每一个相关范围内半固定成本均体现着固定成本性态。那么,半固定成本与前述的固定成本有何差异呢?就某一特定企业而言,两者的差异表现在针对固定成本的业务量相关范围较大,直接取决于企业的经营能力,而半固定成本的业务量相关范围相对较小,固定成本的相关范围可以分割为若干个半固定成本的相关范围。半固定成本在这若干个相关范围内呈现阶梯式跃升,因而也被称为"阶梯式变动成本"。企业工资费用中化验员、质检员的工资,受开工班次影响的设备动力费,按订单进行批量生产并按开机次数计算的联动设备的折旧费等,均属于这种成本。

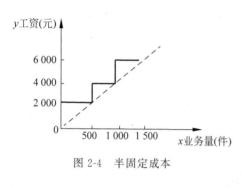

图 2-4 半固定成本

【例 2-3】 假设某企业的产品生产下线之后,需经专门的质检员检查方能入成品库。每个质检员最多检验 500 件产品,也就是说产量每增加 500 件就必须增加一名质检员,而且是在产量一旦突破 500 件的倍数时就必须增加。那么,该企业质检员的工资成本就属于半固定成本,随着产品产量的增加,该成本呈现阶梯式跃升。假设质检员的工资标准为 2 000 元,则质检员的工资支出可以如图 2-4 所示。

与半变动成本不同的是,半固定成本用数学模型来表达较为困难。当产量的变动范围较小(如例 2-3 中产量在 500—1 000 件之间浮动时),半固定成本可以被视为固定成本,可以用分段函数形式的数学模型来表示:

$$y = f(x) = \begin{cases} a_1 & 0 \leqslant x \leqslant x_1 \\ a_2 & x_1 < x \leqslant x_2 \\ a_3 & x_2 < x \leqslant x_3 \end{cases}$$

而且这一数学模型是以图 2-4 中"成本实际数"来表示的。当产量的变动范围较大(如例 2-3 产量在 500~2 500 件之间浮动甚至超过 2 500 件)时,半固定成本应该被视为变动成本,因为此种情况下能保证质检员工资成本固定不变的相关产量范围只占整个产量可变范围的很小部分。此时,我们需要用平均的方式将半固定成本描述为一种近似的变动成本性态,即图 2-4 中虚线所示的"成本的线性近似数"。其数学模型与变动成本总额的数学模型一样,即 $y = bx$。其变动率(即图中虚线的斜率)在例 2-3 中为 4 元(即企业为单位产品所支付的质检员工资)。

(3) 延期变动成本,又称低坡式混合成本。这类成本的特征是在业务量的某一临界点以下其总额表现为固定不变,超过这一业务量的限度,则表现为变动成本。比较典型的例子是:当企业职工的工资实行计时工资制时,其支付给职工的正常工作时间内的工资总额是固定不变的;但当职工的工作时间超过了正常水平,企业需按规定支付加班工资,且加班工资的大小与加班时间的长短存在着某种比例关系。

假设某企业职工正常工作时间为 3 000 小时,正常工资总额为 30 000 元(即小时工资率为10元),职工加班时按规定需支付双薪。该企业工资总额的成本性态如图2-5所示。

将图2-5与图2-3中的半变动成本进行比较,不难看出,延期变动成本就是将横轴"延伸"至业务量"临界点"时的半变动成本。所谓延期变动成本,顾名思义就是指随着业务量的"延伸",原本固定不变的成本成为了变动成本。延期变动成本的数学模型可以表现为 $y=a+bx$。

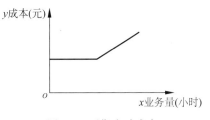

图 2-5 延期变动成本

(4) 曲线式混合成本,此类成本虽然随着产量的增减而变动,但以非直线方式变动,称为曲线式混合成本。这类成本按照曲线斜率的不同变动趋势,又分为递减式混合成本和递增式混合成本。

递减式混合成本,这类成本的增长幅度小于业务量的增长幅度,成本的斜率随业务量递减,反映在坐标图上是一条凸形曲线。例如,热处理使用的电炉设备,每班都需要预热,预热耗用的成本属于固定成本性质,而预热后进行热处理的耗电单位成本随着业务量的增加逐步下降,总成本呈一上凸物线。

递增式混合成本,这类成本的增长幅度随业务量的增长而呈更大幅度变化,成本斜率呈递增趋势,在坐标图上呈凹型曲线。如各种违约金、罚金和累进计件工资等都属于这种成本。

需要说明的是,现实经济生活中,成本的种类繁杂、形态各异,从性态划分成本的角度看也是如此。上述所讲的变动成本、固定成本和各种混合成本当然不能囊括成本的全部内容,但我们至少可以将某一种成本近似地描述为某一种性态。

## 2.3 成本性态分析方法

### 2.3.1 成本性态分析的含义与前提

成本性态分析就是指在成本性态分类基础上,按一定的程序和方法将全部成本分解为固定成本和变动成本两类,并建立成本函数模型的过程。成本按性态分类是管理会计这一学科的重要贡献之一,而对各项成本进行性态分析也是采用变动成本法的前提条件。实际工作中固定成本与变动成本只是经济生活中诸多成本性态的两种极端类型,多数成本是以混合成本的形式存在的,因而需要将其进一步分解为固定成本和变动成本两部分。在实践中,人们往往在一类成本中选择具有代表性的成本项目进行性态分析,并以此为基础推断该类成本的性态。这样做,只要分类合理、选样得当,就可以以一个较低的分解成本来获得一个较为准确的结果。成本性态分析是管理会计最基本的一项工作,研究成本性态分析是在成本分类(在相关范围基础上)和一元线性假设(总成本近似一元线性方程)的基础上进行。它可以把握成本与业务量之间的依存关系和变动规律,也是采用变动成本法的前提;成本性态分析为企业应用本量利分析、展开经营决策和实行责任会计奠定了基础,因而成本性态分析具有十分重要的意义。

## 2.3.2 成本性态分析的方法

成本性态分析方法很多,通常有历史成本法、技术测定法和账户分析法。

**1. 历史成本法**

历史成本法的基本做法是根据企业以往若干时期(若干月或若干年)的生产经验数据所表现出来的实际成本与业务量之间的依存关系来描述成本的性态,并以此来确定决策所需要的未来成本数据。历史成本法的基本原理是在生产流程和工艺设计不发生重大变化的条件下,历史数据可以比较准确地表达成本与业务量之间的依存关系,并以此确定所预计的未来成本将随业务量的变化而发生怎样的变化。

历史成本法包括高低点法、散布图法和回归直线法三种。

(1) 高低点法。高低点法是历史成本法中最简便的一种分解方法。其基本做法是初等几何中两点确定一条直线的原理,因此,只要知道直线上两点,直线方程就可求出。高低点法是以某一期间内最高业务量(即高点)的混合成本与最低业务量(即低点)的混合成本的差数,除以最高与最低业务量的差数,以确定业务量的成本变量(即单位业务量的变动成本额),进而确定混合成本中的变动成本部分和固定成本部分。

如前文所述,混合成本是混合了固定成本与变动成本,那么在一定的相关范围内,总可以用 $y=a+bx$ 这样一个数学模型来近似地描述它。这也是高低点法的基本原理。在这个相关范围内,固定成本($a$)既然不变,那么,总成本随业务量的变动而产生的变量就全部为变动成本。高点和低点的选择,完全是出于尽可能覆盖相关范围的考虑。高低点法分解混合成本的运算步骤如下:

第一步:选择高低两点坐标。在一定时期内的有关资料中,找出最高点业务量及其对应的成本($x_1,y_1$)和最低点业务量及其对应的成本($x_2,y_2$),即

$$y_1 = a + bx_1 \tag{2-1}$$

$$y_2 = a + bx_2 \tag{2-2}$$

第二步:计算 $b$ 值。将两式相减,则有:

$$y_1 - y_2 = b(x_1 - x_2) \tag{2-3}$$

即

$$b = \frac{y_1 - y_2}{x_1 - x_2} = \frac{\text{高点业务量与低点业务量的成本之差}}{\text{高点业务量与低点业务量之差}} \tag{2-4}$$

第三步:计算 $a$ 值。将式(2-4)代入式(2-1),则有:

$$a = \text{最高点成本} - b \times \text{最高点业务量} = y_1 - bx_1$$

或

$$a = \text{最低点成本} - b \times \text{最低点业务量} = y_2 - bx_2$$

第四步:将 $a,b$ 值代入式(2-5),建立成本性态模型:

$$y = a + bx \tag{2-5}$$

需要说明的是,高低点坐标的选择必须以一定时期内业务量的高低来确定,而不是按成本的高低。

【例2-4】 假定某企业上一年12个月的产量和某项混合成本的有关数据如表2-3所示。

表2-3 某企业的产量与某项混合成本的数据

| 月　份 | 产量(件) | 成本(元) |
| --- | --- | --- |
| 1 | 800 | 2 000 |
| 2 | 600 | 1 700 |
| 3 | 900 | 2 250 |
| 4 | 1 000 | 2 550 |
| 5 | 800 | 2 180 |
| 6 | 1 100 | 2 750 |
| 7 | 1 000 | 2 460 |
| 8 | 1 000 | 2 520 |
| 9 | 900 | 2 320 |
| 10 | 700 | 1 950 |
| 11 | 1 100 | 2 650 |
| 12 | 1 200 | 2 900 |

要求利用高低点法分解该项混合成本，并建立相应的成本模型。

上一年产量最高在12月份，为1 200件，相应电费为2 900元；产量最低在2月份，为600件，相应电费为1 700元。按前面的运算过程进行计算。

$$b=(2\,900-1\,700)/(1\,200-600)=2(元/件)$$
$$a=2\,900-2\times 1\,200=500(元)$$

或

$$a=1\,700-2\times 600=500(元)$$

以上计算表明，该企业这项混合成本属于固定成本的为500元；单位变动成本为每件2元。以数学模型来描述这项混合成本为 $y=500+2x$。

运用高低点法分解混合成本应注意以下几个问题：

① 高点和低点的业务量(即例2-4中的1 200件和600件)为该项混合成本相关范围，在600~1 200件之间，确定的固定成本是有效的。超出这个范围不一定适用所得出的数学模型(例2-4中 $y=500+2x$)。之所以说"不一定"，是因为超过相关范围，则需要重新用高低点法求出固定成本 $a$。

② 高低点法是以高点和低点的数据来描述成本性态的，其结果会带有一定的偶然性(事实上高低两点的偶然性较之其他各点一般要大)，这种偶然性会对未来成本的预测产生影响。当然这两点的成本数据中更不能含有任何不正常情况下的成本。

③ 当高点或低点业务量不止一个(即有多个期间的业务量相同且同属高点或低点)而成本又相异时，则只需按高低点法的原理：属高点取成本大者；属低点取成本小者。

高低点法的优点在于简便易行，便于理解。缺点是由于它只选择了历史资料的诸多数据中的两组作为计算依据，使得建立起来的成本性态模型很可能不具代表性，容易导致较大的计算误差。因此，这种方法只适用于成本变动趋势比较稳定的企业。

(2) 散布图法。散布图法又称目测画线法，是指将所分析的各期业务量和成本的历史数据在坐标图上标注，形成散布的成本点，通过目测画一条尽可能接近所有坐标点的直线，并据此来推算固定成本和单位变动成本的一种成本性态分析方法。它的基本原理与高低点法一样,也认为混合成本的性态可以被近似地描述为 $y=a+bx$。只不过 $a$ 和 $b$ 是在坐标图上得到的。

散布图法的基本步骤如下:

第一步:设立坐标图。在坐标图中,以横轴代表业务量 $x$,以纵轴代表混合成本 $y$。

第二步:标注散布点。将各种业务量水平下的混合成本逐一标明在坐标图上,由此绘制的图为散布图。

第三步:目测画出成本线。通过目测,在各成本点之间画出一条反映成本变动平均趋势的直线(理论上这条直线距各成本点之间的离差平方和最小)。这条直线与纵轴的交点就是固定成本,斜率则是单位变动成本。

第四步:确定固定成本的平均值和计算单位变动成本。所画的直线与纵轴的交点即为固定成本。在所画的直线上任取业务量的一点,即可对应地查出成本的值,再由 $b=(y-a)/x$ 求得单位变动成本。

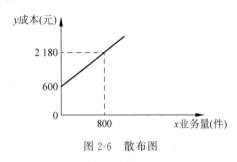

图 2-6 散布图

仍以例 2-4 的有关数据为依据,现采用散布图法对该企业的混合成本进行分解。这项混合成本的性态就可以通过坐标图的方式来表达(如图 2-6 所示)。

本例所确定的固定成本,即所画直线与纵轴的交点,为 600 元。根据所画直线,选择相关范围内任一产量,即可得出相应的混合成本,反之亦然。若产量为 800 件,按坐标图查得混合成本为 2 180 元,则单位变动成本为

$$b=(y-a)/x=(2\,180-600)/800=1.975(元/件)$$

根据散布图法得到 $a$ 和 $b$ 的值后,这项混合成本用数学模型来表示就是

$$y=600+1.975x$$

散布图法的主要优点是全面考虑了已知的所有历史成本数据,其图像可以反映成本的变动趋势,比较形象直观,易于理解,并且排除了高低点法的偶然性,因而计算结果比高低点法较精确。尽管散布图法与高低点法原理相同,但两者除基本做法不同之外还有两点差别:一是高低点法先有 $b$ 值而后有 $a$ 值,散布图法则正好相反;二是虽然散布图法通过目测得到的结果仍不免带有一定程度的主观臆断性,但由于该法是将全部成本数据均作为描述混合成本性态的依据,因而比高低点法还是要准确一些。

(3)回归直线法。回归直线法亦称最小二乘法或最小平方法,它是运用数理统计中常用的最小平方法的原理,对所观测到的全部数据加以计算,从而勾画出最能代表平均成本水平的直线。如前文所述,散布图法是通过目测的结果来勾画混合成本性态的。不管相差多少,人们总是可以勾画出多条反映成本性态的线来,而用目测的方法很难判断哪一条直线描述得更为准确。通过回归分析而得到的直线被称为回归直线,它的截距就是固定成本 $a$,斜率就是单位变动成本 $b$。这种分解方法称为回归直线法;又因为回归直线可以使各观测点的数据与直线相应各点的误差的平方和实现最小化,所以这种分解方法又被称为最小平方法。

回归直线法是根据若干期业务量和成本的历史资料,运用最小平方和原理计算固定成

本 $a$ 和单位变动成本 $b$ 的一种成本性态分析方法。假定我们有 $n$ 个 $(x,y)$ 的观测数值(如前例中不同产量条件下的混合成本数额),那么就可以建立一组决定回归直线的联立方程式,其中定有一条由 $a$ 和 $b$ 两个数值决定的直线能够使各观测值(即成本 $y$)与这条直线上相应各点的离差平方之和最小,这条线当然就是各离散点的回归直线了。根据离差平方和等于最小值原理,对混合成本 $y=a+bx$ 用"$\sum(y_i-a-bx_i)^2=$最小值"这一数字性质,分别对 $a$ 与 $b$ 求偏导数,得出参数 $a$ 与 $b$ 的求解公式为

$$a=\frac{\sum y - b\sum x}{n}$$

$$b=\frac{n\sum xy-\sum x\sum y}{n\sum x^2-(\sum x)^2}$$

对于 $a$ 与 $b$ 的求解推导也可以用简单的方法,即对方程 $y=a+bx$ 进行求和,可得

$$\sum y = na + b\sum x \tag{2-6}$$

再将式(2-6)每一项都乘以 $x$ 可得

$$\sum xy = a\sum x + b\sum x^2 \tag{2-7}$$

由式(2-6)和式(2-7)求得

$$a=\frac{\sum y - b\sum x}{n} \tag{2-8}$$

$$b=\frac{n\sum xy-\sum x\sum y}{n\sum x^2-(\sum x)^2} \tag{2-9}$$

根据 $a$ 和 $b$ 的计算式即可得出方程 $y=a+bx$。

【例 2-5】 下面用例 2-4 所给的资料具体说明回归直线法分解的步骤。

根据历史资料列表,求 $n$、$\sum x$、$\sum y$、$\sum xy$、$\sum x^2$ 和 $\sum y^2$ 的值,如表 2-4 所示。

表 2-4 计算出的各项数值

| 月份 $n$ | 产量 $x$(件) | 混合成本 $y$(元) | $x_i y_i$ | $x_i^2$ |
|---|---|---|---|---|
| 1 | 800 | 2 000 | 1 600 000 | 640 000 |
| 2 | 600 | 1 700 | 1 020 000 | 360 000 |
| 3 | 900 | 2 250 | 2 025 000 | 810 000 |
| 4 | 1 000 | 2 550 | 2 550 000 | 1 000 000 |
| 5 | 800 | 2 150 | 1 720 000 | 640 000 |
| 6 | 1 100 | 2 750 | 3 025 000 | 1 210 000 |
| 7 | 1 000 | 2 460 | 2 460 000 | 1 000 000 |
| 8 | 1 000 | 2 520 | 2 520 000 | 1 000 000 |
| 9 | 900 | 2 320 | 2 088 000 | 810 000 |
| 10 | 700 | 1 950 | 1 365 000 | 490 000 |
| 11 | 1 100 | 2 650 | 2 915 000 | 1 210 000 |
| 12 | 1 200 | 2 900 | 3 480 000 | 1 440 000 |
| 合计 | 11 100 | 28 200 | 26 768 000 | 10 610 000 |

将表 2-4 有关数值代入式(2-8)和式(2-9),则有:

$$b=\frac{n\sum xy-\sum x\sum y}{n\sum x^2-(\sum x)^2}=\frac{12\times 26\,768\,000-11\,100\times 28\,200}{12\times 10\,610\,000-123\,210\,000}\approx 1.99（元/件）$$

$$a=\frac{\sum y-b\sum x}{n}=\frac{28\,200-11\,100\times 1.99}{12}=509.25（元）$$

则成本性态模型为 $y=509.25+1.99x$。

需要注意的是,当回归直线的 $b$ 值确定之后,可以通过式(2-6),即 $\sum y=na+b\sum x$,比较简便地得到 $a$ 的值,但 $b$ 的数值应该尽量保留尾数,否则误差较大。另外,采用回归法分解固定成本 $a$ 和单位变动成本 $b$ 之前,应先要检验它们的相关程度,确定有无分解的必要性。其相关系数 $r$ 计算如下:

$$r=\frac{n\sum xy-\sum x\sum y}{\sqrt{[n\sum x^2-(\sum x)^2][n\sum y^2-(\sum y)^2]}}$$

相关系数 $r$ 的计算结果越接近 1,表明业务量与混合成本关联程度越高,用回归直线法分解的固定成本与单位变动成本越接近实际情况。反之,当相关系数 $r$ 越小时,用回归直线法分解则可能严重歪曲混合成本的真实情况。

回归直线法利用了微分极值原理,相对而言计算比较麻烦,公式更为复杂。但与高低点法相比,由于选择了包括高低两点在内的全部观测数据,因而避免了高低两点可能带来的偶然性;与散布图法相比,则是以计算代替了目测方式,所以是一种比较好的混合成本分解方法。计算结果比高低点法和散布图法更为准确,分解的结果仍具有一定的假定性和估计的成分,决策者在据以决策时需加以考虑。另外,与高低点法和散布图法一样,应剔除非正常值的影响。

**2. 技术测定法**

技术测定法是利用工业工程中投入产出的关系和项目财务评价技术研究方法来研究每个影响成本项目数额大小的因素,即用材料、人工、费用的消耗与产量之间的直接联系,来合理区分哪些耗费是变动成本,哪些是固定成本,并在此基础上直接估算出固定成本和单位变动成本的一种成本分解方法。由于它直接以工程技术的特点来划分变动成本和固定成本,所以又称为工程技术法。

技术测定法分解成本的基本步骤是:①在项目可行性研究基础上确定研究的成本项目;②对导致成本形成的工业生产过程进行观察和分析;③确定工业生产过程的最佳操作方法;④以最佳操作方法为标准方法,测定标准方法下成本项目的每一构成内容,并按成本性态分别确定为固定成本和变动成本。

在企业建设投产之前,必须进行项目的可行性研究。可行性研究报告包括有关的工程设计说明书和成本费用估算表,规定了在一定生产量条件下应耗用的材料、燃料、动力、工时及机器小时等消耗标准,这些数据通常可较为准确地反映出在一定生产技术和管理水平条件下的投入产出规律。在企业投产初期,可以参照这种关系进行成本性态分析。

技术测定法的主要优点是确定了理想的投入产出关系,所以企业在建立标准成本和制定预算时,使用此法就具有较佳的科学性与先进性。同时,它也是在缺乏历史成本数据条件下可用的最有效的办法。技术测定法的工作量大,需对每一项耗费进行分析,因此一般只用于新建企业或新产品生产的成本性态分析。

### 3. 账户分析法

账户分析法是根据各个成本、费用账户的内容,直接判断其与业务量之间的相互变动关系,从而确定其成本性态的一种成本分解方法。

账户分析法的基本做法是根据各成本、费用账户的具体内容,判断其特征是更接近于固定成本还是更接近于变动成本,进而直接将其确定为固定成本或变动成本。例如,产品耗用的原材料和生产工人的工资基本上与产量成正比例关系,可列入变动成本;燃料与动力成本项目,虽然不与产量呈严格的正比例关系,但其变动与产量关系较大,故可作变动成本;至于制造费用和管理费用中的固定资产折旧费、管理人员工资、保险费、设备租金等,与产量关系不大,均可按固定成本处理。

账户分析法是混合成本分解的诸多方法中最为简便的一种,同时也是相关决策分析中应用比较广泛的一种。但由于其分析结果的可靠性在很大程度上取决于有关分析人员的判断能力,因而不可避免地有一定的片面性和局限性。

就账户分析法的对象而言,这一方法通常用于特定期间总成本的分解,而且对成本性态的确认通常限于成本性态相对比较典型的成本项目,而对于成本性态不那么典型的成本项目,则应该选择其他的成本分解方法。

以上介绍了几种成本性态分析方法。虽然这些方法都各有其优缺点及适应性,但它们并不是孤立存在的,因此在实际中常常将它们互相补充、结合起来应用。从混合成本分解的各种方法的讲述中不难看出,成本分解的过程,实际上就是一个对成本性态进行研究的过程,而不仅仅是一个计算的过程。就成本分解的各种方法而言,应该说是短长互见。可根据不同的分解对象,选择适当的分解方法,分解结果出来后,还应当尽可能采用其他方法进行印证,以期获得比较准确的成本性态数据。

**【思政案例分析】　　　　瑞幸咖啡造假案例分析**

2017年10月,瑞幸第一家门店在北京银河soho开业。2018年5月,门店数量超过500家,并在2019年1月,增至2 500家。2019年5月17日挂牌上市。2019年年底直营门店为4 507家,交易用户数有4 000万。2020年4月2日,瑞幸咖啡官方自爆造假事件。2020年9月18日,国家市场监管总局对瑞幸咖啡(中国)有限公司不正当竞争违法行为作出行政处罚决定,罚款人民币200万元整。

对于瑞幸主动"认罪"的行为,有专家认为瑞幸的自爆更多其实是无奈之举,因为两个多月前,美国知名做空机构浑水发布了一份对"瑞幸咖啡"长达89页的做空报告,这份报告就是引发瑞幸自爆的导火索。从浑水发布做空报告到瑞幸自爆造假,瑞幸迎来了成立以来最艰难的时刻:首先是由于股价下跌,一些律师事务所开始启动对瑞幸的集体诉讼程序;其次是财报披露,由于2月底开始需要陆续披露财报,但瑞幸却迟迟未披露;再次是独立董事变更,导论瑞幸新增了两名独立董事。

那么瑞幸为什么要"造假"呢?是瑞幸商业模式一步一步推演至今的必然产物,还是个别高管的诚信问题？

下面，我们试着从成本角度分析咖啡馆的经营状况。

**1. 投入主要是在三方面：场地、设备和人**

好的选址是咖啡馆成功的第一步，不过，好位置通常不便宜。我们将选址定在北京朝阳区某核心商业街，该地段租金水平在30～35元/平方米/天，那么一间100平方米的商铺每月租金大概需要10万元。

选址完成后是购置设备和装修，这两项属于初期一次性投资。装修费用根据风格和品质有所差异，通常一家咖啡店的装修成本在1500～2000元/平方米，若追求豪华奢装，价格更高。如此，一家100平方米的咖啡店，基本装修费用就要15万～20万元。

咖啡设备方面，基本配置包括咖啡机、磨豆机、冷藏操作台、制冰机、搅拌机、碎冰机；如果希望同时销售"咖啡＋糕点"，则还需增加烤箱、电磁炉等。作为咖啡店的核心设备，一台进口的意式浓缩咖啡机的价格约为2万～12万元。咖啡机的价格浮动较大，差异主要在于设备稳定性，如稳压和水温的稳定性。

如果咖啡店仅提供咖啡，不提供糕点和简餐，则人员配置相对简单。一家100平方米的咖啡店大概会设置30个座位，按两班倒计算，需要6～8名服务人员。根据北京当地工资水平，每位员工工资在5000～7000元/月，咖啡店每月人力成本为5万元左右。

通过这样一个简化模型，我们可以粗略估算一家北京朝阳区商街咖啡馆的经营成本：一次性投入25万～30万元，包含设备和装修，之后每月固定支出15万元左右（未考虑损耗、房租押金、设备折旧、证照办理等隐性费用）。

**2. 咖啡的成本主要包括三方面：咖啡豆、奶、辅料**

咖啡豆是构成一杯咖啡的基本原料。烘焙好的咖啡豆，先用磨豆机研磨成咖啡粉，再利用咖啡机萃取成咖啡液，就形成了一杯意式浓缩咖啡（Espresso）。意式浓缩几乎称得上所有花式咖啡的基础，如一杯美式咖啡是"1份浓缩咖啡＋2份水"，一杯拿铁则是"1份浓缩咖啡＋1.5份热牛奶＋0.5份奶泡"。

接下来，我们以美式12盎司大杯（约360mL）的拿铁咖啡为例，来计算一杯咖啡的成本。

一杯360mL的拿铁咖啡大约需要20g咖啡粉。普通咖啡店采购的咖啡豆一般不超过200元/公斤，我们以150元/公斤计算，每杯咖啡的成本为3元。

20g咖啡粉萃取出大约100mL咖啡液，除咖啡液外剩余部分主要是牛奶。以某品牌全脂牛奶为例，1L装售价约为10元，每杯咖啡需要消耗250mL牛奶，成本约2.5元。此外，原料中还有少量糖浆，由于该部分成本较低，可以忽略不计（以太古金砂糖为例，一包0.2元，而且很多人喝咖啡不加糖）。

最后看辅料，主要包括纸杯、吸管和外带包装，其中纸杯成本是0.6～0.8元，防烫套0.2元，吸管0.1元，外带包装袋约1元，合计约1～2元。

综上，可以算出一杯售价25元左右的12盎司大杯拿铁咖啡，成本大概是在6～7元之间，毛利率为75%～80%。

咖啡是高毛利产品，但咖啡馆却不属于暴利行业。许多看似"高端大气上档次"的咖啡馆，实则生存艰难。究其原因，主要是其中不可忽视的两项核心成本——房租和人工。

我们仍然以上述的咖啡馆为例，一家位于一线城市核心商业地段的100平方米单店咖

啡厅,如果仅以销售咖啡为主营收入,门店盈利模型可以简化如下:

单日利润＝咖啡单价×日均销售杯数×80%－每日租金成本－每日人工成本。

综上可知,每日租金成本和人工成本合计约为5 000元。这样看来,若单杯咖啡售价25元,门店每天至少要销售240杯咖啡,才能仅仅达到盈亏平衡点。我们用常识来判断,很多一线城市商街上的非连锁咖啡店是达不到这个指标的,并且随着租金和人力成本逐年上涨,门店的运营压力只会越来越大。

根据上述思政案例内容,思考以下问题:

1. 结合职业道德教育,谈谈大学生应如何培养遵纪守法、诚实守信的职业品格。
2. 查阅《会计法》《企业会计准则》等资料,了解会计专业法律法规和相关政策。
3. 案例中所提到的场地、设备、人员、咖啡、奶、辅料等,哪些属于固定成本?哪些属于变动成本?如何能降低这些成本?

## 【本章小结】

成本性态是指成本在业务量变化时所表现出来的某种特性,研究成本性态分类是管理会计这一学科的基石之一,按此标准可以将企业的全部成本分为固定成本、变动成本和混合成本。成本性态分析是指在成本性态分类基础上,按一定的程序和方法最终将全部成本分解为固定成本和变动成本两类,并建立成本函数模型的过程。常用的分析方法有高低点法、散布图法和回归直线法。

【在线测试题】 扫描书背面的二维码,获取答题权限。

扫描此码

在线自测

## 【思考题】

1. 何谓成本性态?为什么成本要按照性态分类?
2. 成本按性态可分为哪几类?请简要说明各类成本的特点。
3. 什么是固定成本和变动成本的相关范围?研究相关范围的意义何在?
4. 分解混合成本有哪几种常用的方法?
5. 采用高低点法时如何计算固定成本($a$)和单位变动成本($b$)的数值?高低点法适用于什么样的企业?

# 第3章
# 变动成本法

> **【思政名言集锦——敬业篇】**
>
> 人生自古谁无死,留取丹心照汗青。
>
> ——文天祥《过零丁洋》
>
> 出师未捷身先死,长使英雄泪满襟。
>
> ——杜甫《蜀相》
>
> 春蚕到死丝方尽,蜡炬成灰泪始干。
>
> ——李商隐《无题》

**【学习目标】**

通过本章学习:理解变动成本法的含义,掌握变动成本法与完全成本法的主要区别,理解两种成本法分期营业利润差额的含义及变动规律,并且能够利用变动成本法和完全成本法进行成本计算。

**【引导案例】**

## 变动成本法的应用

百氏有限公司是生产液晶电视的企业,最近两年连续亏损,2018年和2019年对外公布的财务报表分别显示亏损80万元和100万元,若2020年继续亏损的话,金融机构将不再继续提供贷款。公司总经理为此非常着急,希望公司的财务经理拿出能扭亏为盈的方案。财务经理对本公司的财务报表进行了分析:本公司生产的液晶电视的售价为3 000元/台,2019年生产并销售了5 000台,但企业的生产能力只利用了1/3,每台液晶电视的变动生产成本为2 000元,全年固定性制造费用为300万元,固定销售和管理费用为300万元。财务经理经过核算之后建议总经理在2020年满负荷生产,即使不扩大销售、不提价,也可以实现"扭亏为盈",在2020年实现100万元的盈利,这样金融机构就不会停止对本企业的贷款。公司总经理为此非常纳闷:我们只是扩大了生产,没有扩大销售,也没有降低成本,2019年亏损的100万元怎么到了2020年就变成了盈利100万元呢?总经理百思不得其解,怀疑财务经理在做假账,但财务经理否认自己做了假账,并对总经理说:"要想真正实现扭亏为盈,希望总经理追加10万元的广告宣传费和15万元的销售奖金来扩大销售,只要销量再增加1 250台,就可以实现真正的盈利。"总经理对此更是困惑不已。用变动成本法可解释财务经理"扭亏为盈"的建议。

## 3.1 变动成本法概述

### 3.1.1 成本计算及其主要分类

**1. 成本计算的概念**

成本计算在现代会计学中的概念有狭义和广义之分。狭义的成本计算是指一般意义上的成本核算,即对成本的归集和分配的过程。在成本核算中主要是以产品成本计算为主要内容。广义的成本计算是指现代意义上的成本管理系统,包括成本核算、成本计划、成本控制和成本考核等。管理会计学中使用的是广义成本计算概念。

**2. 成本计算的主要分类**

(1) 按成本计算流程的不同进行分类。成本计算的流程主要取决于企业的工艺技术和生产组织的特点及管理上的要求,表现为成本归集对象及期末存货计价方法等方面的不同。以此为标志,可将成本计算分为按批量不定期进行的分批成本计算(简称分批法)和按加工步骤定期进行的分步成本计算(简称分步法)。

(2) 按成本计算时态的不同进行分类。以此为标志可将成本计算分为事先进行的估计成本计算、事后进行的实际成本计算和介于两者之间的标准成本计算。估计成本计算是按照经验对未来可能发生的成本进行的预计和估算;实际成本计算则是基于客观性和相关性的原则,为满足事后成本核算及分析而发展起来的,又称实际成本制度;标准成本计算是将事前的成本估算、事后的成本核算同事中的成本控制结合起来,据此来实现对成本的全过程控制的一种成本计算,又称标准成本制度。

(3) 按成本计算对象的类型不同进行分类。以此为标志可将成本计算分为业务成本计算、责任成本计算和质量成本计算。业务成本计算的对象是企业的业务活动,目的是提供反映业务活动成果的成本参数;责任成本计算是以责任中心为成本计算对象,目的是对责任中心及其责任的考核,提供评价企业经营业绩的成本参数;质量成本计算则是为确保产品或服务质量而于近20年发展起来的一种全新的成本计算。

(4) 按成本计算手段的不同进行分类。以此为标志可将成本计算分为手工操作式成本计算和电算化成本计算。手工操作式成本计算的每一个数据的取得、处理、传递和报告,都是依靠人的手工进行的。随着电子计算机在会计中的广泛应用,复杂的成本计算也被纳入电算化会计系统内。这种分类是区分传统成本计算和现代成本计算的主要标志之一。

(5) 按成本计算规范性的不同进行分类。以此为标志可将成本计算分为常规成本计算和特殊成本计算。常规成本计算程序相对稳定,规范性较强,可纳入日常成本核算体系,它主要用来提供日常管理所需的成本信息；特殊成本计算程序比较灵活，缺乏规范性，是为满足管理上的特殊需要而进行的成本计算。产品成本计算属于前者，决策成本计算属于后者。

（6）按产品成本、期间成本口径的不同和损益确定程序的不同进行分类。以此为标志可将成本计算分为完全成本计算和变动成本计算。完全成本计算是财务会计核算成本的基本方法，它是在计算产品成本（即生产成本）与存货成本时，把直接材料、直接人工、变动制造费用和固定制造费用全部包括在内的一种成本计算方法。变动成本计算是管理会计学中核算成本的基本方法。它是根据成本习性的特点核算成本。它在计算产品的生产成本和存货成本时，不把生产过程中的固定制造费用包括在内，并将这一部分费用以期间成本方式处理，作为贡献毛益的减除项，列入损益表。

### 3.1.2 变动成本法的理论前提

**1. 变动成本法的概念**

变动成本法是变动成本计算的简称，又称直接成本计算法，是指在组织常规的产品成本计算中，以成本性态分析为前提条件，只将产品生产过程中所直接消耗的直接材料、直接人工和变动制造费用作为产品成本的构成内容，而将固定制造费用及非生产成本作为期间成本，并按贡献式损益确定程序来计量损益的一种成本计算模式。变动成本法是管理会计为改革财务会计的传统成本计算模式而设计的新模式。它能为企业内部经营管理工作提供成本资料，为正确进行成本的计划、控制和经营决策提供有价值的资料。

**2. 变动成本法的理论前提**

变动成本法既是产品成本计算方法，又是损益计算方法。它产生于 20 世纪 30 年代的美国。第二次世界大战以后，变动成本法广泛地运用于美国、日本、西欧各国企业的内部管理。传统的完全成本法将企业的全部成本分为生产成本和非生产成本，因而完全成本法所计算的产品成本包括直接材料、直接人工和制造费用，即生产成本；为制造产品发生的销售费、管理费等属于非生产成本，作为期间成本。管理会计理论认为：在变动成本法下，成本按成本习性分为变动成本和固定成本两部分。因此，应重新解释产品成本和期间成本的定义：产品成本只包括变动生产成本；固定制造费用应当作为期间成本处理。以上就构成了变动成本法的理论前提。

区别于完全成本计算，变动成本计算将固定制造费用归为期间成本来处理，是基于以下理由：

（1）产品成本应该只包括变动生产成本。管理会计中，产品成本应是那些随产品实体的流转而流转，产品销售出去时才能与相关收入实现配比并得以补偿的成本。按照变动成本计算的解释，产品成本必然与产品产量密切相关，在生产工艺没有发生实质性变化、成本消耗水平不变的情况下，所发生的产品成本总额应当随着完成的产品产量成正比例变动。如果不存在产品这个物质承担者，就不应当有产品成本存在。因此，在变动成本计算下，只有生产成本中的变动部分才属于产品成本的内容。

（2）固定制造费用应当作为期间成本来处理。在管理会计中，期间成本是指那些不随产品实体的流转而流转,而是随企业生产经营持续时间的长短而增减,其效益随时间的推移而消逝,不能递延到下期,只能于发生的当期计入损益表,由当期收入补偿的成本。

与完全成本计算不同的是,变动成本计算下的产品成本不包含固定制造费用,而是将其作为期间成本,直接计入当期损益表。因为固定制造费用主要是为企业提供一定的生产经营条件而发生的,这些条件一经形成,不管其实际利用程度如何,有关费用照样发生,同产品的实际生产没有直接联系,并不随产量的增减而增减。也就是说,这部分费用所联系的是会计期间而非产品,其效益随着时间的推移而逐渐丧失,不能递延到下一会计期间。因此,固定制造费用应当作为期间成本来处理。

## 3.2 变动成本法和完全成本法的比较

为了使管理会计能满足企业预测、决策、规划、控制、责任考评的基本管理职能的需要,必须采用与财务会计的完全成本法不同的核算方法,那就是变动成本法。由于变动成本法与完全成本法对固定制造费用的处理方法不同,因而两种方法之间存在着一系列的差异,主要表现如下。

### 3.2.1 应用的前提条件和提供的信息用途不同

变动成本法的应用前提是要先进行成本性态分析,把全部成本划分为变动成本和固定成本两部分,尤其是将具有混合成本性质的制造费用按成本性态划分为变动制造费用和固定制造费用两部分,如图 3-1 所示。

完全成本法是财务会计核算成本的基本计算方法,它把总成本按其发生的经济职能或经济用途分为生产成本和非生产成本。凡发生在生产领域为生产产品发生的成本就归属于生产成本,发生在流通和服务领域为组织日常销售和日常行政管理发生的成本则归属于非生产成本,如图 3-2 所示。

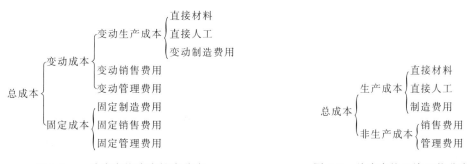

图 3-1　总成本按成本性态分类　　　　图 3-2　总成本按经济职能分类

变动成本法与完全成本法所提供的信息用途不同是两者之间最本质的区别。传统的完全成本法是事后将间接成本分配给各种产品,反映了为生产产品而发生的全部资金耗费。它提供的成本信息可以用来确定产品的实际成本和损益,并满足对外提供报表的需要,刺激企业增产,因而被外界广泛接受。变动成本法是为了强化企业内部管理的要求,满足企业未来决策需要而产生的。由于它揭示了成本、业务量和利润之间的规律,从而有助于企业加强成本管理,强化预测、决策、计划、控制和业绩考核等职能,促进以销定产,减少或避免因盲目生产而带来的损失。

### 3.2.2 成本的构成不同

变动成本法与完全成本法的成本构成不同,主要是指产品成本和期间成本的构成内容不同。

**1. 产品成本的构成不同**

变动成本法的产品成本只包括生产过程中发生的变动生产成本,即直接材料、直接人工和变动制造费用;而完全成本法的产品成本是指产品生产过程中发生的全部生产成本,包括直接材料、直接人工、变动制造费用和固定制造费用。两者的区别在于固定制造费用的归属对象不同,前者将固定制造费用归属于会计期间,作为期间成本处理;后者将固定制造费用归属于产品,计入产品成本。

**2. 期间成本的构成不同**

变动成本法的期间成本由固定制造费用、销售费用和管理费用构成。因此,变动成本法的期间成本可概括为固定生产成本与非生产成本之和。完全成本法的期间成本由销售费用和管理费用构成,即非生产成本计入期间成本。

对于以上成本的构成内容计算举例如下:

【例 3-1】 某公司只生产一种产品,本期业务资料如下:全年产量 20 000 件,期初存货 0 件,全年销售量为 15 000 件,期末存货量为 5 000 件,销售单价为 30 元,本期发生的成本资料如表 3-1 所示。

表 3-1 成本资料 单元:元

| 成本项目 | 项目费用 | 成本项目 | 项目费用 |
| --- | --- | --- | --- |
| 直接材料 | 140 000 | 固定性制造费用 | 60 000 |
| 直接人工 | 100 000 | 销售费用 | 20 000 |
| 变动性制造费用 | 80 000 | 管理费用 | 10 000 |

根据上述资料,按两种方法分别计算产品成本和期间成本,如表 3-2 所示。

表 3-2 产品成本和期间成本计算 单元:元

| 成本项目 | 变动成本法计算 | | | 完全成本法计算 | | |
| --- | --- | --- | --- | --- | --- | --- |
| | 产品成本 | 单位产品成本 | 期间成本 | 产品成本 | 单位产品成本 | 期间成本 |
| 直接材料 | 140 000 | 7 | | 140 000 | 7 | |
| 直接人工 | 100 000 | 5 | | 100 000 | 5 | |
| 变动制造费用 | 80 000 | 4 | | 80 000 | 4 | |

续表

| 成本项目 | 变动成本法计算 | | | 完全成本法计算 | | |
|---|---|---|---|---|---|---|
| | 产品成本 | 单位产品成本 | 期间成本 | 产品成本 | 单位产品成本 | 期间成本 |
| 固定制造费用 | | | 60 000 | 60 000 | 3 | |
| 合计 | 320 000 | 16 | | 380 000 | 19 | |
| 销售费用 | | | 20 000 | | | 20 000 |
| 管理费用 | | | 10 000 | | | 10 000 |
| 合计 | | | 30 000 | | | 30 000 |
| 总计 | 320 000 | 16 | 90 000 | 380 000 | 19 | 30 000 |

由以上计算结果可以看出，完全成本法的单位生产成本为 19 元，比变动成本法的单位生产成本 16 元多 3 元；变动成本法计算的期间成本为 90 000 元，比完全成本法计算的期间成本 30 000 元高 60 000 元。这种差异是由于对固定制造费用处理不同（每件产品负担固定制造费用 3 元（60 000 元/20 000 件））而造成的。

### 3.2.3 销货成本及存货成本水平不同

企业产品实体随着企业的经济活动处于不断流动状态。广义的产品则以销货和存货两种实物形态存在。当销货量与期末存货量不为零时，本期所发生的产品成本则表现为销售成本与存货成本。在变动成本法下，固定制造费用作为期间成本直接计入当期利润表，则不会有转化为存货成本的可能。且本期发生的固定制造费用全部计入损益表中，不会递延到下一期。在完全成本法下，固定制造费用计入产品成本，本期所发生的固定制造费用随存货的流动而流动。当期末存货存在时，需要将其在本期销货成本与存货成本之间进行分配，计入销货成本中的固定制造费用直接计入当期利润表中，计入存货成本中的固定制造费用随着存货成本的流动而会递延到下一期。因此，两种成本计算法所确定的销货成本与存货成本水平不同。以例 3-1 两种成本计算法下的销货成本与存货成本的计算如表 3-3 所示。

表 3-3 销货成本与存货成本计算表

| 项目内容 | 变动成本法计算 | 完全成本法计算 |
|---|---|---|
| 期初存货量 | 0 | 0 |
| 本期生产量 | 20 000 件 | 20 000 件 |
| 本期销售量 | 15 000 件 | 15 000 件 |
| 期末存货量 | 5 000 件 | 5 000 件 |
| 本期销售成本 | 15 000×16＝240 000 元 | 15 000×19＝285 000 元 |
| 期末存货成本 | 5 000×16＝80 000 元 | 5 000×19＝95 000 元 |

从上述计算结果可以看出，采用变动成本法，只包括了变动成本，而不包括固定制造费用。若采用完全成本法，则在已销售产品、库存的产成品和在产品之间都分配了固定制造费用，从期末产成品和在产品的存货计价来看，也包含了固定制造费用这一部分，因此存货中的成本金额必然大于变动成本法所计算的存货成本金额。

对于变动成本法和完全成本法，计算销售成本的公式为

本期销售成本＝期初存货成本＋本期发生的生产成本－期末存货成本

从上式看出，计算本期销售成本，必须计算出期末存货成本。对于变动成本法，由于销售成本由变动生产成本构成，所以在以下两种情况下，可以使用简化式计算，即。

本期销售成本＝本期销售量×单位变动生产成本（即单位产品成本）

第一种情况是要求期初存货量为零。在这种情况下，单位期末存货成本、本期单位产品成本和本期单位销货成本这三个指标相等，可以用单位变动生产成本来表示。

第二种情况是要求前后期单位变动生产成本水平不变。因为在这种情况下，单位期初存货成本、单位期末存货成本、本期单位产品成本和本期单位销货成本这四个指标可以用统一的单位变动生产成本来表示。

### 3.2.4 损益确定的程序和中间指标的计算不同

企业利润计划和经营决策的重要依据是所生产的产品的盈利能力。在变动成本法下，产品损益确定的程序是运用的贡献式损益程序，也就是产品盈利能力是通过贡献毛益（其指标详见第4章）来表现的，它是产品的销售收入减去变动成本后的余额。贡献毛益减去固定成本后的余额，才是企业最终实现的税前利润。损益的确定和计算如下：

贡献毛益＝销售收入－变动成本总额

其中：变动成本＝变动生产成本＋变动销售及管理费用

税前利润＝贡献毛益－固定成本总额

其中：固定成本＝固定制造费用＋固定销售及管理费用

由以上公式看出，贡献毛益超过固定成本越多，则企业的盈利越大。因此，产品的贡献毛益可以反映盈利能力，它是变动成本法计算损益的中间盈利能力指标。

完全成本法计算损益是销售收入扣除本期销售成本的差额，即销售毛利，再用销售毛利扣除期间费用后的差额，就是税前利润。损益的确定和计算如下：

销售毛利＝销售收入－销售成本

其中：销售成本＝期初存货成本＋本期生产成本－期末存货成本

税前利润＝销售毛利－销售费用－管理费用

**【例 3-2】** 仍以例 3-1 为例，销售费用中有变动性费用，为 1 元/件。用两种成本计算方法计算损益。编制的利润表如表 3-4 所示。

表 3-4 利润表　　　　　　　　　　　　　　　　　　　　单位：元

| 贡献式利润表 | | 职能式利润表 | |
| --- | --- | --- | --- |
| 销售收入 | 450 000 | 销售收入 | 450 000 |
| 变动成本 | | 销售成本 | |
| 　变动生产成本 | 240 000 | 　期初存货成本 | 0 |
| 　变动销售费用 | 15 000 | 　本期生产成本 | 380 000 |
| | | 　期末存货成本 | 95 000 |
| 变动成本合计 | 255 000 | 销售成本合计 | 285 000 |
| 贡献毛益 | 195 000 | 销售毛利 | 165 000 |
| 固定成本 | | 期间费用 | |

续表

| 贡献式利润表 | | 职能式利润表 | |
|---|---|---|---|
| 固定制造费用 | 60 000 | 销售费用 | 20 000 |
| 固定销售费用 | 5 000 | 管理费用 | 10 000 |
| 固定管理费用 | 10 000 | | |
| 固定成本合计 | 75 000 | 期间费用合计 | 30 000 |
| 税前利润 | 120 000 | 税前利润 | 135 000 |

【思政经典案例】 强化战略研判、产业协同降本
——中国兵器装备集团有限公司运用管理会计应对疫情影响

扫描此码

深度学习

## 3.3 两种成本法分期计算营业利润差异的变动规律

### 3.3.1 两种成本法分期计算营业利润差异的原因

两种成本法由于计入利润表的固定制造费用的水平不同,最终导致得出的营业利润有差异,其差异包括广义差异和狭义差异。广义差异是指不同期间两种成本法下的营业利润可能大于零、也可能等于零或小于零。用公式表示如下:

营业利润的广义差异=本期完全成本法下的营业利润-本期变动成本法下的营业利润

不等于零的营业利润差异称为狭义差异。而导致狭义营业利润差异出现的原因,应从两种成本法中影响收入和计入当期利润表的成本费用的单价、销量、销售成本和期间成本等因素考虑。

首先,在比较两种成本法的利润表中可以看出:在一定的相关范围内,两种成本法的单价和销售量都是常数,则两种成本法计算的销售收入相同,不会导致狭义营业利润差异。其次,在两种成本法下,变动生产成本都是产品成本的构成内容。这样在一定期间内销售成本中所包含的变动生产成本必然相等。因此,计入利润表中的销货成本所包含的变动生产成本不是导致狭义营业利润差异发生的因素。再次,两种成本法中的非生产成本即销售费用和管理费用均属于期间成本,并最终计入当期利润表,不递延到下期,只是它们在利润表中的位置和排列顺序存在形式上的区别,所以也不会导致狭义营业利润差异的产生。通过以上分析可知只能从固定制造费用这个因素考虑。有些人认为狭义营业利润差异的出现是由于固定制造费用的处理方法不同造成的。即变动成本法始终将固定制造费用作为期间成本处理,完全成本法始终将其作为产品成本处理。但导致两种成本法下分期营业利润出现差

异的根本原因是计入当期利润表的固定制造费用的水平出现了差异,这种差异表现为完全成本法下,期末存货吸收的固定制造费用与期初存货释放的固定性制造费用之间的差异。这是因为在变动成本法下,计入当期利润表的固定制造费用是本期所发生的全部固定制造费用,而在完全成本法下,计入当期利润表的固定制造费用应等于期初存货释放的固定制造费用加上本期发生的固定制造费用减去期末存货吸收的固定制造费用。以上关系可用下列公式表示:

$$\text{完全成本法下计入当期利润表的固定制造费用} = \text{期初存货释放的固定制造费用} + \text{本期发生的固定制造费用} - \text{期末存货吸收的固定制造费用} \quad (3\text{-}1)$$

$$\text{变动成本法下计入当期利润表的固定制造费用} = \text{本期所发生的固定制造费用} \quad (3\text{-}2)$$

$$\text{完全成本法与变动成本法计入当期利润表固定制造费用的差额} = \text{式}(3\text{-}1) - \text{式}(3\text{-}2) = \text{完全成本法下期初存货释放的固定制造费用} - \text{完全成本法下期末存货吸收的固定制造费用} \quad (3\text{-}3)$$

在其他因素相同情况下,有下式成立:

$$\text{两种成本法计算当期营业利润的差额} = \text{完全成本法下期末存货吸收的固定制造费用} - \text{完全成本法下期初存货释放的固定制造费用}$$

因此,在其他条件不变的前提下,完全成本法下只要存在期末存货吸收的固定制造费用与期初存货释放的固定制造费用的差异,就说明两种成本法计入本期利润表的固定制造费用数额不同,则一定存在两种成本法的当期营业利润不相等。如果某完全成本法下期末存货吸收的固定制造费用与期初存货释放的固定制造费用相同,就意味着两种成本法计入本期利润表的固定制造费用的数额相等,那么两种成本法的当期营业利润必然相等。

【例3-3】 某企业202×年全年产销一种产品,其产销量及有关成本资料如表3-5所示。

表3-5 某产品产销量及有关成本资料表

| 业务资料 | 全年产量 | 5 000 件 |
|---|---|---|
| | 期初存货量 | 0 件 |
| | 全年销量 | 3 600 件 |
| | 期末存货量 | 1 400 件 |
| | 销售单价 | 100 元 |
| 成本资料 | 直接材料 | 140 000 元 |
| | 直接人工 | 80 000 元 |
| | 制造费用 | 80 000 元 |
| | 　　变动制造费用 | 30 000 元 |
| | 　　固定制造费用 | 50 000 元 |
| | 销售及管理费用 | |
| | 　　单位变动销售及管理费用 | 2 元 |
| | 　　固定销售及管理费用 | 40 000 元 |

根据资料计算说明两种成本法下营业利润差异的根本原因。完全成本法下期末存货吸收的固定制造费用与期初存货释放的固定制造费用计算如下：

期末存货吸收的固定制造费用＝期末存货量×本期单位固定制造费用
$$=1400\times 50\,000/5\,000=14\,000(元)$$

期初存货释放固定制造费用＝期初存货量×上期单位固定制造费用
$$=0\times 上期单位固定制造费用=0(元)$$

$$两种成本法下利润差异=\frac{期末存货吸收的}{固定制造费用}-\frac{期初存货释放的}{固定制造费用}$$
$$=14\,000-0=14\,000(元)$$

我们用两种成本法分别计算它们的营业利润来验证它们的利润差异，如表 3-6 所示。

表 3-6　营业利润表　　　　　　　　　　　　　　　　单位：元

| 贡献式利润表 | | 职能式利润表 | |
| --- | --- | --- | --- |
| 销售收入 | 360 000 | 销售收入 | 360 000 |
| 变动成本 | | 销售成本 | |
| 　变动生产成本 | 180 000 | 　期初存货成本 | 0 |
| 　变动销售及管理费用 | 7 200 | 　本期生产成本 | 300 000 |
| | | 　期末存货成本 | 84 000 |
| 变动成本合计 | 187 200 | 销售成本合计 | 216 000 |
| 贡献毛益 | 172 800 | 销售毛利 | 144 000 |
| 固定成本 | | 期间费用 | |
| 　固定制造费用 | 50 000 | 　销售及管理费用 | 47 200 |
| 　固定销售及管理费用 | 40 000 | | |
| 固定成本合计 | 90 000 | 期间费用合计 | 47 200 |
| 税前利润 | 82 800 | 税前利润 | 96 800 |

以上计算结果充分验证了完全成本法和变动成本法营业利润差异的根本原因，同时也科学地揭示了两种成本法下，分期营业利润出现狭义差异的必要条件，这有助于分析广义差异的变动规律。

通过以上分析判断，广义营业利润差异的变动规律如下：

（1）如果完全成本法下期末存货吸收的固定制造费用等于期初存货释放的固定制造费用，则两种成本法计算确定的营业利润差额必然为零，即它们的营业利润相等。

（2）如果完全成本法下期末存货吸收的固定制造费用大于期初存货释放的固定制造费用，则两种成本法计算确定的营业利润差额必然大于零，即完全成本法计算确定的营业利润大于变动成本法计算确定的营业利润。

（3）如果完全成本法下期末存货吸收的固定制造费用小于期初存货释放的固定制造费用，则两种成本法计算确定的营业利润差额必然小于零，即完全成本法计算确定的营业利润小于变动成本法计算确定的营业利润。

## 3.3.2 采用两种不同成本法对营业利润计算的影响

对企业生产经营中期末存货量和期初存货量之间的数量关系,以及产销不平衡或平衡关系与营业利润的广义差额之间所存在的规律,应通过对变动成本法与完全成本法分期计算营业利润的对比分析,来阐明它们内在的规律和结果。

### 1. 生产量相等而销售量不等

【例3-4】 设某企业产销一种产品,各会计年度产量不变,销量变动,连续3年有关产销及成本资料如表3-7所示。

表3-7 某企业产销及成本资料 单位:元

| 项目 | 第 一 年 | 第 二 年 | 第 三 年 | 合 计 |
|---|---|---|---|---|
| 期初存货量(件) | 1 000 | 1 000 | 2 000 | 1 000 |
| 当年生产量(件) | 10 000 | 10 000 | 10 000 | 30 000 |
| 当年销售量(件) | 10 000 | 9 000 | 11 000 | 30 000 |
| 期末存货量(件) | 1 000 | 2 000 | 1 000 | 1 000 |
| 基本资料 | | 成本计算方法 | 变动成本法 | 完全成本法 |
| 单位售价 | 15 | | | |
| 制造成本: | | 单位变动制造成本 | 6 | 6 |
| 单位变动制造成本 | 6 | | | |
| 固定制造费用总额 | 24 000 | 单位固定制造费用 | 0 | 2.4 |
| 销售及管理费用: | | | | |
| 单位变动销售及管理费用 | 0 | 单位产品成本 | 6 | 8.4 |
| 固定销售及管理费用 | 18 000 | | | |

根据上述资料,分别按两种成本法编制连续3年的利润表,如表3-8和表3-9所示。

表3-8 贡献式利润表 单位:元

| 项目 | 第 一 年 | 第 二 年 | 第 三 年 | 合 计 |
|---|---|---|---|---|
| 销售收入 | 150 000 | 135 000 | 165 000 | 450 000 |
| 变动成本: | | | | |
|   变动制造成本(按销量计算) | 60 000 | 54 000 | 66 000 | 180 000 |
|   变动销售及管理费用 | 0 | 0 | 0 | 0 |
| 贡献毛益 | 90 000 | 81 000 | 99 000 | 270 000 |
| 固定成本: | | | | |
|   固定制造费用 | 24 000 | 24 000 | 24 000 | 72 000 |
|   固定销售及管理费用 | 18 000 | 18 000 | 18 000 | 54 000 |
| 税前利润 | 48 000 | 39 000 | 57 000 | 144 000 |

表 3-9　职能式利润表　　　　　　　　　　　　　　　　　　单位：元

| 项　目 | 第 一 年 | 第 二 年 | 第 三 年 | 合 计 |
|---|---|---|---|---|
| 销售收入 | 150 000 | 135 000 | 165 000 | 450 000 |
| 销售生产成本： | | | | |
| 期初存货成本 | 8 400 | 8 400 | 16 800 | 8 400 |
| 制造成本（按产量计算） | 84 000 | 84 000 | 84 000 | 252 000 |
| 减：期末存货成本 | 8 400 | 16 800 | 8 400 | 8 400 |
| 销售生产成本合计 | 84 000 | 75 600 | 92 400 | 252 000 |
| 营业毛利 | 66 000 | 59 400 | 72 600 | 198 000 |
| 期间费用： | | | | |
| 销售及管理费用 | 18 000 | 18 000 | 18 000 | 54 000 |
| 税前利润 | 48 000 | 41 400 | 54 600 | 144 000 |

由表 3-8 和表 3-9 可以看出：

在第一年，由于产量等于销量，均为 10 000 件，所以两种成本法下的税前利润均为 48 000 元。这是因为固定制造费用不论是作为固定成本（变动成本法下），还是作为产品成本（完全成本法下），都计入了当年损益。

在第二年，由于产量 10 000 件大于销量 9 000 件，所以按变动成本法计算的税前利润比按完全成本法计算的税前利润少了 2 400 元。这是因为在变动成本法下，全部固定制造费用 24 000 元计入了当年损益；而在完全成本法下，只将已销售的产品所负担的固定制造费用 21 600 计入了当年损益，余下的 2 400 元固定性制造费用则作为存货成本列入资产负债表。

在第三年，情况与第二年正好相反，由于产量 10 000 件小于销量 11 000 件，所以按变动成本法计算的税前利润比按完全成本法计算的税前利润多 2 400 元。这是因为变动成本法下计入第三年损益的固定制造费用仍为 24 000 元；而在完全成本法下，第二年末存货成本中的 2 400 元固定制造费用，随着存货的销售计入了第三年的销售成本，从而导致税前利润少了 2 400 元。

### 2. 销售量相等而生产量不等

【例 3-5】　某企业产销一种产品，各会计年度产量变动而销量不变，连续 3 年有关产销及成本资料如表 3-10 所示。

表 3-10　某企业产销及成本资料　　　　　　　　　　　　　　单位：元

| 项　目 | 第一年 | 第二年 | 第三年 | 合　计 |
|---|---|---|---|---|
| 期初存货量（件） | 0 | 2 000 | 2 000 | 0 |
| 当年生产量（件） | 12 000 | 10 000 | 9 600 | 31 600 |
| 当年销售量（件） | 10 000 | 10 000 | 10 000 | 30 000 |
| 期末存货量（件） | 2 000 | 2 000 | 1 600 | 1 600 |
| 基本资料 | | 成本计算方法 | 变动成本法 | 完全成本法 |

续表

| 项 目 | 第一年 | 第二年 | | | | 第三年 | | | 合 计 | | |
|---|---|---|---|---|---|---|---|---|---|---|---|
| 单位售价 | 15 | 年度 | 第1年 | 第2年 | 第3年 | | | | 第1年 | 第2年 | 第3年 |
| 制造成本： | | | | | | | | | | | |
| 单位变动制造成本 | 6 | 单位变动制造成本 | 6 | 6 | 6 | | | | 6 | 6 | 6 |
| 固定制造费用总额 | 24 000 | 单位固定制造费用 | | | | | | | 2 | 2.4 | 2.5 |
| 销售及管理费用： | | 单位产品成本 | 6 | 6 | 6 | | | | 8 | 8.4 | 8.5 |
| 单位变动销售及管理费用 | 0 | | | | | | | | | | |
| 固定销售及管理费用 | 18 000 | | | | | | | | | | |

根据上述资料，分别按两种成本法编制连续3年的利润表，如表3-11和表3-12所示。

表3-11 贡献式利润表　　　　　　　　　　　　单位：元

| 项 目 | 第 一 年 | 第 二 年 | 第 三 年 | 合 计 |
|---|---|---|---|---|
| 销售收入 | 150 000 | 150 000 | 150 000 | 450 000 |
| 变动成本： | | | | |
| 　变动制造成本（按销量计算） | 60 000 | 60 000 | 60 000 | 180 000 |
| 　变动销售及管理费用 | 0 | 0 | 0 | 0 |
| 贡献毛益 | 90 000 | 90 000 | 90 000 | 270 000 |
| 固定成本： | | | | |
| 　固定制造费用 | 24 000 | 24 000 | 24 000 | 72 000 |
| 　固定销售及管理费用 | 18 000 | 18 000 | 18 000 | 54 000 |
| 税前利润 | 48 000 | 48 000 | 48 000 | 144 000 |

表3-12 职能式利润表　　　　　　　　　　　　单位：元

| 项 目 | 第 一 年 | 第 二 年 | 第 三 年 | 合 计 |
|---|---|---|---|---|
| 销售收入 | 150 000 | 150 000 | 150 000 | 450 000 |
| 销售生产成本： | | | | |
| 期初存货成本 | 0 | 16 000 | 16 800 | 0 |
| 制造成本（按产量计算） | 96 000 | 84 000 | 81 600 | 261 600 |
| 减：期末存货成本 | 16 000 | 16 800 | 13 600 | 13 600 |
| 销售生产成本合计 | 80 000 | 83 200 | 84 800 | 248 000 |
| 营业毛利 | 70 000 | 66 800 | 65 200 | 202 000 |
| 期间费用： | | | | |
| 销售及管理费用 | 18 000 | 18 000 | 18 000 | 54 000 |
| 税前利润 | 52 000 | 48 800 | 47 200 | 148 000 |

从表3-11和表3-12可知，在3个连续的会计年度中，当生产总量大于销售总量时，按完全成本法计算的税前利润总额大于变动成本法的税前利润总额，在本例中前者为148 000元，后者为144 000元。其原因是：若把3个连续的会计年度作为一个整体会计期间来看，期初存货量是零（第一年初），期末存货量是1 600件（第三年末），按完全成本法计算的1 600件期末存货中包含了固定制造费用4 000元，则销售成本也就少了4 000元，税前利润就增加了4 000元。

两种成本法利润差异＝期末存货单位固定制造费用×期末存货量－期初存货单位固定制造费用×期初存货量＝24 000/9 600×1 600－0＝4 000(元)

从贡献式利润表也可看出：采用变动成本法，不管各期产量如何变化，只要各年销售量相等，则其利润就会相等，本例中各年的税前利润均为 48 000 元。换句话说，当我们采用了变动成本法以后，若销售单价与成本耗费水平不变，产量高低对税前利润毫无影响，决定税前利润大小的主要因素就是销售量。

应指出，在本例中第二年中生产量等于销售量都是 10 000 件，期末存货量等于期初存货量都是 2 000 件，然而两种成本法计算出来的税前利润相差 800 元(48 800－48 000)。这是因为按完全成本计算，存货采用先进先出法，期初存货成本为 16 000 元(2 000×8)，期末存货成本为 16 800 元(2 000×8.4)，两者相差 800 元。

综上所述，在各期生产成本水平不变(各期单位变动成本和固定生产成本不变)的情况下，变动成本法与完全成本法对计算各期损益的影响可归纳为以下关系：

(1) 当期末存货量和期初存货量相等(产量与销量相等)时，两种计算方法所得税前利润也相等。

(2) 当期末存货量大于期初存货量(生产量大于销售量)时，以完全成本计算为基础所确定的税前利润大于以变动成本计算为基础所确定的税前利润。

(3) 当期末存货量小于期初存货量(生产量小于销售量)时，以完全成本计算为基础所确定的税前利润小于以变动成本计算为基础所确定的税前利润。

应指出的是，期末存货量和期初存货量之间的数量关系及产销平衡关系与税前利润广义差额之间并不存在一成不变的联系，只有在特定的条件下，才有一定规律可循。因此，实际中不能盲目照搬这些特殊规律。

## 3.4 变动成本法的评价与应用

### 3.4.1 变动成本法的优缺点

**1. 变动成本法的优点**

由于变动成本法能够提供科学反映成本与业务量之间、利润与销量之间的变化规律的信息，因而有助于加强成本管理，强化管理预测、决策、规划、控制和业绩考核等职能。变动成本法具体有以下优点：

(1) 变动成本法能够促进企业重视市场，做到以销定产。从理论上讲，在产品售价、成本不变的情况下，变动成本法计算的利润多少应与销售量的增减相一致，进而使其利润成为真正反映企业经营状况的晴雨表，促使管理者重视市场销售，增强现代经营管理意识，实现以销定产。

(2) 变动成本法能为企业提供重要的管理信息。变动成本法所提供的单位变动成本和贡献毛益，揭示了产量与成本变化的内在规律，体现了产销量、成本和利润之间的依存关系，提供了各种产品盈利能力的重要资料和经营风险等重要信息，这些为企业管理部门进行本量利分析,以及正确地进行成本计划、控制和经营决策提供了重要依据,增强了成本信息的有用性,有利于企业的短期决策。从前面的例子中可以看出,完全成本法下计算的利润受到存货变动的影响,而这种影响是有违逻辑的。尽管产品的生产是企业实现利润的必要条件之一,但不是充分条件,只有产品被销售出去,其价值才被社会所承认,企业也才能取得收入和利润。产品的销售不仅是企业实现收入和利润的必要条件,也是充分条件,多销售才会多得利润。而在完全成本法下,多生产即可多得利润,这当然有悖于逻辑。至于在产销均衡的条件下,多生产当然会多得利润,但这在变动成本法和完全成本法下计算的结果是完全一样的。

完全成本法下由于产量波动而导致的利润波动,有时会达到令人无法忍受的程度,即当期增加销售不仅不会提高利润,反而会使利润下降。也就是说,完全成本法下提供的成本信息不仅无助于进行正确的决策,有时还可能是有害的。而在变动成本法下则可以完全避免上述问题的发生。

变动成本法将产品的制造成本按成本性态划分为变动制造费用和固定制造费用两部分,并认为只有变动制造费用才属于产品成本,而固定制造费用应作为期间成本处理。换句话说,变动成本法认为固定制造费用转销的时间选择十分重要,它应该属于为取得收益而已经丧失的成本。

(3) 变动成本法更符合"配比原则"的精神。变动成本法以成本性态分析为基础计算存货的产品成本。它的基本原理就是将当期所确认的费用,按照成本性态分为两大部分。一部分是与产品生产数量直接相关的成本(即变动成本),包括直接材料、直接人工和变动制造费用。这部分成本中,已销售产品负担的相应部分(即当期销售成本)需要与销售收入(即当期收益)相配比,未销售产品负担的相应部分(即期末存货成本)则需要与未来收益相配比。另一部分则是与产品生产数量无直接联系的成本,即固定制造费用。这部分成本是企业为维持正常生产能力所必须负担的成本,它们与生产能力的利用程度无关,既不会因为产量的提高而增加,也不会因为产量的下降而减少,只会随着时间的推延而丧失,所以是一种为取得收益而已然丧失的成本,当然应将它们全部列为期间成本与当期的收益相配比。至于销售费用与管理费用,变动成本法下同样是作为期间成本,只不过在进行相关决策时,也需要按成本性态划分一下。

(4) 变动成本法可以简化成本计算。采用变动成本法,把所有的固定成本都列作期间成本,从贡献毛益中直接扣除,节省了许多间接费用的分摊流程,简化了成本计算工作。同时,也防止了间接费用中的主观随意性。因为在变动成本法下,固定制造费用被全部作为期间成本而从贡献毛益中扣除,从而省去了各种固定性制造费用的分摊工作(在完全成本法下则必须进行分摊)。这样做不仅大大简化了产品成本的计算工作,而且避免了各种固定制造费用分摊过程中的主观随意性。在生产多品种的企业里,变动成本法的上述优点尤为突出。

(5) 变动成本法便于正确评价企业管理部门的经营业绩。由于变动成本法将固定制造费用列作期间成本,所以在一定产量条件下,损益对销量的变化更为敏感,这在客观上有刺激销售的作用。产品销售收入与变动成本的差量是管理会计中的一个重要概念,即贡献毛益。用贡献毛益减去固定成本就是利润。

与完全成本法相比,变动成本法的优点是很突出的,正因为如此,不少人认为变动成本法不仅适用于提供与短期决策相关的成本信息,也适用于对外报告。

### 2. 变动成本法的局限性

（1）变动成本法不符合传统的成本概念的要求。因为按照传统的观念，产品成本应该包括变动成本和固定成本。而变动成本法按成本性态将成本划分为固定成本与变动成本，本身具有局限性，这种划分在很大程度上是假设的结果。并且其产品成本至少目前是不合乎税法的有关要求的。

（2）变动成本法所确定的成本信息不符合通用会计报表编制的要求。

（3）变动成本法所提供的成本信息难以适应长期决策的需要。因为从长期来看，固定成本不可能不发生变动。而长期决策涉及的时间较长，并要解决生产规模的问题，则必然要超过相关范围。因此变动成本法所提供的资料，不适用于长期决策的需要。

【政策研学 3-1】　　《管理会计应用指引第 303 号——变动成本法》

扫描此码

深度学习

### 3.4.2　完全成本法的优缺点

完全成本法的优缺点是相对变动成本法而言的，正如变动成本法的优缺点是相对完全成本法而言一样。比如变动成本法下的产品成本不符合传统的成本概念，而完全成本法下的产品成本就符合传统的成本概念。但变动成本法与完全成本法之间也并不是一种简单的非此即彼的关系。如变动成本法使人们更加重视销售环节，这当然是优点；而完全成本法使人们重视生产环节，这也不一定是缺点，至少不一定总是缺点（当产品供不应求时，生产就是第一位的）。值得一提的是，完全成本法更符合配比原则中的因果配比，因为生产产品的成本，无论是直接人工、直接材料还是制造费用，全部都要归集到产品中，并在产品实现销售时从收入中一次扣除。

此外，完全成本法还有与变动成本法同样的局限性：决策是面向未来的，而不论是完全成本法还是变动成本法，都是面向过去的，都是有关过去经济活动的反映。

在评价变动成本法与完全成本法的优劣时，有一个问题应该引起足够的重视，那就是社会经济的发展必然导致资本有机构成的提高，固定制造费用当然也会提高，相对而言，直接成本特别是直接人工成本在制造成本中所占的比重会越来越小，这样一来，变动成本法下的成本信息对决策的作用恐怕要进一步分析了。

### 3.4.3　变动成本法和完全成本法的结合应用

#### 1. 两种成本法结合应用的意义

企业的会计核算工作必须提供两方面信息：一方面必须为企业内部管理部门进行日常

经营管理决策提供有用的资料;另一方面必须定期编制财务报表,将会计核算的结果定期提供给投资者、债权人及其他有关各方。变动成本法和完全成本法能分别满足这两方面的需要。但是如果在一个企业里同时采用两种成本计算方法就会造成人力、物力、财力和时间上的极大浪费,而且会造成大量的重复计算。因此,在会计核算工作中应将两种成本计算方法有机地结合起来,以便更好地满足企业会计同时提供对内、对外两方面信息的需要。

### 2. 两种成本法的具体结合应用

完全成本法与变动成本法有其各自优点和不足,而且从某种意义上讲,双方的不足之处可以通过对方来弥补。如变动成本法对企业内部的经营管理有很大帮助,有利于企业的短期决策,但变动成本法不适用于编制对外的会计报表,而完全成本法适用。这说明变动成本法与完全成本法之间不会也不应该是排斥关系,而应该是相互结合、相互补充的关系。

完全成本法就是传统的成本计算方法,那么,如何在这个基础上应用变动成本法呢?显然不能搞两套平行的成本计算系统,而只能以一种成本计算方法为基础来建立统一的成本计算系统。一般统一的成本计算体系是以变动成本法为基础建立的成本计算系统。其具体核算程序如下:

(1) 日常核算以变动成本法为基础,在"在产品(生产成本)""产成品(库存商品)"账户均登记变动成本,即成本登记中只包括直接材料、直接人工和变动制造费用。

(2) 设置"变动制造费用"账户,借方用以核算生产过程中发生的变动制造费用,在期末则将其发生额转入"在产品"账户。也可以将"变动制造费用"账户作为"在产品"账户的二级账户处理,这样做更符合传统的成本计算习惯。

(3) 设置"产成品—固定制造费用"账户,借方用以归集当期发生的固定制造费用,在期末则将应由已销产品负担的部分自贷方转入"主营业务成本"(或"产品销售成本")账户的借方;该账户的期末余额则为期末"在产品"和"产成品"所应负担的固定制造费用,在期末与"在产品"和"产成品"账户的余额合计列入资产负债表的"存货"项。

(4) 设置"变动非制造费用"和"固定非制造费用"账户,借方用以分别归集销售费用和管理费用中的变动部分和固定部分,在期末则如数由贷方转入"本年利润"账户。

下面通过一个简单的例子来说明以变动成本法为基础的成本计算系统账务处理程序。

【例 3-6】 某企业为单一产品生产,且在期末无"在产品",其他有关资料如表 3-13 所示。

表 3-13 有关资料

| 期初存货 | 0 件 | 单位变动生产成本 | 4 元 |
|---|---|---|---|
| 本期产量 | 1 000 件 | 直接材料 | 2 元 |
| 本期销量 | 600 件 | 直接人工 | 1 元 |
| 期末存货 | 400 件 | 变动性制造费用 | 1 元 |
| 单位产品售价 | 10 元 | 固定性制造费用 | 3 000 元 |
|  |  | 销售和管理费用 | 1 000 元 |

要求:按统一的成本核算体系计算存货成本和销售成本。

解:当期发生的销售成本=已销产品变动生产成本+已销产品应分摊的固定制造费用
$$=4\times 600+3\,000\times 600/1\,000$$
$$=4\,200(元)$$

所做的账务处理如下：

借：主营业务成本　2 400　　　　借：主营业务成本 1 800
　　贷：产成品　　　2 400　　　　　　贷：产成品——固定制造费用 1 800

期末存货成本＝期末存货的变动成本＋期末存货的固定性制造费用
　　　　　　　＝400×4＋3 000×400/1 000
　　　　　　　＝2 800(元)

因此，期末资产负债表上列示的存货成本为2 800元，可以按完全成本法计算销售成本来验证。销售成本＝600×(4＋3 000/1 000)＝4 200(元)

以变动成本法为基础的成本计算系统账务处理程序可以用"T"形账户反映，如图3-3所示。

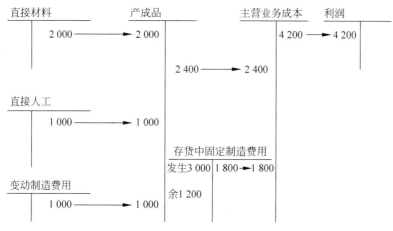

图3-3　成本计算系统账务处理程序(单位：元)

按照上述账务处理程序计算的结果，列入利润表的产品销售成本为4 200元（变动制造成本2 400元＋由已销产品负担的固定制造费用1 800元），与完全成本法下计算的结果[600×(4＋30 000/5 000)＝4 200]完全一致；而"固定制造费用"的期末余额（即1 200元）则作为期末存货成本的一部分，与"产成品"期末余额一起列入了资产负债表。

建立以变动成本法为基础的统一的成本计算系统，还需要注意以下几个问题：

(1) 企业如为多品种生产，对于某些变动性的共同费用，如服装厂联合剪裁的布料费，仍需首先在各种产品之间进行划分，而且在以这种成本信息进行决策时，还应考虑到关联产品。这是一项基础工作，即使在完全成本法下也得这样做。

(2) 企业在期末如有在产品，则需要对在产品的成本进行计算，基本做法仍和完全成本法下一样（如采用约当产量法），只不过"在产品"账户本身只核算变动制造成本。

(3) 企业在期末如有存货（有在产品、产成品之分或兼而有之），则在计算应列入利润表的销售成本时，应注意连续各期"固定制造费用"与存货之间的匹配关系。

此外，在以变动成本法为基础设置账户时，企业应结合自己的经营特点设置账户。如将直接材料、直接人工和变动制造费用直接作为"在产品（生产成本）"的二级账户。再如对销售费用和管理费用（它们绝大多数属于固定成本）仍可延用企业通常所采用的多栏式记账方式，只不过对于其中的变动费用需要单独列项登记。

在结束本章之前,还要特别强调的是,如前文所述,成本按性态划分具有一定的假设性,不能十分精确。事实上,"十分精确"对于企业的决策而言,往往是不划算的,因为这样做不仅效率低,而且成本大。尽管如此,做好划分的基础工作仍十分重要,这直接关系到以变动成本法为基础的成本核算系统下的成本信息是否真的对企业的决策行为有所帮助和提供便利。

【思政案例分析】　　　　　　　　口罩行业重新洗牌

2020年的新冠疫情,将口罩行业推向新的市场。一夜之间,口罩几乎成为每个家庭必备的生活用品。企业盲目跟风,大量资本和商人涌入口罩行业。

在国内新冠疫情刚爆发的时候,有先见之明的人就已经开始囤积口罩了。在疫情最严重的时候,口罩更是奇货可居。有的地方将口罩卖到了数十元一片的天价。

大量生产口罩的企业不停工、加班加点地生产,生产口罩的企业也不断在增多,这导致熔喷布价格暴涨。但是,口罩过剩为什么不马上到来呢?常言道:面粉贵,面包还能便宜?熔喷布价格暴涨,口罩也应该卖高价钱啊!其实,产品价格不取决于要素成本。可能要素价格高,产品价格也高。也有可能,要素价格高,产品价格反而低。二者并没有确定的关系。任何时候价格都是由供求决定的,知道这点后,你对价格问题的分析就不会出偏差了。设想一家企业,花100万元购买了生产口罩的机器设备。假设这个固定投入分摊到每一片口罩中是5毛钱,而每片口罩的熔喷布等其他生产成本也是5毛钱,那么,当口罩价格降低到8毛钱的时候,这个厂家是选择退出市场,不再生产了,还是选择继续生产?经济学家说,历史成本不是成本,已经花出去的钱,就不再是成本了。这个时候,还要继续生产。因为生产口罩的成本为5毛钱,可是口罩可以卖8毛钱,有3毛钱的利润。从会计上说当然是亏损的,因为会计成本是1元钱,而口罩只能卖8毛钱,亏了2毛钱。但是,即使整盘生意是亏损的,也会继续生产。从逻辑上说,当一个突然爆发的巨大需求被满足后,紧随其后的就是严重的产能过剩。这说明很多企业缺乏有效的市场前期调研,没有做出正确的计划。

数量饱和的同时,质量的隐忧会随之而来。越来越多的消费者开始注重口罩的品质,大品牌、质量好的口罩才有竞争力,这对一些中小厂家来说更是失去了市场,很多中小企业被逼到破产倒闭的境地。

从2020年3月起,欧美多个国家对中国口罩的质量产生信任危机。虽然目前欧美一些国家疫情仍然非常严重,大家对口罩的需求量仍然很大,但是欧美国家对口罩的质量要求是非常严的,口罩必须符合欧盟标准或者美国标准才可以正常出口。但是我国很多临时组建的口罩厂家都不符合出口的资质,结果生产出来的口罩不能出口,只能在国内销售,而国内的口罩因为供应量大大增加,价格也大幅下降,结果很多口罩的成本比价格还要高,所以导致很多口罩厂家入不敷出。这也充分反映有些企业盲目地生产口罩,最终只能为这种盲目的做法买单。

企业跟风批量生产口罩的同时,全国医护人员驰援武汉,冒着生命危险迎难而上。武汉市委常委、市政府常务副市长胡亚波介绍,截至2020年2月20日,政府、部队和各省市已累计派出255支医疗队共计32 572名医护人员支援武汉。援汉医护人员水平高超、作风过硬、来之即战,充分发挥了主力军作用,有力解决了武汉自身救治力量不足的问题。这份恩情,武汉人民永远铭记于心!此前,2月15日国家新闻办在武汉举办的新闻发布会上,国家卫生健康委党组成员、副主任,湖北省委常委王贺胜介绍,截至 2 月 14 日 24 时,各地共派出了 217 支医疗队,25 633 名医疗队员,这还不包括军队派出的医疗队,还调集了三个移动 P3 实验室,其中在武汉市有 181 支医疗队,20 374 名医疗队员。这意味着近 1 周内,又有约 1 万名医护人员支援武汉抗击疫情。

**要求**:根据上述思政案例内容,思考以下问题。

1. 医护人员驰援武汉体现了哪些社会主义核心价值观?
2. 管理会计师的爱岗敬业体现在哪些方面?结合案例中医护人员的抗疫活动,谈谈你的看法?
3. 口罩企业计算决策成本时,基于变动成本法还是完全成本法?
4. 成本性态分析下,固定投入分摊到每一片口罩中的 5 毛钱属于什么成本?每片口罩的熔喷布等其他生产成本的 5 毛钱属于什么成本?

## 【本章小结】

变动成本法是以成本性态分析为前提条件,将产品生产过程中所消耗的直接材料、直接人工和变动制造费用作为产品成本的构成内容,而将固定制造费用及非生产成本作为期间成本,并按贡献式损益确定程序来计量损益的一种成本计算模式。它能为企业内部经营管理工作提供成本资料,为正确进行成本的计划、控制和经营决策提供有价值的资料。由于变动成本法与完全成本法对固定制造费用的处理方法不同,因而两种方法在分期计算营业利润上存在差异,并有一定的变动规律。

【在线测试题】 扫描书背面的二维码,获取答题权限。

深度学习

## 【思考题】

1. 什么是变动成本法?它有哪些特点?它的理论依据是什么?
2. 如果生产量大于销售量,采用何种成本计算方法可获得较高净利?为什么?
3. 如果生产量小于销售量,采用何种成本计算方法可获得较高净利?为什么?
4. 两种成本法的广义营业利润差额的变动规律是什么?
5. 你认为完全成本法与变动成本法应如何配合使用?

# 第4章

# 本量利分析

> 【思政名言集锦——诚信篇】
>
> 自古驱民在信诚,一言为重百金轻。
> 今人未可非商鞅,商鞅能令政必行。
>
> ——王安石《商鞅》
>
> 诚者,天之道也;思诚者,人之道也。
>
> ——《孟子·离娄上》
>
> 志不强者智不达,言不信者行不果。
>
> ——《墨子·修身》

【学习目标】

通过本章学习:理解本量利分析的基本原理和方法,掌握保本点、保利点和保净利点的有关公式及其计算,并且能够运用本量利分析、敏感性分析及经营安全程度评价指标来解决企业实际问题。

【引导案例】

## 奶茶店的"盈亏临界点"

餐饮一直被认为是"低门槛,高回报"的行业,也是很多创业者的首选行业。奶茶店更是餐饮界的异类。这个新型网红产业,在创业者眼里算得上遍地黄金。但其实奶茶是个竞争激烈的行业,倒闭的奶茶店比比皆是。

巴菲特有一句名言:投资必须做两件事,第一件是保住本金,第二件是记住第一件事。我们通过本量利的模型分析,来寻找奶茶店的盈亏平衡点。假设:奶茶店每月固定成本为20 000元,由房租、工资、杂费及材料制作成本构成。该奶茶店主要销售的产品有珍珠奶茶、柠檬果汁、拿铁咖啡,售价分别为每杯12元、10元、15元,假设每天大概销售奶茶30杯、果汁30杯和咖啡20杯。奶茶、果汁、咖啡的变动成本分别为4元、3元、3元。根据保本分析公式:盈亏临界点销售额=固定成本/边际贡献率。计算出盈亏临界点的销售额＝20 000/71.9%＝27 826(元)。也就是说,当奶茶店的销售额为 27 826 元时,既不赔也不赚,盈亏平衡,恰好能保住投入到奶茶店中的成本。根据保本点销售量＝固定成本/(单位售价－单位变动成本)计算,大概每月至少需要销售 740 杯才能保本。

通过上述奶茶店的分析,在经营中运用本量利分析的方法,是为了在追求利润前,先要保住投入的本金,算出至少能维持奶茶店正常运营的销售量及销售额。本章所学的本量利分析方法比较清楚地解释了成本、销售量和利润三者之间的关系,这在经营决策中将会起到重要的作用。

## 4.1 本量利关系

### 4.1.1 本量利分析的基本含义

本量利分析是对成本、产量(或销售量)、利润三者之间的关系进行分析的一种简称,也称 CVP 分析(cost-volume-profit analysis),又称 VCP 分析。它是指在变动成本计算模式的基础上,以数学化的会计模型揭示和研究企业在一定期间内的成本、业务量和利润三者之间关系的一种方法。这一分析方法是在人们认识到成本可以也应该按性态进行划分的基础上发展起来的,具体研究销量、价格、变动成本、固定成本和利润等变量之间的内在规律性联系,为企业的预测、决策、计划和控制等诸多方面提供必要的信息,是企业制定计划和进行决策的有用工具,因而它具有广泛的用途,也是管理会计的一项基础内容。

【政策研学 4-1】　　　《管理会计应用指引第 401 号——本量利分析》

扫描此码

深度学习

本量利分析的文字记载最早出现在 1904 年英国出版的会计百科全书中。1922 年美国哥伦比亚大学的一位会计教授提出了完整的保本分析理论。进入 20 世纪 50 年代以后,CVP 分析在西方会计实践中得到广泛应用,其理论日臻完善,成为现代管理会计学的重要组成部分。

目前,本量利分析的应用无论在西方国家还是在我国都十分广泛。它与企业的经营风险分析密切相关,可促使企业努力降低风险,合理地处理成本与利润的关系,正确地确定产品的产销量,降低产品成本,增加企业利润。并能与预测技术结合,进行保本预测和确保目标利润实现的业务量预测。本量利分析与决策融为一体,据此进行生产决策、定价决策和投资决策等,并为企业编制预算、控制成本和责任会计奠定了坚实的基础。

### 4.1.2　本量利分析的基本假定

假设界定了科学理论应用的范围。任何分析理论与方法都应该是建立在一定的假设前提的,这样其内容也才能更加严谨和完善。本量利分析也是建立在一定的基本假设基础上的。为了便于揭示成本、业务量及利润三者之间的数量关系,在管理会计中,对于本量利分析研究应用的基本假设如下:

**1. 成本性态分析假设**

本量利分析是建立在成本按性态划分基础上的一种分析方法,即在成本性态分类基础上的成本性态分析工作已全部完成,建立了成本性态模型,全部成本已经分为固定成本和变动成本两部分,其 $y=a+bx$ 的成本模型已经建立。

**2. 相关范围假设**

管理会计中所特指的相关范围是指在一定的期间和一定的业务量范围内这两部分内容,也就是说"相关范围"假设包含了"期间"假设和"业务量"假设这两层意思。

(1) 期间假设。它是指在一定的时间内,无论是固定成本还是变动成本,其固定性与变动性均体现在这个特定的期间内,具体内容包括固定成本的固定性和反比例性,变动成本的正比例性和不变性的特征。随着时间的推移,固定成本的总额及其内容会发生变化,单位变动成本的数额及其内容也会发生变化。即使通过分析又计算出了固定成本的总额和单位变动成本的大小,那也是另外一个期间而非本期间的结果了。

(2) 业务量假设。它是指企业在特定的空间范围内,对成本按性态进行划分而得到的固定成本和变动成本,是在一定业务量范围内分析和计量的结果,业务量发生变化特别是变化较大时,固定成本和变动成本数额则需要重新加以计量,这时就构成了新的业务量假设。

**3. 线性假设**

假定在一定时期和一定的产销业务量范围内,成本水平始终保持不变,即固定成本总额和单位变动成本均保持不变性的特点。前面论述中我们知道,企业的总成本按性态可以近似地描述为 $y=a+bx$ 这样一种线性模型。也就是说成本函数为线性方程,具体可包括:固定成本是固定不变的,表示在平面直角坐标图中,就是一条与横轴平行的直线,即 $y=a$ 的模型;变动成本与业务量之间是正比例关系,在坐标图中表示是一条过原点的直线,该直线的斜率就是单位变动成本,即 $y=bx$ 的模型;在相关范围内,销售收入与销售数量呈完全线性关系假设,即单价不因产销量变化而改变,销售收入也是一条直线,在坐标图中表示是一条过原点的直线,单价是直线的斜率,表现为 $y=px$ 的模型。总之,在相关范围内,成本与销售收入分别表现为一条直线。应该理解的是,经济学家认为在较长期的实际经济活动中,成本线与收入线并不完全是直线而应当是曲线。因为在实际工作中,成本与收入的变化会受经营时间、经营规模、生产效率等综合因素影响而呈曲线变化,因此,总成本不会是一条直线,销售收入也并非总是直线。但这与管理会计中的本量利分析并不矛盾,因为经济学家研究描述的是一段相当长时期内成本收入的变动情况,而管理会计学家描述的是较短的时期内成本收入的变动情况。如果在相关范围内把经济学家所描述的曲线取一段,则可近似地将其表现为直线。

**4. 产销平衡与品种结构稳定假设**

产销平衡是指在单一产品生产的条件下,企业在各期间内生产出来的产品总能在市场上有销路,即能实现产销平衡。品种结构稳定假设是指在一个多品种生产和销售的企业中,当以货币形式表现的产销量发生变化时,各种产品的销售收入在全部产品的总收入中所占的比重不会发生变化。

**5. 变动成本法与目标利润假设**

产品成本计算方法的确定是影响企业利润指标大小的重要依据。因此,在本量利分析中,假定产品成本按变动成本法计算,即产品成本只包括变动生产成本,将固定制造费用全部作为期间成本处理。利润是本量利分析中所涉及的一个重要指标。在西方管理会计学中,本量利分析中的利润通常是指"息税前利润"。我国企业财务会计中反映利润的指标主要有:营业利润、利润总额及净利润。在本量利分析中考虑到营业利润与企业经营中所发生的成本、业务量的关系较密切。除了特别说明外,在本量利分析中,利润因素是假定营业外收支净额和投资净收益之和近似为零,则利润总是指营业利润。因此,本量利分析中以目标利润即营业利润为假定。

纵观以上诸条假设,对企业日常具体而复杂的经济业务用简单的数学模型或图形来揭示成本、业务量和利润等因素之间的规律性关系,有助于深刻理解本量利分析的原理。同时这为我们实际应用本量利分析提出了更高的要求,那就是必须结合企业自身的实际情况,不能盲目套搬滥用,并需克服本量利分析的局限性。因此,可以这样说:成本性态分析和相关范围假设是最基本的假设,是本量利分析的出发点;线性假设则是由相关范围假设派生而来,也是相关范围假设的延伸和具体化;产销平衡假设与品种结构稳定假设又是对线性假设的进一步补充,同时,品种结构稳定假设又是产销平衡假设的前提条件。

### 4.1.3 本量利分析原理及相关指标的计算

**1. 本量利分析的基本公式及内容**

本量利分析中所考虑的因素主要包括固定成本 $a$、单位变动成本 $b$、销售量 $x$、单价 $p$、销售收入 $px$ 和目标利润 TP。依据上述因素之间的关系,可建立本量利分析的基本公式:

$$\begin{aligned}
\text{目标营业利润} &= \text{销售收入} - \text{总成本} \\
\text{TP} &= \text{销售收入} - (\text{变动成本} + \text{固定成本}) \\
&= \text{单价} \times \text{销售量} - \text{单位变动成本} \times \text{销售量} - \text{固定成本} \\
&= (\text{单价} - \text{单位变动成本}) \times \text{销售量} - \text{固定成本} \\
&= px - bx - a \\
&= (p - b)x - a
\end{aligned}$$

注意,上述目标营业利润是指未扣除所得税的营业利润。由于本量利分析的数学模型是在以上公式基础上建立的,故可将以上公式称为本量利的基本公式,即本量利分析原理。在上述公式的5个因素中,通常假定其中有3个因素为常量,则其余2个因素构成因果函数关系。一般企业在进行利润预测时,假定售价、单位变动成本及固定成本总额为常数时,如果已知某期间的产销量,即可依据本量利关系式预测企业可实现的目标利润。

本量利分析可为企业规划、控制,乃至决策提供必要的经济信息和相应的分析手段。目前,本量利分析的主要内容包括保本条件下的本量利分析和保利条件下的本量利分析。

**2. 贡献毛益及相关指标的计算**

(1) 贡献毛益的表现形式及计算。贡献毛益,又称边际贡献、贡献边际、边际利润、创利额等。它是指产品销售收入扣除变动成本后的差额。其作用是反映企业产品的创利水平,并作为企业决策活动中选择最优方案的依据。它有绝对数与相对数两种表现形式。

贡献毛益绝对数的表现通常有两种:一种是贡献毛益总额(total contribution margin,TCM),它是从产品的销售收入总额中减去各种产品的变动成本总额后的余额,其经济内容体现为企业产销的产品为企业的营业净利润做出的贡献,即创利额的多少;另一种是单位贡献毛益(以 CM 表示),它是产品的销售单价减去该产品的单位变动成本,它的经济含义是反映某种产品的盈利能力,即该产品做出的贡献或创利额。计算公式如下:

$$贡献毛益(创利额) = 销售收入 - 变动成本$$
$$TCM = px - bx$$
$$= 单价 \times 销售量 - 单位变动成本 \times 销售量$$
$$= (p - b)x$$

$$单位贡献毛益 = \frac{贡献毛益}{销售量} = \frac{销售收入 - 变动成本}{销售量}$$

$$单位贡献毛益 = 单价 - 单位变动成本$$
$$= p - b$$

从以上公式可以看出,尽管贡献毛益不是企业的营业利润,但贡献毛益与企业营业利润有着密切联系。将贡献毛益指标用于本量利分析的基本公式中,则有以下关系:

$$营业利润 = 销售收入 - 变动成本 - 固定成本$$
$$= 贡献毛益 - 固定成本$$

由此说明企业产品实现的贡献毛益总额首先用来补偿企业的固定成本总额,则可能出现以下三种情况:一是贡献毛益总额大于固定成本总额,则说明实现盈利;二是贡献毛益总额等于固定成本总额,则说明企业处于不盈不亏临界状态,即保本状态;三是贡献毛益总额小于固定成本总额,则说明企业发生亏损。所以,贡献毛益是一个反映企业盈利能力的指标,也是反映能为营业利润做多大贡献的指标。因此,根据以上说明可以推导出以下关系:

$$贡献毛益 = 营业利润 + 固定成本$$
$$固定成本 = 贡献毛益 - 营业利润$$

还要注意,在西方国家的企业中,销售税金是作为变动成本的一部分,而我国把它视为一个独立项目。从理论上讲,销售税金是按销售额的比例计算的,与变动成本有同样性质,也应视作变动成本处理,故在计算贡献毛益时公式为:

$$贡献毛益 = 销售收入 - 变动成本 - 销售税金$$

贡献毛益的表现形式还应有相对数的表现形式,即贡献毛益率(contribution margin ratio,CMR),它是指贡献毛益总额占产品销售收入总额的百分比,或单位贡献毛益占产品售价的百分比,其经济含义是每一元销售收入所能提供的贡献份额,或是产品所做的贡献毛益总额在销售收入所占的比例。贡献毛益率的计算公式为:

$$贡献毛益率 = \frac{贡献毛益总额}{销售收入} \times 100\% = \frac{单位贡献毛益}{单价} \times 100\%$$

$$CMR = TCM/px \times 100\% = CM/p \times 100\%$$

(2) 变动成本率的计算。变动成本率是指变动成本总额占产品销售收入总额的百分比,或单位变动成本占产品售价的百分比,其经济含义是每一元销售收入所消耗的变动成本的份额。其公式表示如下:

$$变动成本率 = \frac{变动成本}{销售收入} \times 100\% = \frac{单位变动成本}{单位售价} \times 100\%$$

变动成本率与贡献毛益率有着密切的联系。它们计算的分母均为销售收入,并且变动成本与贡献毛益之和等于销售收入,因此二者之间是互补关系,即

$$变动成本率 + 贡献毛益率 = 1$$

它们的这种互补关系表明:凡变动成本率高的企业,其贡献毛益率必然低,则创利能力也低;反之,变动成本率低的企业,其贡献毛益率必然高,则创利能力也高。

【例 4-1】 某企业 202×年只生产 A 产品,单价为 70 元/件,单位变动成本为 20 元/件,企业全年的固定成本总额为 100 000 元,本年产销量为 8 000 件。

要求:① 计算贡献毛益指标;
② 计算变动成本率,并验证与贡献毛益率的关系;
③ 计算营业利润。

解:① 贡献毛益总额 = 70×8 000 − 20×8 000 = 400 000(元)
    单位贡献毛益 = 70 − 20 = 50(元/件)
    贡献毛益率 = 50/70×100% = 71.43%
② 变动成本率 = 20/70 = 28.57% = 1 − CMR = 1 − 71.43% = 28.57%
③ 营业利润 = 400 000 − 100 000 = 300 000(元)

## 4.2 保本条件下的本量利分析

### 4.2.1 保本分析概述

**1. 保本分析概念**

保本是指销售某种产品获得的销售收入同所发生的销售成本正好相等,即企业收支相等、利润为零。当研究企业收支相等、不盈不亏、利润为零的特殊情况时,则称企业达到保本状态。因此,在研究企业保本状态时应进行保本分析,它就是根据成本、销售收入、利润等因素之间的函数关系,预测企业在怎样的情况下达到不盈不亏的状态。可以说保本分析是研究保本状态时本量利关系的一种定量分析。它又称盈亏临界分析、损益平衡分析、两平分析

等。它是确定企业经营安全程度和进行盈利分析的重要基础,是本量利分析的核心内容。应该指出的是保本分析是在研究成本、销售收入与利润三者之间相互关系的基础上进行的,主要内容包括确定保本点、评价企业经营安全程度和保本状态的判定。保本分析所提供的信息,对于企业合理计划和有效控制经营过程极为有用,如预测成本、收入、利润和预计售价、销量、成本的变动对利润的影响等。

**2. 保本点概念和形式**

保本点(break-even point,BEP)是指企业的经营规模(销售量)刚好使企业达到不盈不亏的销售状态。保本点有多种名称,在我国保本点又称盈亏临界点、盈亏平衡点、两平点等。保本点有两种表现形式:一是保本销售量即为实物量度,简称保本量,以 $x_0$ 表示;二是保本销售额即为货币量度,简称保本额,以 $y_0$ 表示。保本状态下保本点的分析主要是在企业生产单一产品条件下和生产多品种条件下的本量利分析。

### 4.2.2 单一品种的保本分析

在单一品种条件下保本分析确定的保本点可以有保本销售量和保本销售额两种表现。它的确定方法主要有基本等式法、贡献毛益法和图示法三种。

**1. 基本等式法**

基本等式法是根据本量利分析的基本等式而建立的相应保本点的测算公式。保本点是使利润等于零的业务量点,有以下等式成立:

$$利润 = 销售收入 - 变动成本 - 固定成本 = 0$$

由以上关系推导得出:

$$(单价 - 单位变动成本) \times 销售量 - 固定成本 = 0$$

即

$$保本销售量\ x_0 = \frac{固定成本}{单价 - 单位变动成本} = \frac{a}{p-b}$$

$$保本销售额\ y_0 = 保本销售量 \times 单价 = x_0 \times p = \frac{a}{p-b} \times p$$

【例 4-2】某公司只生产一种产品,产品单位售价为 100 元/件,单位变动成本为 60 元/件,固定成本总额为 30 000 元。计算产品的保本量 $x_0$ 和保本销售额 $y_0$。

**解**:保本量 $x_0 = 30\ 000/(100-60) = 750$(件)

保本销售额 $y_0 = 750 \times 100 = 75\ 000$(元)

**2. 贡献毛益法**

贡献毛益法是指在保本分析中利用贡献毛益指标与业务量、利润之间的关系计算保本点的一种方法。即企业生产产品的利润为零或贡献毛益刚好能够补偿固定成本时,企业处于保本状态,则有以下公式:

$$贡献毛益 - 固定成本 = 0$$

$$单位贡献毛益 \times 保本销售量 - 固定成本 = 0$$

则：保本销售量 $x_0 = \dfrac{\text{固定成本}}{\text{单位贡献毛益}} = \dfrac{a}{\text{CM}}$

保本销售额 $y_0 = \dfrac{\text{固定成本}}{\text{单位贡献毛益}} \times \text{单价} = \dfrac{\text{固定成本}}{\text{贡献毛益率}} = \dfrac{a}{\text{CMR}}$

$\qquad\qquad\quad = \dfrac{\text{固定成本}}{1-\text{变动成本率}}$

【例 4-3】 依据例 4-2 的资料，按贡献毛益指标计算保本点。

$\qquad$ 单位贡献毛益 $= 100 - 60 = 40$（元／件）

$\qquad$ 贡献毛益率 $= 40/100 \times 100\% = 40\%$

$\qquad x_0 = 30\,000/40 = 750$（件）

$\qquad y_0 = 30\,000/40\% = 75\,000$（元）

### 3. 图示法

图示法又称图解方法，是指通过在坐标轴上绘制保本图的方式确定保本点位置的一种方法。根据绘图的形式不同有传统式（标准式）、贡献式和利量式等。

（1）传统式是盈亏临界图的最基本形式，其特点是将固定成本置于变动成本之下，从而清楚地表明固定成本不随业务量变动的特征。

现以绘制传统式保本图为例，说明保本点 $(x_0, y_0)$ 的确定方法。

设有：总收入 $y = px$ 和总成本 $y = a + bx$ 两种线性模型。企业处于保本状态时，总收入等于总成本，那么当单价大于单位变动成本时，在坐标轴中绘制的保本图上，总收入线与总成本线相交于保本点 $(x_0, y_0)$，如图 4-1 所示。

绘制保本图的步骤如下：

① 首先是建立直角坐标系，横轴 $Ox$ 表示业务量，纵轴 $Oy$ 表示总收入或总成本金额；

② 在 $xOy$ 的坐标轴上，以单价 $p$ 为斜率，通过坐标轴上的原点 $O$ 画一条直线 $y = px$，即总收入线；

③ 在 $xOy$ 的坐标轴上，以固定成本 $a$ 为截距，以单位变动成本 $b$ 为斜率，过坐标点 $(0, a)$ 画总成本线即 $y = a + bx$；

④ 总收入线与总成本线相交之点即为保本点 $(x_0, y_0)$。

（2）贡献式保本图的特点是先绘制变动成本线，总成本的表现是以固定成本线绘于变动成本线之上，如图 4-2 所示。

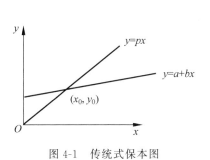

图 4-1　传统式保本图

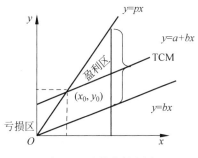

图 4-2　贡献式保本图

从图 4-2 中不难看出：贡献式保本图强调的是贡献毛益及其形成过程。保本点的贡献毛益刚好等于固定成本；超过保本点的贡献毛益大于固定成本，也就是实现了利润；而不足保本点的贡献毛益小于固定成本，则表明发生了亏损。所以贡献式保本图能直观地反映贡献毛益、固定成本及利润的关系，更符合变动成本法的思路，也更符合保本点分析的思路。

(3) 利润—数量式的盈亏临界图又称利量式保本图。利量式的特点是将纵轴上的销售收入与成本因素略去，使坐标图上仅仅反映利润与销售数量之间的依存关系。其绘制方法如下：

① 在直角坐标系中，以横轴表示销售数量（也可以是金额），以纵轴表示利润。

② 在纵轴上找出与固定成本数相应的数值（零点以下，取负值），并以此为起点画一条与横轴相平行的直线。

③ 在横轴上任取销售量一点并计算该销售量下的损益数（计算贡献毛益亦可，只不过要从固定成本线开始算起），将由此两点决定的交叉点标于坐标图中。将该交叉点与纵轴上相当于固定成本的那一点相连，即为利润线。

利量式保本图，如图 4-3 所示。

利量式保本图又称利量式盈亏临界图，它最直接地表达了销售量与利润之间的关系。当销售量为零时，企业的亏损就等于固定成本；随着销售量的增长，亏损逐渐减低直至盈利。因此它是最为简单的一种，更易于被企业的管理人员理解和接受。同时，利量式中的利润线表示的是销售收入与变动成本之间的差量关系，即贡献毛益，利润线的斜率也就是单位贡献毛益。在固定成本既定的情况下，

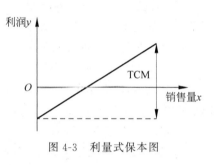

图 4-3 利量式保本图

贡献毛益率越高，利润线的斜率也就越大，保本点的临界值也就越小。此外，利量式将固定成本置于横轴之下，能更清晰地表示固定成本在企业盈亏中的特殊作用。利量式盈亏临界图除了可以用于单一品种的保本点分析之外，还可以用于多品种的分析，这是它的又一个优点。

保本点采用数学模型进行计算叫做公式法，反映在直角坐标系中则称为图示法。与公式法相比，图示法具有形象直观、简明易懂的特点，但由于图示法是依靠目测绘制而成，所以不可能十分准确，通常应与公式法配合使用。企业在进行成本、业务量和利润的目标规划时往往需要反复测算，测算时采用公式法较为方便。

### 4.2.3 多品种的保本分析

一个企业同时生产经营两种及以上产品或劳务时也可以进行保本分析。但由于各种产品的实物形态、单价、单位变动成本、贡献毛益等不尽相同，进行损益平衡分析时不能借助于产品的实物数量指标，因其实物数量不能简单地相加，必须利用能够综合反映各种产品销售量的金额指标，即销售收入。多品种保本分析方法主要有加权平均法、联合单位法和固定成本分算法等。

## 1. 加权平均法

加权平均法是以各产品贡献毛益率和各产品销售收入占全部销售收入的比重为权数计算综合贡献毛益率,进而计算多品种保本额的一种方法。其公式如下:

$$多品种保本额 = \frac{固定成本}{综合贡献毛益率}$$

就上述公式看,计算多品种保本额,关键是计算综合贡献毛益率。其计算步骤如下。

第一步:计算某产品的销售比重

$$某产品的销售比重 = \frac{该产品的销售额}{各种产品销售额的总和} \times 100\%$$

第二步:计算某产品的贡献毛益率

$$某产品的贡献毛益率 = \frac{该产品的贡献毛益额}{该产品的销售收入} \times 100\%$$

第三步:计算综合贡献毛益率

$$综合贡献毛益率 = \sum(某产品的贡献毛益率 \times 某产品的销售比重)$$

在加权平均法下,不仅可以计算综合贡献毛益率,还可按销售比重将综合保本额进行分解,计算出每一产品的保本额和保本量。

**【例 4-4】** 设某企业的固定成本总额为 14 600 元,该企业生产和销售 A、B、C 共 3 种产品(假定各种产品的产销完全一致),其有关资料如表 4-1 所示。

表 4-1 企业生产和销售资料

| 项目 \ 产品 | A | B | C |
| --- | --- | --- | --- |
| 产销量(件) | 1 200 | 3 500 | 1 800 |
| 单位价格(元) | 50 | 60 | 30 |
| 单位变动成本(元) | 45 | 48 | 21 |

根据表 4-1 中的数据资料计算的 A、B、C 3 种产品的贡献毛益率如表 4-2 所示。

表 4-2 产品的贡献毛益率

| 项目 \ 产品 | 销售量(件)① | 单价(元)② | 单位变动成本(元)③ | 销售收入(元) ④=①×② | 占总收入的百分比(%) ⑤=④/∑④ | 贡献毛益(元)⑥ =①×(②-③) | 贡献毛益率(%)⑦ =⑥/④ |
| --- | --- | --- | --- | --- | --- | --- | --- |
| A | 1 200 | 50 | 45 | 60 000 | 18.52 | 6 000 | 10 |
| B | 3 500 | 60 | 48 | 210 000 | 64.81 | 42 000 | 20 |
| C | 1 800 | 30 | 21 | 54 000 | 16.67 | 16 200 | 30 |
| 合计 | | | | 324 000 | 100 | 64 200 | |

以各种产品的销售比重、贡献毛益率为权数,计算该企业产品的综合贡献毛益率,结果如下:

$$综合贡献毛益率 = \sum(各产品的贡献毛益率 \times 某产品的销售比重)$$
$$= 10\% \times 18.52\% + 20\% \times 64.81\% + 30\% \times 16.67\%$$
$$\approx 19.81\%$$

根据综合贡献毛益率可以计算出该企业全部产品保本点的销售额,即

$$\text{多品种保本额} = \frac{\text{固定成本}}{\text{综合贡献毛益率}} = \frac{14\,600}{19.81\%} \approx 73\,700(元)$$

也就是说,在既定的品种构成条件下,当销售额为 73 700 元时可使企业达到不盈不亏的状态。根据上述资料,计算各种产品的保本额和保本量,结果如下:

$$\text{A 产品保本额} = 73\,700 \times \frac{60\,000}{60\,000 + 210\,000 + 54\,000} \approx 13\,648(元)$$

A 产品保本量 = 13 648/50 = 273(件)

$$\text{B 产品保本额} = 73\,700 \times \frac{210\,000}{60\,000 + 210\,000 + 54\,000} \approx 47\,769(元)$$

B 产品保本量 = 47 769/60 = 796(件)

$$\text{C 产品保本额} = 73\,700 \times \frac{54\,000}{60\,000 + 210\,000 + 54\,000} \approx 12\,283(元)$$

C 产品保本量 = 12 283/30 = 409(件)

从以上计算可看出,当 A 产品销售 273 件、B 产品销售 796 件、C 产品销售 409 件时,企业处于不盈不亏状态。这也说明各产品的销售比重会影响到综合贡献毛益率水平。因而销售额比重即产品的品种构成发生变化时,势必改变全部产品综合贡献毛益率,企业的盈亏临界点也自然要发生相应的变化。在其他条件不变的前提下,提高贡献毛益率高的产品的销售比重,降低贡献毛益率低的产品的销售比重,就会提高贡献毛益率水平,从而达到降低综合保本额的目的。

**2. 联合单位法**

联合单位法是指在事先掌握多品种之间客观存在相对稳定的产销实物量比例的基础上,确定每一联合单位的单价和单位变动成本,进行多品种本量利分析的一种方法。

如果企业生产的多种产品之间的实物量之间存在较稳定的数量关系,而且所有产品的销路都很好,那么就可以用联合单位代表按实物量比例构成的一组产品。如企业生产的 A、B、C 共 3 种产品的销量比为 1∶2∶3,则一个联合单位就相当于 1 个 A,2 个 B 和 3 个 C 的集合,其中 A 产品为标准产品。在联合单位销量比的基础上,可进一步计算出每一联合单位的联合单价和联合单位变动成本,进而可以按单一品种的本量利分析法计算联合保本量,其计算公式如下:

$$\text{联合保本量} = \frac{\text{固定成本}}{\text{联合单价} - \text{联合单位变动成本}}$$

以上公式中:联合单价等于一个联合单位的全部收入;联合单位变动成本等于一个联合单位的全部变动成本。在此基础上,可计算每种产品的保本量,其计算公式为

$$\text{某产品保本量} = \text{联合保本量} \times \text{该产品销量比}$$

**【例 4-5】** 仍用例 4-4 所提供的资料。要求:用联合单位法进行保本分析。

根据以上资料确定各产品的销量比 A∶B∶C=1∶2.92∶1.5

联合单价 = 50×1+60×2.92+30×1.5=270.20(元)

联合单位变动成本 = 45×1+48×2.92+21×1.5=216.66(元)

$$联合保本量 = \frac{14\,600}{270.20 - 216.66} \approx 272.69(件)$$

各种产品保本量计算：

$$A\ 产品保本量 = 272.69 \times 1.00 \approx 273(件)$$
$$B\ 产品保本量 = 272.69 \times 2.92 \approx 796(件)$$
$$C\ 产品保本量 = 272.69 \times 1.5 \approx 409(件)$$

各种产品保本额计算：

$$A\ 产品保本额 = 273 \times 50 = 13\,650(元)$$
$$B\ 产品保本额 = 796 \times 60 = 47\,760(元)$$
$$C\ 产品保本额 = 409 \times 30 = 12\,270(元)$$

### 3. 固定成本分算法

固定成本分算法是指在一定的条件下，将全部固定成本按一定标准在各种产品之间进行分配，然后再对每种产品分别进行本量利分析的方法。

有的企业虽然组织多品种产品生产，但由于生产技术的缘故而采用封闭式生产方式。在这种情况下，区分产品的专属固定成本不成问题，共同固定成本也可选择一定标准（如销售额、贡献毛益、重量等）分配给各种产品。鉴于固定成本需要由贡献毛益来补偿，故按照各种产品之间的贡献毛益比重分配固定成本较为合理。

**【例 4-6】** 用例 4-4 所提供的资料。要求：用固定成本分算法进行保本分析。

假定该企业的固定成本按各产品的贡献毛益比重分配。其计算公式如下：

$$固定成本分配率 = \frac{固定成本总额}{全部产品的贡献毛益之和}$$
$$= \frac{14\,600}{1\,200 \times 5 + 3\,500 \times 12 + 1\,800 \times 9}$$
$$= 0.227\,41$$

$$A\ 产品应分配的固定成本 = 1\,200 \times 5 \times 0.227\,41 \approx 1\,365(元)$$
$$B\ 产品应分配的固定成本 = 3\,500 \times 12 \times 0.227\,41 \approx 9\,551(元)$$
$$C\ 产品应分配的固定成本 = 1\,800 \times 9 \times 0.227\,41 \approx 3\,684(元)$$
$$A\ 产品保本量 = 1\,365/5 = 273(件)$$
$$B\ 产品保本量 = 9\,551/12 \approx 796(件)$$
$$C\ 产品保本量 = 3\,684/9 \approx 409(件)$$
$$A\ 产品保本额 = 273 \times 50 = 13\,650(元)$$
$$B\ 产品保本额 = 796 \times 60 = 47\,760(元)$$
$$C\ 产品保本额 = 409 \times 30 = 12\,270(元)$$
$$企业综合保本额 = 13\,650 + 47\,760 + 12\,270 = 73\,680(元)$$

固定成本分算法可以提供各种产品的保本点资料，运用这种方法的关键是以何种标准分配固定成本。因此实际应用时，应注意选择固定成本的标准，否则易出现问题，尤其是当品种较多时。

### 4.2.4 安全边际指标及计算

**1. 安全边际的含义和表现形式**

（1）安全边际的定义。与保本点密切相关的还有一个概念，即安全边际。所谓安全边际，是指正常销售量或者现有销售量（包括销售量和销售额两种形式，分别记作 $x_1$ 和 $y_1$）超过保本点的销售量的差额。这一差额表明企业的销售量在超越了保本点的销售量之后，到底走了多远，即现有的销售量降低多少，就会发生亏损。保本点状态意味着企业当期销售量下的贡献毛益刚好等于全部固定成本。只有当销售量超过保本点销售量，其超出部分（即安全边际）所提供的贡献毛益才是企业的利润。显然，超出部分越大，企业实现的利润也就越多，经营也就越安全。从这个意义上说，安全边际是从相反的角度来研究盈亏临界点问题，也是企业经营安全程度的评价指标。

（2）安全边际的表现形式。安全边际可以有绝对数和相对数两种表现形式。绝对数包括安全边际量（记作 MS 量）和安全边际额（记作 MS 额），其计算公式如下：

$$安全边际量(MS量) = 实际或预计销售量 - 保本量 = x_1 - x_0$$

$$安全边际额(MS额) = 实际或预计销售额 - 保本额 = y_1 - y_0$$

以上两者的关系为：

$$安全边际额(MS额) = 安全边际量(MS量) \times 单价 = MS量 \times p$$

安全边际除了用现有销售量与保本点销售量的差额表示外，还可以用相对数来表示，即安全边际率：

$$安全边际率 = 安全边际 / 现有销售量或预计销售量$$

$$= \frac{MS量}{实际或预计销售量} \times 100\%$$

$$= \frac{MS额}{实际或预计销售额} \times 100\%$$

安全边际指标的作用是用来评价企业经营的安全程度。它们都是正指标，数值越大，企业经营安全程度越高，发生亏损的可能性越小；反之企业经营越不安全，发生亏损的可能性越大。西方国家评价企业经营安全程度的一般标准如表 4-3 所示。

表 4-3 企业经营安全性评价标准

| 安全边际率 | 10% | 10%—20% | 20%—30% | 30%—40% | 40%以上 |
| --- | --- | --- | --- | --- | --- |
| 安全程度 | 危险 | 值得注意 | 较安全 | 安全 | 很安全 |

【政策研学 4-2】　《管理会计应用指引第 403 号——边际分析》

扫描此码

深度学习

## 2. 保本作业率

保本作业率又称危险率或保本开工率，指保本点的销售量占企业正常销售量的百分比。所谓正常销售量，是指在正常市场环境和企业正常开工情况下产品的销售数量。保本作业率的计算模型如下：

$$保本作业率 = \frac{保本点的销售量}{正常销售量} \times 100\%$$

$$= \frac{x_0}{x_1} \times 100\% \text{ 或} = \frac{y_0}{y_1} \times 100\%$$

由于企业通常按照正常的销售量来安排产品的生产，在合理库存的条件下，产品产量与正常的销售量应该大致相同，所以，保本作业率还可以表明企业在保本状态下生产能力的利用程度。保本作业率与安全边际率的关系是互补的，即

$$安全边际率 + 保本作业率 = 1$$

保本作业率是反指标，数值越小，说明企业经营的安全程度越高。目前，某些西方国家评价企业安全程度不用安全边际率，而用保本作业率。

【**例 4-7**】 如设企业保本点的销售量为 6 500 件，预计正常销售量为 10 000 件，销售单价为 10 元。要求：

(1) 计算该企业安全边际指标；
(2) 计算该企业保本作业率；
(3) 评价该企业经营安全程度。

**解**：(1) 安全边际量(MS 量) = 10 000 − 6 500 = 3 500(件)

安全边际额(MS 额) = 10 × 10 000 − 6 500 × 10 = 35 000(元)

$$安全边际率 = \frac{安全边际}{现有销售量或预计销售量} \times 100\%$$

$$= 3\,500/10\,000 \times 100\% = 35\%$$

(2) 保本作业率 = 6 500/10 000 × 100% = 65%

(3) 安全边际率 + 保本作业率 = 35% + 65% = 1

因为企业的安全边际率为 35%，可以判定该企业的经营状况是安全的。

综上所述，只有安全边际才能为企业提供利润，而保本点的销售量只能为企业收回固定成本，所以企业利润的计算可以借助安全边际这一概念，即

$$利润 = 安全边际销售数量 \times 单位产品贡献毛益$$

$$= 安全边际额 \times 贡献毛益率$$

即 利润 = 安全边际销售收入 × 贡献毛益率

将上式的左右两边均除以产品销售收入，则有

$$销售利润率 = 安全边际率 \times 贡献毛益率$$

从完整的意义上看，在一定时期内，如果企业不盈不亏、收支相等、利润为零、贡献毛益等于固定成本、安全边际各项指标均为零、保本作业率等于 100%，则可以断定该企业一定处于保本状态。

### 4.2.5　影响保本点和安全边际指标的因素

**1. 有关因素变动对保本点的影响**

如前所述,企业利润的高低取决于销售收入与总成本,而销售收入的大小取决于销售数量和销售单价,总成本的大小则取决于变动成本和固定成本。进行保本点分析时,贡献毛益概念给我们的一个启示是:只要销售单价高于单位变动成本(必须如此,否则销售量越大则亏损越大),固定成本就可以获得补偿。根据本量利分析原理可以得出影响保本点的因素主要是固定成本、单位变动成本、销售单价。具体来说表现在以下几个方面:

(1) 销售价格变动对保本点的影响。在总成本既定的情况下,单位产品销售价格与保本点呈反方向变动。保本点随销售单价的变动而反向变动:销售单价越高(表现在坐标图中就是销售收入线的斜率越大),保本点就越低,同样销售量下实现的利润也就越高;反之,保本点越高,利润也就越低。

【例 4-8】 设某企业生产和销售单一产品,产品的售价为 70 元,单位变动成本为 30 元,全年固定成本为 400 000 元,则保本点的销售量为

$$保本点销售量 = 400\,000/(70-30) = 10\,000(件)$$

如例 4-8 的其他条件不变,销售价格由原来的 70 元提高到 80 元,则保本点的销售量由原来的 10 000 件变为

$$保本点销售量 = 400\,000/(80-30) = 8\,000(件)$$

上述单位产品销售价格变动对保本点的影响在传统式保本图中表现为:当单位产品销售价格的提高时,销售收入线的斜率变大,这致使保本点左移,原来的亏损区域变成了盈利区域。

(2) 固定成本变动对保本点的影响。在销售单价、单位变动成本既定的情况下,保本点的位置随固定成本总额的变动而同向变动。尽管固定成本不随业务量的变动而变动,但企业经营能力的变化和管理决策都会引起固定成本的升降,特别是酌量性固定成本更容易发生变化。固定成本越大(表现在坐标图中就是总成本线与纵轴的交点越高),保本点就越高,企业的获利能力越弱;反之,保本点就越低。

【例 4-9】 如例 4-8 中的其他条件不变,只是固定成本由原来的 400 000 元下降到了 300 000 元,则保本点的销售量由原来的 10 000 件变为

$$保本点销售量 = 300\,000/(70-30) = 7\,500(件)$$

可见,由于固定成本下降了,导致保本点的临界值(销售量)降低了。在传统式保本图中可看出,由于固定成本的下降,导致了总成本线的下移和保本点的左移,自然亏损区变小而盈利区扩大了(如图 4-4 所示)。

(3) 单位变动成本变动对保本点的影响。在销售单价和固定成本总额既定的情况下,保本点的位置随单位变动成本的变动而同向变动:单位变动成本越高(表现在坐标图中就是总成本线的斜率越大),保本点就越高,企业经营状况越会向不利的方向发展;反之,保本

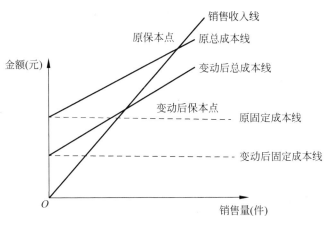

图 4-4　固定成本变动的保本图

点就越低。

【例 4-10】 如例 4-8 中的其他条件不变,只是单位变动成本由原来的 30 元下降到了 20 元,则保本点的销售量由原来的 10 000 件变为

$$保本点销售量 = 400\,000/(70 - 20) = 8\,000(件)$$

综上所述,保本点就是能使企业达到不盈不亏状态的产品销售数量。诸因素的变动与保本点的取值之间存在着必然的、内在的联系,这种联系是:固定成本与变动成本的下降、销售价格的提高会使保本点的取值变小(在传统式保本图中表现为盈亏临界点由原来的位置向左移);固定成本与变动成本的上升、销售价格的下降则会使保本点的取值变大。另外,对于产品品种的变动对保本点的影响一般是针对产销多种产品的情况下,由于各种产品的获利能力不会完全相同,有时差异可能还比较大,出现的情况也各不相同,因此,保本点势必会发生变化,这里就不再赘述了。

**2. 相关因素变动对安全边际的影响**

(1) 单价单独变动的影响。由于单价变动会引起保本点向反方向变动,因而在销售业务量既定的条件下,会使安全边际向同方向变动。因此当单价提高时,保本点降低,安全边际指标增高,企业向有利方向发展;反之,安全程度降低,企业向不利方向变动。

(2) 单位变动成本单独变动的影响。单位变动成本的变动会使保本点向同方向变动,因而在销售业务量既定的前提下,单位变动成本的变动会使安全边际向反方向变动:降低单位变动成本,安全边际指标会提高,企业向有利方向变动,企业的安全程度提高;反之,企业的安全程度降低。

(3) 固定成本单独变动的影响。固定成本的变动对安全边际的影响同单位变动成本变动的影响一样。

(4) 预计销售量单独变动的影响。预计销售量单独变动时,会使安全边际向同方向变动,即提高销量时,可以提高安全边际的指标,则企业向有利方向变动。

【思政经典案例】　　抗疫情、稳产业、彰显蒙牛风范

扫描此码

深度学习

## 4.3　保利条件下的本量利分析

### 4.3.1　实现目标利润分析及其意义

实现目标利润分析又称保利分析,是指在单价和成本既定的情况下,为确保事先确定的目标利润能够实现而应达到的销售量(记作 $x_2$)和销售额(记作 $y_2$)。因此,盈利条件下的本量利分析的实质是逐一分析业务量、成本、单价、利润等因素相对于其他因素而存在的定量关系的过程。从现实的角度看,企业不但要保本,还要有盈利,否则就无法发展。企业只有在考虑盈利条件下,才能充分揭示成本、业务量和利润之间的正常关系。

企业的销售量超出保本点时,可以实现利润。保本点分析是在假定企业的利润为零这样一种特殊的经营状态下来研究问题的。企业的目标当然不是利润为零,而是尽可能多地超越保本点来实现更多利润。所以,实现目标利润分析是保本点分析的延伸和拓展。为了便于分析和预测目标利润,需建立实现目标利润的有关模型。

### 4.3.2　保利分析的计算与应用

**1. 实现目标利润的保利点**

保利点是指在单价和成本既定的情况下,为保证目标利润能够实现而应达到的销售量和销售额的统称。其计算公式如下:

$$实现目标利润的销售量 = \frac{目标利润 + 固定成本}{单位产品贡献毛益}$$

上述公式表明,企业产品销售在补偿了固定成本(达到保本点)后,需要多少销售量才能实现目标利润。同样,实现目标利润的销售量也可以用金额来表示,即实现目标利润的销售额,只需将上式中等号的左右两边都乘以产品的单价,即

$$实现目标利润的销售额 = \frac{目标利润 + 固定成本}{贡献毛益率}$$

【例 4-11】 设某企业生产和销售单一产品,产品单价为 50 元,单位变动成本为 25 元,固定成本为 50 000 元。若目标利润定为 40 000 元,则有

$$实现目标利润的销售量 = \frac{40\,000 + 50\,000}{50 - 25} = 3\,600(件)$$

$$实现目标利润的销售额 = \frac{40\,000 + 50\,000}{(50 - 25) \div 50} = 180\,000(元)$$

**2. 实现目标净利润的保利点**

目标利润是指未扣除所得税的利润。所得税费用对于实现了利润的企业来说,是一项必然会发生的支出。目标净利润等于目标利润扣除所得税后的利润。所以,从税后利润的角度进行目标利润的分析与预测,对企业而言或许更为适用。相关的计算公式如下:

$$目标净利润 = 目标利润 \times (1 - 所得税税率)$$

$$目标利润 = 目标净利润 / (1 - 所得税税率)$$

则:

$$实现目标净利润的销售量 = \frac{\frac{目标净利润}{1 - 所得税税率} + 固定成本}{单位产品贡献毛益}$$

$$实现目标净利润的销售额 = \frac{\frac{目标净利润}{1 - 所得税税率} + 固定成本}{贡献毛益率}$$

假定在例 4-11 中其他条件不变,税后目标利润为 30 000 元,所得税税率为 25%,则:

$$实现目标净利润的销售量 = \frac{30\,000/(1 - 25\%) + 50\,000}{50 - 25} = 3\,600(件)$$

$$实现目标净利润的销售额 = \frac{30\,000/(1 - 25\%) + 50\,000}{50\%} = 180\,000(元)$$

所得税费用是企业的一项特殊支出,这项支出在企业处于亏损状态时不会发生,而当销售量超过保本点时,该项支出随利润的变动而变动,或者说随超保本点销售量的变动而变动,其计算公式为

$$所得税 = 利润 \times 所得税税率 = 超保本点销售量 \times 单位产品贡献毛益 \times 所得税税率$$

### 4.3.3 影响保利点的相关因素分析

在企业的生产经营实践中,保利点的计算是保本点的拓展和延伸,导致保本点变化的各个因素都可能对目标利润的实现产生影响。此外,在进行实现税后目标利润的分析时,所得税税率的变动也会对目标利润有所影响。以下对影响保利点的因素分别进行分析。

**1. 单位售价变动**

在其他因素不变的情况下,单价与利润变动的方向是一致的,而与保利点变动方向相反。单价提高会使单位贡献毛益和贡献毛益率提高,相应会降低保利点,增加利润;单价下降时情况刚好相反。

【例 4-12】 某企业生产和销售单一产品。该企业计划年度内预计销售产品 3 600 件,全年固定成本预计为 50 000 元。该产品单价为 50 元,单位变动成本为 25 元。则计划年度的目标利润为

$$目标利润 = 3\,600 \times (50 - 25) - 50\,000 = 40\,000(元)$$

如果例 4-12 中的产品单价由 50 元下降到 45 元,其他条件不变,则可实现利润为

22 000 元[3 600×(45－25)－50 000],比目标利润少 18 000 元。此时实现目标利润的销售量应为

$$\text{实现目标利润的销售量} = (40\,000 + 50\,000)/(45 - 25) = 4\,500 \text{(件)}$$

由此可看出,保利量需由预计的 3 600 件达到 4 500 件,目标利润才能实现,否则无法实现。

### 2. 单位变动成本变动

在其他因素不变的情况下,单位变动成本的变动与保利点的变动方向一致,即单位变动成本上升,保利点就会提高,企业的盈利能力下降;单位变动成本下降,保利点也随之下降,企业的盈利能力提高。

设例 4-12 中的其他条件不变,只是单位变动成本由 25 元降为 20 元,则预计可实现利润 58 000 元[3 600×(50－20)－50 000],比原定目标多 18 000 元。或者实现目标利润的销售量降低为

$$\text{实现目标利润的销售量} = (40\,000 + 50\,000)/(50 - 20) = 3\,000 \text{(件)}$$

### 3. 固定成本变动

若其他条件既定,固定成本与目标利润之间是此消彼长的关系。增加固定成本总额,会使保利点上升;降低固定成本,目标利润增加,或者使保本点降低。

如设例 4-12 中的其他条件不变,只是固定成本减少了 10 000 元,则目标利润不仅可以实现,还能超目标 10 000 元。或者降低计划销售量来实现目标利润,即

$$\text{实现目标利润的销售量} = (40\,000 + 40\,000)/(50 - 25) = 3\,200 \text{(件)}$$

### 4. 所得税税率变动

如果企业的目标利润确定为目标净利润,除了上述因素的变动会对实现目标净利润产生影响外,所得税税率的变动也会对其产生影响。例 4-12 中所定的税前目标利润为 40 000 元,折算成目标净利润则为:30 000 元(40 000×75%)。实现这一税后目标利润的销售量应为

$$\text{实现目标利润的销售量} = \frac{30\,000/(1 - 25\%) + 50\,000}{50 - 25} = 3\,600 \text{(件)}$$

如计划年度的所得税税率由 25% 提高到 40%,则实现原定税后目标利润的销售量要达到:

$$\text{实现目标利润的销售量} = \frac{30\,000/(1 - 40\%) + 50\,000}{50 - 25} = 4\,000 \text{(件)}$$

如果销售量只能达到 3 600 件,则税后利润只能实现 24 000 元[3 600×(50－25)－50 000]×60%,比目标净利润少 6 000 元。

## 4.4 本量利关系的敏感性分析

### 4.4.1 敏感性分析的含义及目的

敏感性分析是一种"如果……会怎么样?"的分析技术,它不仅用于本量利分析,在许多

领域中都得到广泛的应用。敏感性分析与假设分析是相近概念,它考察一个因素的变化对结果的影响。例如,"销售量是计划的90%,利润将会为多少?"是一个假设分析,它仅仅研究销售量变化时利润的变化程度;"销售量变化到什么程度利润将为负?"则是一个敏感性分析,它研究的是销售量的变化有可能会导致利润由正转为负。本量利分析中的敏感性分析主要研究和分析有关因素发生多大变化会使企业由盈利转为亏损,各因素变化对利润的影响程度,以及因素变化时,如何通过销量或单价的调整,保证原目标利润的实现。

敏感性分析能够帮助经营者了解各个因素影响的大小,可以使经营者知道哪些因素应重点控制。对影响较大的因素应进行重点控制,当这些因素发生变化后,能及时采取措施,调整企业的计划,将经营活动控制在最有利的状态下。

## 4.4.2 保本点的敏感性分析

保本点的敏感性分析是指使企业由盈利转为亏损的有关因素的变动程度。

影响利润的主要因素有:单价、单位变动成本、销售量和固定成本总额。算出销售量和单价的最小允许值,单位变动成本和固定成本总额的最大允许值后,就可得到盈亏的临界值,超越了这些临界值企业就会由盈利变为亏损。

【例4-13】 某企业只生产一种产品,单价10元,单位变动成本6元,全年固定成本预计200 000元,销售量计划为500 000件。问:该企业要盈利,相关的因素应在哪个范围内变化?

当相关因素不变时,企业预计的全年利润为
$$TP = (p-b)x - a = (10-6) \times 500\,000 - 200\,000 = 1\,800\,000(元)$$
当 $TP = 0$ 时:

**1. 销售单价的最小允许值**
$$p = \frac{a}{x} + b = \frac{a+bx}{x} = \frac{200\,000 + 6 \times 500\,000}{500\,000} = 6.4(元)$$
即销售单价不能低于6.4元这个最小允许值,否则便会发生亏损。

**2. 销售量的最小允许值**
$$x = \frac{a}{p-b} = \frac{200\,000}{10-6} = 50\,000(件)$$
50 000件是销售量的最小允许值,是盈亏的临界点,低于50 000件便会亏损。

**3. 单位变动成本的最大允许值**
$$b = p - \frac{a}{x} = \frac{px-a}{x} = \frac{10 \times 500\,000 - 200\,000}{500\,000} = 9.6(元)$$
就是说,当单位变动成本由6元上升到9.6元时,企业利润就由1 800 000元降至零。所以,单位变动成本的最大允许值为9.6元,超过9.6元便会亏损。

**4. 固定成本的最大允许值**
$$a = (p-b)x = (10-6) \times 500\,000 = 2\,000\,000(元)$$
这就是说,固定成本的最大允许值为2 000 000元,超过了这个值企业就会发生亏损。

通过以上分析可知,只要控制了有关因素的变化范围,就可以保证企业不发生亏损。

### 4.4.3 保利点的敏感性分析

保利点的敏感性分析是指因素变化对利润的影响程度。

销售量、单价、单位变动成本、固定成本这些因素的变化,都会引起利润的变化,但它们的敏感程度是不同的。有些因素只要有较小的变化也会引起利润的较大变化,这些因素称为强敏感性因素;有些因素虽有较大变化,但对利润的影响却不大,这种因素称为弱敏感性因素。

测定敏感程度的指标称敏感系数,其公式是

$$敏感系数 = \frac{利润变化百分比}{因素变化百分比}$$

确定敏感系数的目的,是使管理人员清楚地知道在影响利润的诸多因素中,其敏感的程度哪个轻哪个重,以便分清主次,及时采取必要的调整措施,确保目标利润的完成。

根据本量利分析原理的基本公式,可以推出当某一因素单独变化,而其他因素保持不变时,这一因素的敏感系数计算如下:

$$单价的敏感系数 = \frac{销售单价 \times 销售量}{基期利润}$$

$$单位变动成本的敏感系数 = -\frac{变动成本总额}{基期利润}$$

$$销售量的敏感系数 = \frac{贡献毛益总额}{基期利润}$$

$$固定成本的敏感系数 = -\frac{固定成本总额}{基期利润}$$

在例 4-13 中,各因素的敏感系数分别是:

(1) 单价的敏感系数 $= \dfrac{10 \times 500\,000}{1\,800\,000} = 2.78$

(2) 单位变动成本的敏感系数 $= \dfrac{-6 \times 500\,000}{1\,800\,000} = -1.67$

(3) 销售量的敏感系数 $= \dfrac{(10-6) \times 500\,000}{1\,800\,000} = 1.11$

(4) 固定成本的敏感系数 $= \dfrac{-200\,000}{1\,800\,000} = -0.11$

将上述四个因素按其敏感系数排列,其顺序依次是:单价(2.78)、单位变动成本(-1.67)、销售量(1.11)、固定成本(-0.11),也就是说,影响利润最大的是单价和单位变动成本,其次才是销售量和固定成本。

从以上分析中可以看出,单价和单位变动成本都是最敏感的因素,但也不能拘泥于敏感系数的高低,而忽视了销售量对利润的重大影响。在销路看好、生产又有保证的情况下,销售量可以大幅度增加,但此时单价的变化却可能很小甚至不动。在市场供大于求,销路欠佳,销售量大幅度下降时,应该降低单价,薄利多销,打开销路。

【思政案例分析】　　　　　　　拼多多"以价换量"爆发式增长

拼多多是成立于2015年9月的互联网企业,5年时间迅速成长为电商界的一匹黑马,用户量超4亿,并成功在纽交所挂牌上市,市值曾一度突破300亿美元。

纵观零售业历史的变革,其演化逻辑从根本上还没有突破"货、场、人"这三个核心要素。而传统零售通常更关注"货"和"场",主要围绕着如何扩大生产、如何让产品多样化、如何找到更多的销售渠道,而忽略了深挖自身的数字用户价值,满足实际消费者的持续需求。

超低的价格是拼多多的护城河,从用户角度讲,价格便宜是第一位的,通过拼团模式,鼓励用户在社交网络分享产品信息,邀请好友组成购物团队,享受更具吸引力的"团购"价格。

而对于商家来讲,有自己的衡量方式。无论是新品牌塑造,还是多渠道销售,其核心是"以价换量"。

新品牌的塑造是非常难的。对于商家来说,建立一定的规模首先要提升消费者对产品的认知及加深其印象,这样才可能孕育出更多高端产品。而每个品牌都希望自己成为高端品牌并能卖出附加值,但如果市场没有大批中低端品牌,又何来基础跃升成为高端品牌呢?

从"以价换量"的角度讲,多渠道差异化销售策略,更能体现出"量与价"的关系。通过淘宝、京东、拼多多三个平台上的官方旗舰店比价分析,假设三家平台站在同一起跑线的话,淘宝和京东都属于零售,而拼多多的团购模式显然更具优势。

厂商愿意牺牲利润率来参与团购活动的一大动力,就是"以价换量"逆袭的机会。毕竟,拼多多这样的社交电商,爆款逻辑强调SKU的深度,比起单一类目多品牌相互竞争,无论是产品定制还是流量分配,都可以为单一产品集中资源,提高转化,"以价换量"的单品爆款更能换取市场占有率。在整体经济下行的大环境下有效刺激消费,提升产品销量和市场份额,促进企业中长期发展。

2018年4月25日,拼多多上线的公益项目"一起拼农货","中牟大白蒜"作为中国地理标志产品,首批入驻。当天,这批2 000亩的出口级优质大蒜,将以5斤9.6元的价格,从田间陆续发向消费者餐桌。

根据农业农村部数据,2018年4月,国内大蒜批发均价下跌了59.11%。而国内最大的批发市场北京新发地的数据显示,鲜蒜的价格,已经跌到8毛一斤。中牟县扶贫办工作人员介绍,全县还有546家贫困户的2 000亩大蒜,每亩产量预计3 500斤,蒜价再跌下去,农民可能连本钱都收不回,贫困户的日子会更苦。

但在拼多多上,中牟大蒜找到了新销路。在拼多多平台的支持下,新农人商家"以果感恩"还优先包销546家贫困户的大蒜,将节省下的中间成本让利给农户,以每斤高出市价0.15元的价格收购,仅此溢价便为贫困户增收100余万元。

拼多多数据显示,当天帮贫困户卖出4.7万多笔订单,共销售大蒜33.64万斤,总销售额达到55.7万元。

通过拼单,如果能形成单品爆款,商品订单达到一定的规模,就能提高议价能力。这意味着,爆款销售可以促进供应链集约化,从而降低各类仓储、物流成本。

大蒜的收购价每斤约1元左右,物流费3.5元,人工费0.4元,包装费1.3元。相关数据信息如下表所示:

| 大蒜收购价(1元×5斤) | 物流费 | 人工费 | 包装费 | 成本合计 | 拼多多团购价 | 差额 |
| --- | --- | --- | --- | --- | --- | --- |
| 5元 | 3.5元 | 0.4元 | 1.3元 | 10.2元 | 9.6元 | −0.6元 |

乍看之下,5斤9.6元的大蒜成本似乎超出了拼团销售价。由于大量发货,这些大蒜的包装材料、包装尺寸较为稳定单一,更方便管理,在物流上往往可以得到优惠,物流和包装费用可以拿到协议价,一单大蒜到最后还是有 0.3 元到 0.5 元的利润空间。而且通过了解可知,这样的农户,每斤大蒜的收购价比市价高出了 0.15 元。

拼多多充分运用电商平台的优势,通过两高一低(低价、高流量、高标准)的策略,完美展现了供应商(蒜农)和销售者双赢的案例。

资料来源:管理会计知识汇,2019 年 11 月 15 日。

要求:根据上述思政案例内容,思考以下问题。

1. 2015 年 12 月 16 日,习近平在视察"互联网之光"博览会时强调:要充分发挥企业利用互联网转变发展方式的积极性,支持和鼓励企业开展技术创新、服务创新、商业模式创新,进行创业探索。收集企业资料并结合总书记讲话,谈谈拼多多做了哪些开拓创新的举措?

2. 利用本量利分析,"以价换量"需要考虑增加多少量才能保持原有利润?根据毛利率和固定支出进行产品盈利性分析,以便更好地优化产品结构。

3. 针对电商企业,SKU 的注解是什么?

## 【本章小结】

成本、业务量和利润是管理会计定量分析中最常用的三大指标,本量利分析就是对这三大指标之间的相互依存关系进行的分析。通过本量利分析,进一步了解了贡献毛益(率)、保本点、安全边际(率)、保利点等一系列重要概念和指标。本章还分析了单价、成本和产销量等因素的变动对保本点和保利点的影响。本量利分析中的敏感性分析主要研究和分析有关因素发生多大的变化会使企业由盈利转为亏损,各因素的变化对利润的影响程度,以及因素变化时,如何通过销量或单价的调整,保证原目标利润的实现。

【在线测试题】 扫描书背面的二维码,获取答题权限。

扫描此码

在线自测

## 【思考题】

1. 简述本量利分析的前提条件。
2. 贡献边际率指标的含义是什么？它和变动成本率的关系如何？
3. 单一品种下有关因素变动对保本点、保利点和营业利润的影响是什么？
4. 什么是安全边际？如何计算安全边际？其作用如何？
5. 什么是本量利关系的敏感分析？影响利润的因素有哪些？如何测算其敏感程度？

# 第5章 预测分析

> **【思政名言集锦——友善篇】**
>
> 投我以桃,报之以李。
>
> ——《诗经·大雅·抑》
>
> 人知结交易,交友诚独难。
>
> ——阮籍《咏怀八十二首》
>
> 李白乘舟将欲行,忽闻岸上踏歌声。
> 桃花潭水深千尺,不及汪伦送我情。
>
> ——李白《赠汪伦》

**【学习目标】**

通过本章学习:理解预测分析的概念及作用、预测分析的步骤及内容、预测分析方法的种类及适用范围,能够运用定量预测方法对销售进行预测,能够运用目标利润分析程序确定目标利润预测值及分析企业应采取的各项措施,能够运用销售百分比法预测资金的需要量,重点掌握各种预测方法的应用。

**【引导案例】**

## 宝洁供应链管理的金字塔概念

在过去几年中,宝洁迎来了在中国市场上从未出现过的产品创新井喷。据不完全统计,宝洁过去三年在中国市场上至少推出了30种新品。在每一款新产品的背后,都要归功于宝洁供应链的全面发力。目前,宝洁在中国有8家工厂,接近40家合作制造商,超200家供应商合作伙伴。在供应链方面,宝洁还在持续不断地升级。

在供应链管理中,要达到怎样的目标呢?可将目标概括为4个R,即Right Product——正确的产品、Right Place——正确的地点、Right Time——正确的时间、Right Price——正确的价格。

为了达成这4R,在2000年,美国宾州大学的一位教授马修提出了金字塔概念,明确了通往4R的路径。金字塔底部有四个边,每边代表一个需要做好的维度:第一个是指要有正确的数据;第二个是强调库存管理;第三个是预测,代表对市场的掌握度有多少,很多企业供应链做得不好的根本原因是预测得不好;第四个是供应链的速度,包括接单速度、生产速度、采购速度、物流速度,还有对客户服务的速度。

资料来源:"降本"就能"增效"? 菜鸟和宝洁是这样做的,管理会计知识汇.[OL].[2020-06-15]

## 5.1 预测分析概述

### 5.1.1 预测分析的含义

预测,是指从已知事件测定未知事件的过程,是立足于现实,回顾历史,推测未来的行为总称。预测是与未来的不确定性有关的,预测的目的就在于通过对历史的分析和对现状的研究,求得对未来的了解,以减少未来的不确定性对人们活动的影响。管理的重心在经营,经营的中心在决策,而决策的基础是预测。

预测分析,就是预测人员对不同的预测对象、目标,依据过去、现在的信息,选取适当的预测方法进行预测的过程。人们可以对社会发展的各个方面,如人口、经济、政治、军事、气象等进行预测。不同的预测对象需要采取相应的预测方法、预测手段,才能取得人们期望的结果。管理会计重点研究的是企业生产经营活动中的经营预测。

### 5.1.2 预测分析的步骤

为保证预测工作顺利进行,必须有组织、有计划地安排预测工作进程。预测分析一般包括下列步骤:

**1. 确定预测目的、制订预测计划**

确定预测目的,就是从决策与管理的实际需要出发,确定预测需要解决的问题。在明确预测目的的前提下,预测计划包括预测的内容、过程和投入的人力、物力等。

**2. 收集、审核和整理资料**

准确的预测必须依赖过去的、现在的相关数据、信息资料。为了得到必需的资料,预测人员要根据预测问题的内容和范围,收集分析各种有关的数据资料,并对收集来的资料进行加工、审核,使这些资料具有相关性、可靠性和动态更新性。企业为了组织长期预测工作,还应该建立资料档案,系统地积累资料,以便持续地研究企业经营环境的发展方向。

**3. 选择预测方法和建立预测模型**

根据预测问题的特点和资料特征,选取适当的预测方法,进行计算或判断。当资料不够完备、准确度较低时,可采用定性预测方法;当掌握的资料比较齐全、准确度较高时,特别是历史数据资料齐备时,可采用定量预测方法。所谓预测模型,就是预测量与其他变量之间的数学关系式,常用的模型有时间序列型、因果型、统计型、非统计型、混合型等。

#### 4. 进行计算和预测

在选定方法和建立预测模型后,就可用实际数据进行相应的分析。采用定性预测方法时,预测者可对事物发展的性质、方向和程度作出判断,采用定量预测方法时,预测者可利用模型,由自变量估计因变量,即给定一个自变量数值,估算出对应的应变量数值。用定量预测方法初步得到的预测值是按历史资料和数学模型计算得出的,某些因素可能未包含在内,所以仍需对初步预测值进行定性分析,加以修正,确定出预测的结论值。

#### 5. 分析预测误差,评价预测结果

受客观存在的多种因素的影响,预测的结果与实际情况之间存在误差是正常的。因此,预测者要运用一定的方法,估算误差的大小,分析造成误差的主要原因,并判断是否要将已采用的方法加以修正,以保证预测的结果尽可能符合实际情况。

#### 6. 改进预测方法,修正预测模型,给定预测结果

将初步的预测结果与实际情况进行比较,若存在较大的差异或初步的预测结果不满足理论分析的判断,则要考虑改进、改变预测方法,补充新的数据并进行新的判断和预测,直至预测的结果更接近实际情况。

### 5.1.3 预测分析的方法

#### 1. 定性预测方法

定性预测方法,是在市场调研的基础上,在充分了解企业外部环境和内部条件的前提下,在没有相关历史数据资料的约束下,预测者根据自己的实践经验、专业水平和掌握的实际情况,对预测对象的性质、方向和发展程度做出主观的判断。例如,对新产品的市场前景、政府的宏观政策对市场变化的影响的预测,适合采用定性预测方法。

该类预测方法的特点是:需要的数据少,能考虑无法定量的因素,比较简单可行,主要根据人们积累的实际经验和掌握的科学知识进行判断。因此西方国家常称该法为判断分析法,它包括销售人员判断法、专家判断法等。

#### 2. 定量预测方法

定量预测法的依据,是根据预测变量之间存在的某种固有的依存关系,如时间关系、因果关系、结构关系等,建立数学模型,然后运用数学模型进行计算分析。因此,它的准确性主要取决于历史数据的准确性、代表性和数学模型与预测环境的拟合性。一般来说,定量预测法能较准确地计算出预测对象的数值,它包括时间序列分析法和相关因素分析法两大类方法。

(1) 时间序列分析法。它是对预测对象过去的数据按时间顺序进行排列,然后运用一

定的数学方法对该数据排列进行加工、计算,预测该对象未来发展趋势的方法。这是一种由过去直接推测未来的方法。常用的时间序列分析法有加权平均法、移动平均法、指数平滑法和季节性变动预测等。

（2）相关因素分析法。它是根据预测变量与其他变量之间的相互关系建立相应的关系模型,在给定其他变量数值的情况下,计算预测变量值的方法。回归分析法、因果关系分析法、本量利分析法、投入产出分析法等都属于相关因素分析法。

### 5.1.4 预测分析的内容和原则

预测分析的内容很广泛,本章侧重于企业的经营预测分析。企业的经营预测分析一般包括销售预测、利润预测、成本预测和资金需要量预测等内容。

虽然对不同的预测对象,预测人员会采用不同的方法,收集不同的数据和信息。但是,预测者在对预测对象进行预测时,都应遵循下列原则：实事求是原则、成本效益原则、相关性原则和可持续性原则。

【思政经典案例】　　　　　用地理知识解析赤壁之战诸葛亮借东风

扫描此码

深度学习

## 5.2 销售预测

### 5.2.1 销售预测的含义

销售预测是指企业在一定的市场环境和销售计划下,对该企业的某产品在一定的区域和期间内的销售量或销售额期望值的预计和测算。销售预测是企业进行安排生产计划、投资计划等工作的基础,是企业管理人员要优先解决的事情。而产品市场对企业而言,是最难把握和控制的。市场环境中的经济、政治、文化、科技等因素是很难预知的。因此,对于销售预测,企业既要重视定量分析,又要重视定性分析,缺一不可；既要尊重预测本身的科学性,又要发挥预测的艺术性。

### 5.2.2 定性销售预测方法

**1. 专家判断法——德尔菲预测法**

德尔菲预测法,是在背靠背的状态下,向一组专家咨询意见,将专家们对预测对象的历史资料的解释和对未来的分析判断汇总整理,尽可能取得统一意见,进而形成对预测对象前景的判断。

该方法的特点如下:

(1) 匿名性。参与调查的专家只与调查小组采用通信方式联系,而彼此互不见面,克服了面对面召开专家座谈会的缺点。

(2) 多次反馈性。调查小组把收集的各专家的咨询意见,再次以匿名方式反馈给各位专家,使每个专家了解其他专家的见解和理由,以便使各专家独立地提出创新见解。

(3) 集中性。调查小组通过与每个专家多次通信往来,最后采用统计方法,将专家们较折中的意见选出来,作为预测的成果。

**【例 5-1】** 已知某公司准备推出一种新产品,由于无销售资料,公司准备聘请专家 7 人,采用德尔菲法进行预测,连续三次预测专家意见汇总表见表 5-1。

表 5-1 专家意见汇总

| 专家编号 | 第一次判断 | | | 第二次判断 | | | 第三次判断 | | |
| --- | --- | --- | --- | --- | --- | --- | --- | --- | --- |
| | 最高 | 最可能 | 最低 | 最高 | 最可能 | 最低 | 最高 | 最可能 | 最低 |
| 1 | 2 300 | 2 000 | 1 500 | 2 300 | 2 000 | 1 700 | 2 300 | 2 000 | 1 600 |
| 2 | 1 500 | 1 400 | 900 | 1 500 | 1 100 | 1 800 | 1 800 | 1 500 | 1 300 |
| 3 | 2 100 | 1 700 | 1 300 | 2 100 | 1 900 | 1 500 | 2 100 | 1 900 | 1 500 |
| 4 | 3 500 | 2 300 | 2 000 | 3 500 | 2 000 | 1 700 | 3 000 | 1 700 | 1 500 |
| 5 | 1 200 | 900 | 700 | 1 500 | 1 300 | 900 | 1 700 | 1 500 | 1 100 |
| 6 | 2 000 | 1 500 | 1 100 | 2 000 | 2 000 | 1 100 | 2 000 | 1 700 | 1 100 |
| 7 | 1 300 | 1 100 | 1 000 | 1 500 | 1 500 | 1 000 | 1 700 | 1 500 | 1 300 |
| 平均值 | 1 986 | 1 557 | 1 214 | 2 100 | 1 743 | 1 286 | 2 086 | 1 686 | 1 343 |

公司在此基础上,按最后一次预测的结果,采用算术平均法确定最终预测值=(2 086+1 686+1 343)/3=1 705(件)

### 2. 销售人员意见调查法

销售人员意见调查法是企业根据自己产品的销售人员对他们各自负责的销售区域的产销情况、市场动态情况的了解,对本企业未来产品销售量做出主观的估计的方法。

销售人员对市场情况比较熟悉,且具有专业知识和推销经验,因此,用这种方法得出的预测数据比较接近实际。但要排除销售人员个人因素的影响,对初步预测结果加以修正,才能得到较理想的结果。

**【例 5-2】** 某公司有三名销售人员,一名市场策划人员,每个预测者预测的销售量和概率如表 5-2 所示。计算出每个预测者预测的期望值,然后用加权平均法加以综合计算。假设市场策划人员的预测更为准确和重要,将其预测值的权数确定为 2,而将销售人员的预测值的权数均确定为 1。

根据表 5-2 数据,销售量预测结果为:预测销售量=(490×1+470×1+405×1+410×2)/(1+1+1+2)=437(件)

表 5-2 销售量和概率预测

| 项目 | 销售量(件) | 概率 | 销售量×概率 |
| --- | --- | --- | --- |
| 甲销售员预测 | | | |
| 最大值 | 600 | 0.2 | 120 |
| 可能值 | 500 | 0.5 | 250 |
| 最小值 | 400 | 0.3 | 120 |
| 期望值 | — | — | 490 |
| 乙销售员预测 | | | |
| 最大值 | 550 | 0.2 | 110 |
| 可能值 | 500 | 0.6 | 300 |
| 最小值 | 300 | 0.2 | 60 |
| 期望值 | — | — | 470 |
| 丙销售员预测 | | | |
| 最大值 | 500 | 0.2 | 100 |
| 可能值 | 400 | 0.5 | 200 |
| 最小值 | 350 | 0.3 | 105 |
| 期望值 | — | — | 405 |
| 市场策划员预测 | | | |
| 最大值 | 500 | 0.3 | 150 |
| 可能值 | 400 | 0.5 | 200 |
| 最小值 | 300 | 0.2 | 60 |
| 期望值 | — | — | 410 |

## 3. 市场调查法

市场调查法,是指通过对具有代表性的消费者群的消费意向进行调查,了解市场需求的动态变化,从而进行市场销售预测的一种预测方法。

【例 5-3】 某公司生产数码摄像机,由于是新产品上市,该公司以家庭年收入为统计标志,进行了大量的市场调查。根据调查资料,测算出该公司的市场销售潜力,如表 5-3 所示。

表 5-3 市场销售潜力测算

| 家庭年收入组别(元)① | 家庭户数(户)② | 每户年均购买额(元)③ | 市场潜力(元)④=③×② | 本企业最高市场占有率⑤ | 本企业销售潜力(元)⑥=④×⑤ |
| --- | --- | --- | --- | --- | --- |
| 低于 50 000 元 | 60 000 | 1 000 | 60 000 000 | 30% | 18 000 000 |
| 50 000—69 999 元 | 15 000 | 2 000 | 30 000 000 | 20% | 6 000 000 |
| 70 000—99 999 元 | 8 000 | 3 000 | 24 000 000 | 15% | 3 600 000 |
| 100 000 元以上 | 2 000 | 4 000 | 8 000 000 | 10% | 800 000 |
| 合计 | 85 000 | — | 122 000 000 | — | 28 400 000 |

### 5.2.3　定量销售预测方法

**1. 时间序列分析法**

时间序列分析法,是把同一经济变量的实际数据,按时间顺序由前向后排列,运用数学方法进行分析,找出其中的变化趋势和规律性的一种定量预测方法。这种方法是假设事物的发展将遵循"可持续性原则",也就是假定现在是过去的延伸,将来是现在的继续。常用的时间序列分析法有算术平均法、加权平均法、移动平均法、加权移动平均法、指数平滑法等。

(1) 算术平均法,是把若干历史时期的销售量或销售额作为观察值,求出其简单平均数,并将平均数作为下期销售的预测值。算术平均法把每个观察值看成是同等重要的,如果产品的销售额或销售量在选定的观察期中呈现某种上升或下降的趋势时,就不能简单地采用这种方法。所以,算术平均法虽然简单易行,却不能随便使用,其实用性较差。算术平均法的计算公式为

$$预测销售量 = \frac{时间序列各期销售量之和}{时间序列期数} = \frac{\sum x_i}{n}$$

(2) 加权平均法,是将历史上若干时期的销售量或销售额作为观察值,按照"近大远小"的原则,给每个观察值赋予相应的权数,求出其加权平均数,并将加权平均数作为销售量的预测值。在这里,规定适当的权数是运用加权平均法进行销售预测的关键。当权数大于0小于1时,权数和应该等于1;当权数大于1时,应该取正整数。加权平均法的计算公式为

$$y = \frac{\sum_{i=1}^{n} \omega_i x_i}{\sum_{i=1}^{n} \omega_i}$$

式中:$y$ 为加权平均数;$\omega_i$ 为第 $i$ 个观察值的权数;$x_i$ 为第 $i$ 个观察值;$n$ 为观察值个数。

**【例5-4】** 某公司20××年1—6月空调的销售量情况如表5-4所示。试用加权平均法预测7月份空调的销售量。考虑到季节变化的影响,权数取正整数1~6,并由1月份起按等差数列递增至6月份。

表5-4　空调销售量情况

| 月份 | 1 | 2 | 3 | 4 | 5 | 6 |
|---|---|---|---|---|---|---|
| 销售量(台) | 350 | 460 | 580 | 650 | 760 | 830 |

则7月份空调销售量预测值为

$$y = \frac{\sum_{i=1}^{n} \omega_i x_i}{\sum_{i=1}^{n} \omega_i}$$

$$= \frac{350 \times 1 + 460 \times 2 + 580 \times 3 + 650 \times 4 + 760 \times 5 + 830 \times 6}{1+2+3+4+5+6} = 686(台)$$

（3）移动平均法，是将简单平均改为分段平均，并且按照时间序列数据点的顺序，逐点推移。其数学模型为

$$y = \frac{D_{t-1} + D_{t-2} + \cdots + D_{t-n}}{n}, \quad t \leqslant n$$

式中：$y$ 为预测值；$t$ 为资料的时期值；$D$ 为实际值；$n$ 为移动期数。

【例 5-5】 某企业 20×× 年 1 月至 12 月 A 产品的实际销售量和预测值如表 5-5 所示。

表 5-5 A 产品的实际销售量和预测值

| 月份 | 实际销量 $D$（台） | 三个月移动平均值（$n=3$） | 四个月移动平均值（$n=4$） |
|---|---|---|---|
| 1 | 18 | — | — |
| 2 | 20 | — | — |
| 3 | 22 | — | — |
| 4 | 24 | (18+20+22)÷3=20 | — |
| 5 | 26 | (20+22+24)÷3=22 | (18+20+22+24)÷4=21 |
| 6 | 25 | (22+24+26)÷3=24 | (20+22+24+26)÷4=23 |
| 7 | 27 | (24+26+25)÷3=25 | (22+24+26+25)÷4=25 |
| 8 | 26 | (26+25+27)÷3=26 | (24+26+25+27)÷4=26 |
| 9 | 27 | (25+27+26)÷3=26 | (26+25+27+26)÷4=26 |
| 10 | 28 | (27+26+27)÷3=27 | (25+27+26+27)÷4=27 |
| 11 | 29 | (26+27+28)÷3=27 | (27+26+27+28)÷4=27 |
| 12 | 30 | (27+28+29)÷3=28 | (26+27+28+29)÷4=28 |

当 $n=3$ 时，则 4 月份的预测值为：

$$y_4 = \frac{D_{4-1} + D_{4-2} + D_{4-3}}{3} = \frac{D_3 + D_2 + D_1}{3} = \frac{22 + 20 + 18}{3} = 20(\text{台})$$

当 $n=4$ 时，则 5 月份的预测值为 $y_5 = 21$（台）。

表中其他计算以此类推，当有小数时，应该进一位调为整数，因为实物量的最小值是 1。

（4）加权移动平均法，是在移动平均法的基础上，按照加权平均法的原理，把近期资料和远期资料对预测的影响程度进行区分，为了突出近期资料对预测的影响，可以给它一个大于远期资料的权数，然后再加权平均，算出预测值。其数学模型为：

$$y = \frac{\omega_1 D_{t-1} + \omega_2 D_{t-2} + \cdots \omega_n D_{t-n}}{\omega_1 + \omega_2 + \cdots \omega_n} = \frac{\sum_{i=1}^{n} \omega_i D_{t-i}}{\sum_{i=1}^{n} \omega_i}$$

式中：$\omega$ 为加权权数；$D$ 为实际值。

$\omega$ 的值是根据资料对预测影响程度不同来取的。$\omega$ 值大说明资料的影响程度大，反之影响程度小。

比如仍用例 5-5 的资料，四期的权数（$\omega$ 值）分别为 4、3、2、1，则 5 月份的预测值为：

$$y_5 = \frac{24 \times 4 + 22 \times 3 + 20 \times 2 + 18 \times 1}{10} = 22(\text{台})$$

（5）指数平滑法，是加权平均法的一种变化，是以 $a$ 和 $1-a$ 为权数的一种特殊的加权平均法。根据指数平滑法，只要知道上期的预测销售量和上期的实际销售量，就可以预测本

期的销售量。指数平滑系数 $a$ 的取值越大,则近期实际销售量对预测结果的影响越大;反之,则越小。其计算公式如下:

$$y_t = aD_{t-i} + (1-a)y_{t-1}$$

式中:$y_t$ 为 $t$ 期的销售预测值;$y_{t-1}$ 为 $t$ 期上一期的销售预测值;$D_{t-1}$ 为 $t$ 期上一期的销售实际值;$a$ 为指数平滑系数($0 < a < 1$)。

【例 5-6】 某公司 20×× 年 1—8 月电风扇的销售额情况如表 5-6 所示。如果假设 $a$ 为 0.6,1 月份销售额的预测值为 25 万元,则 2—9 月的销售额预测值如表 5-7 所示。

表 5-6  1—8 月电风扇销售额

| 月份 $t$ | 实际销售额 $D_{t-1}$(万元) | 月份 $t$ | 实际销售额 $D_{t-1}$(万元) |
| --- | --- | --- | --- |
| 1 | 20 | 5 | 27 |
| 2 | 23 | 6 | 29 |
| 3 | 24 | 7 | 30 |
| 4 | 26 | 8 | 32 |

表 5-7  2—9 月电风扇销售额预测值

| 月份 | $aD_{t-1}$ ① | $(1-a)y_{t-1}$ ② | $y_i$ ③=①+② |
| --- | --- | --- | --- |
| 1 | — | — | 25 |
| 2 | 0.6×20 | (1−0.6)×25 | 22 |
| 3 | 0.6×23 | (1−0.6)×22 | 22.6 |
| 4 | 0.6×24 | (1−0.6)×22.6 | 23.44 |
| 5 | 0.6×26 | (1−0.6)×23.44 | 24.98 |
| 6 | 0.6×27 | (1−0.6)×24.98 | 26.19 |
| 7 | 0.6×29 | (1−0.6)×26.19 | 27.88 |
| 8 | 0.6×30 | (1−0.6)×27.88 | 29.15 |
| 9 | 0.6×32 | (1−0.6)×29.15 | 30.86 |

### 2. 因果关系分析法

企业产品的销售量有时会同某些因素相关,甚至取决于某些因素。找到与产品销售量相关的因素(诱因)以及它们之间的函数关系模型,就可以利用该关系模型预测产品的销售量,这就是因果关系预测分析法。最常用的回归分析法是一元回归直线法和多元回归法。

(1)一元回归直线法。假定影响销售量的变动诱因只有一个,根据直线方程 $y = a + bx$,按照最小二乘法来确定一条误差最小的、能正确反映自变量 $x$ 与因变量 $y$ 之间关系的直线。它的常数系数项 $a$ 与系数 $b$ 的值可按下列公式计算:

$$a = \frac{\sum y - b \sum x}{n}$$

$$b = \frac{n \sum xy - \sum x \sum y}{n \sum x^2 - (\sum x)^2}$$

求出 $a$ 与 $b$ 的值后,与自变量 $x$ 的预计销售值一并代入公式 $y = a + bx$,即可求得预测对象 $y$ 的预计销售量或销售额。

【例 5-7】 某公司专门生产电动自行车专用电瓶,而决定电瓶销售量的主要因素是电动自行车的销售量。假设近 5 年该地区电动自行车的实际销售量和该公司电瓶的实际销量的统计资料如表 5-8 所示。

表 5-8　实际销售量

| 年　度 | 20×4 | 20×5 | 20×6 | 20×7 | 20×8 |
|---|---|---|---|---|---|
| 电瓶销售量(万只) | 20 | 28 | 32 | 38 | 42 |
| 电动自行车销售量(万辆) | 120 | 140 | 180 | 220 | 240 |

经过市场调研,20×9 年该地区的电动自行车销售量预计为 280 万辆,则用最小二乘法预测电瓶的销售量,如表 5-9 所示。

表 5-9　电瓶销售量预测

| 年度 | 电动自行车销售量(万辆)$x$ | 电瓶销售量(万只)$y$ | $xy$ | $x^2$ |
|---|---|---|---|---|
| 20×4 | 120 | 20 | 2 400 | 14 400 |
| 20×5 | 140 | 28 | 3 920 | 19 600 |
| 20×6 | 180 | 32 | 5 760 | 32 400 |
| 20×7 | 220 | 38 | 8 360 | 48 400 |
| 20×8 | 240 | 42 | 10 080 | 57 600 |
| $n=5$ | $\sum x = 900$ | $\sum y = 160$ | $\sum xy = 30\,520$ | $\sum x^2 = 172\,400$ |

按照表中的数值,代入以下最小二乘法公式中计算 $a$ 与 $b$ 的值,得出:$a=2.3$,$b=0.165$。

$$a = \frac{\sum y - b\sum x}{n}$$

$$b = \frac{n\sum xy - \sum x \sum y}{n\sum x^2 - (\sum x)^2}$$

将 $a$ 与 $b$ 的值代入公式 $y=a+bx$ 得出预测结果模型:

$$y = 2.3 + 0.165x$$

20×9 年电瓶销售量预计为:

$$y = 2.3 + 0.165 \times 280 = 48.5(万只)$$

(2) 多元回归法。在生产经营活动实践中,影响实践过程的变动因素是多种多样的,要正确并且全面地预测未来的经营状况,就必须考虑多个自变量的同时变动对经营成果的决定性影响。这就需要建立多元回归方程来进行预测,其表达式可以表示为:

$$y = a + b_1 x + b_2 x_2 + b_3 x_3 + \cdots b_n x_n$$

式中:$y$ 为因变量;$a$ 为固定的初始量;$x_i$ 为各个自变量;$b_i$ 为每个 $x_i$ 变动一个单位时,$y$ 的变动值。

【例 5-8】 沿用例 5-7 的资料,假定电瓶的销售量还受销售网络维护费的影响,过去 5 年的销售网络维护费如表 5-10 所示。预计 2019 年销售网络维护费将达到 10 万元,采用多元回归模型预测 20×9 年公司电瓶的销售量。

表 5-10  销售网络维护费

| 年度 | 20×4 | 20×5 | 20×6 | 20×7 | 20×8 |
|---|---|---|---|---|---|
| 电瓶销售量(万只) | 20 | 28 | 32 | 38 | 42 |
| 销售网络维护费(万元) | 2 | 3 | 5 | 6 | 8 |
| 电动自行车销售量(万辆) | 120 | 140 | 180 | 220 | 240 |

首先,建立多元回归模型:

$$y = a + b_1 x_1 + b_2 x_2$$

式中:$y$ 为电瓶的销售量次;$x_1$ 为销售网络维护费;$x_2$ 为电动自行车销售量。

其次,根据下列公式列三元一次方程组,求 $a, b_1, b_2$ 的值:

$$\sum y_i = na + b_1 \sum x_{1i} + b_2 \sum x_{2i}$$

$$\sum x_{1i} y_i = a \sum x_{1i} + b_1 \sum x_{1i}^2 + b_2 \sum x_{1i} x_{2i}$$

$$\sum x_{2i} y_i = a \sum x_{2i} + b_1 \sum x_{1i} x_{2i} + b_2 \sum x_{2i}^2$$

再次,根据资料进行计算,如表 5-11 所示。

表 5-11  电瓶销售量预测

| $y_i$ | $x_{1i}$ | $x_{2i}$ | $x_{1i}^2$ | $x_{2i}^2$ | $x_{1i} x_{2i}$ | $x_{1i} y_i$ | $x_{2i} y_i$ |
|---|---|---|---|---|---|---|---|
| 20 | 2 | 120 | 4 | 14 400 | 240 | 40 | 2 400 |
| 28 | 3 | 140 | 9 | 19 600 | 420 | 84 | 3 920 |
| 32 | 5 | 180 | 25 | 32 400 | 900 | 160 | 5 760 |
| 38 | 6 | 220 | 36 | 48 400 | 1320 | 228 | 8 360 |
| 42 | 8 | 240 | 64 | 57 600 | 1920 | 336 | 10 080 |
| ∑160 | 24 | 900 | 138 | 172 400 | 4 800 | 848 | 30 520 |

最后,将表中的数值代入上面的方程组:

$$160 = 5a + 24b_1 + 900b_2$$

$$848 = 24a + 138b_1 + 4\ 800b_2$$

$$30\ 520 = 900a + 4\ 800b_1 + 172\ 400b_2$$

解方程组得:

$$a = 5.571\ 43, b_1 = 0.952\ 35, b_2 = 0.121\ 43$$

则销售预测模型为:

$$y = 5.571\ 43 + 0.952\ 35 x_1 + 0.121\ 43 x_2$$

20×9 年该公司电瓶预计销售量为

$$y = 5.571\ 43 + 0.952\ 35 \times 10 + 0.121\ 43 \times 280 = 49.095\ 3 (万只)$$

## 5.3  成本预测

### 5.3.1  成本预测的含义

成本预测,是根据成本构成要素及影响成本变动的各因素之间的依存关系,结合企业未来可能发生的外部环境和内部条件的变化,采用特定的方法,对未来的成本水平及其变化趋势进行科学预计的过程。成本预测无论从本量利分析还是从全面预测的角度来讲,都是管理会计的重要环节。通过成本预测,可以确定目标成本,为编制成本计划,进行成本控制、成本分析和成本考核提供依据。科学的成本预测是利润预测和企业决策的基础。

### 5.3.2 成本预测的步骤

一般来说,成本预测的步骤包括:

**1. 提出目标成本草案**

所谓目标成本是指在确保实现目标利润的前提下,企业在成本方面应达到的目标。它规定着企业未来降低成本的努力方向,一般有效益性、可控性、目的性与先进性的特点。目标成本的提出与测定应经过反复测算才能完成。一般可以采用以下两种方法进行预测。

(1) 按目标利润进行预测,这种方法以事先确定目标利润为前提,其公式为

$$目标成本 = 预计单价 \times 预测销售量 - 目标利润$$

【例 5-9】 已知企业生产乙产品,预测全年销售收入为 100 万元,目标利润为 15 万元,则有:目标成本 = 100 - 15 = 85 万元。

这种方法可将目标成本与目标利润衔接起来,但它无法直接确定目标固定成本和目标单位变动成本。

(2) 以先进的成本水平作为目标成本,确定目标成本还可以从本企业的历史最高水平或国内外同类企业先进水平中选择,也可以按照上年实际水平扣减成本降低额作为目标成本。这种方法可以直接确定单位目标成本,但无法与目标利润结合起来。

我国常采用后一种方式预测目标成本,西方国家多采用前一种方式。二者结合起来运用,可以取长补短,更有实际意义。

**2. 预测成本发展趋势**

目标成本提出后,企业还需要利用有关总成本模型预测总成本发展趋势,以检验在现有条件下实现目标成本的可能性与现实性。

**3. 修订目标成本**

通过上一步骤,既可了解在目前条件下实现目标成本的可能性,又能促使企业积极采取措施降低成本,并测算出这些措施对未来成本水平的影响,为形成最终下达的目标成本方案奠定基础。若经过测算比较,原定目标成本草案与现实相距太大,难以达到,则应适当修正目标,使之尽量符合客观实际。

### 5.3.3 成本预测分析的方法

成本预测分析的方法可以概括为两类:一类是根据历史成本数据,运用趋势分析法预

测成本变动的趋势;另一类是因素关联法,根据成本与产量等相关因素之间的因果关系预测未来的成本水平。这些预测技术和方法在前面章节已经介绍,本节通过例题讲解来加以说明。

**1. 高低点法**

高低点法是一种最简单的成本预测分析法,它适用于产品成本的变动趋势比较稳定的情况。

【例 5-10】 某企业只生产一种产品,过去 10 个月中,最高产量为 8 000 台,相对应的总成本为 660 000 元,最低产量为 6 000 台,相对应的总成本为 560 000 元。若第 11 个月产量计划为 5 000 台,则其对应的总成本预测如下:

根据第二章的相关知识:

$$b = \frac{660\,000 - 560\,000}{8\,000 - 6\,000} = \frac{100\,000}{2\,000} = 50(元)$$

代入高点:

$$a = y_{高} - bx_{高} = 660\,000 - (50 \times 8\,000) = 260\,000(元)$$

代入低点:

$$a = y_{低} - bx_{低} = 560\,000 - (50 \times 6\,000) = 260\,000(元)$$

则第 11 个月产品总成本 $y = a + bx = 260\,000 + 50 \times 5\,000 = 510\,000$(元)

**2. 加权平均法**

加权平均法是根据固定成本总额和单位变动成本的历史资料,赋予相应的权数,分别计算各自的加权平均数。其计算公式如下:

由于

$$y = a + bx$$

所以

$$预期总成本\ y = \frac{\sum a_i \omega_i}{\sum \omega_i} + \frac{\sum b_i \omega_i}{\sum \omega_i},\quad (\omega_i\ 为权数)$$

【例 5-11】 设某企业 1—5 月份平均总成本数据如表 5-12 所示,以月份为权重,采用近大远小的原则,则 6 月份生产 80 000 件的总成本预测如下:

表 5-12 平均总成本数据

| 月份 | 固定成本总额(元) | 单位变动成本(元) |
| --- | --- | --- |
| 1 | 180 000 | 120 |
| 2 | 185 000 | 110 |
| 3 | 210 000 | 90 |
| 4 | 230 000 | 85 |
| 5 | 255 000 | 80 |

根据上表资料按计划期远近分别加权计算：

$$a = \frac{(180\,000 \times 1) + (185\,000 \times 2) + (210\,000 \times 3) + (230\,000 \times 4) + (255\,000 \times 5)}{1+2+3+4+5}$$

$$= 225\,000$$

$$b = \frac{(120 \times 1) + (110 \times 2) + (90 \times 3) + (85 \times 4) + (80 \times 5)}{1+2+3+4+5} = 90$$

$$y = a + bx = 225\,000 + 90 \times 8\,000 = 7\,425\,000(元)$$

### 3. 直线回归法

成本数据资料呈现近似直线上升或下降时，可运用直线回归法求出其变动趋势，并依照该直线的变动趋势来确定成本的预测值。

【例 5-12】 某企业 20×1 年至 20×8 年的产品销售量以及相应年份的销售管理费用如表 5-13 所示。根据市场预测，20×9 年该产品的预计销售量为 50 万件，则 20×4 年该企业的销售管理费用采用直线回归法预测计算见表 5-14。

表 5-13 销售管理费用

| 年 份 | 20×1 | 20×2 | 20×3 | 20×4 | 20×5 | 20×6 | 20×7 | 20×8 |
|---|---|---|---|---|---|---|---|---|
| 销售量（万件） | 22 | 28 | 32 | 34 | 36 | 40 | 42 | 46 |
| 销售管理费（万元） | 10 | 12 | 16 | 18 | 20 | 26 | 28 | 30 |

表 5-14 销售管理费用预测

| 年度 | 销售量（万件）$x$ | 销售管理费（万元）$y$ | $xy$ | $x^2$ |
|---|---|---|---|---|
| 20×1 | 22 | 10 | 220 | 484 |
| 20×2 | 28 | 12 | 336 | 784 |
| 20×3 | 32 | 16 | 512 | 1 024 |
| 20×4 | 34 | 18 | 612 | 1 156 |
| 20×5 | 36 | 20 | 720 | 1 296 |
| 20×6 | 40 | 26 | 1 040 | 1 600 |
| 20×7 | 42 | 28 | 1 176 | 1 764 |
| 20×8 | 46 | 30 | 1 380 | 2 116 |
| $n=8$ | $\sum x = 280$ | $\sum y = 160$ | $\sum xy = 5\,996$ | $\sum x^2 = 10\,224$ |

$$a = \frac{\sum y - b \sum x}{n}$$

$$b = \frac{n \sum xy - \sum x \sum y}{n \sum x^2 - (\sum x)^2}$$

将表 5-14 中的相关数字代入以上公式，求出 $a,b$ 的值；得到 $b = 0.933\,9$，$a = -12.686\,5$。

因此，预测的模型为：

$$y = -12.686\,5 + 0.933\,9x$$

则该企业2019年的销售管理费用预测值为：
$$y = -12.6865 + 0.9339 \times 50 = 34.0085(万元)$$

## 5.4 利润预测

### 5.4.1 目标利润的预测分析

所谓目标利润(target profit)是指企业在未来一段时间内，经过努力应该达到的最优化利润控制目标。它是企业未来经营必须考虑的重要战略目标之一。

传统的利润预测是根据事先预计的销售量、成本、价格水平测算出的有望实现的利润额，其计算公式与事后的实际利润计算并没有本质区别。尽管这种测算利润的方法可以通过若干不同的公式来表达，但共性在于必须以销售量、成本、价格等因素为自变量。测算出来的利润作为未来的奋斗目标，则其实质反映的不过是"以产销量"或"产品经济"的指导思想和经营方针，不利于加强会计管理。因此，测算利润不是利润预测的重点和终点，而应以目标利润的预测为中心，利润测算要为目标利润服务。

【政策研学5-1】　　《管理会计应用指引第402号——敏感性分析》

扫描此码

深度学习

### 5.4.2 目标利润预测的原则

**1. 可行性**

具体是指，目标利润应该反映未来企业可能实现的最佳利润水平，既要先进又要合理。

**2. 客观性**

为保证目标利润具有最大的可能性，在预测目标利润时必须以客观存在的市场环境、技术发展状况为背景，以现实情况为依据，不能脱离现实，单凭拍脑袋想当然地乱定目标。

**3. 严肃性**

目标利润必须经过反复测算、验证调整后方能最终确定，确定后的目标利润应保持相对稳定不得随意更改。

**4. 指导性**

目标利润不应当是现有业务量、成本、价格的消极后果；相反，目标利润对上述因素的未来发展起着某种规定或约束作用,具有指导性。这一点体现在目标利润一经确定,就应及时组织落实为实现目标利润在产量、成本、价格等方面必须达到的各项指标和有关措施,并作为编制全面预算的基础。

### 5.4.3 目标利润预测的步骤

按上述原则,目标利润的预测步骤大致如下:

(1) 调查研究,确定利润率标准。选择确定利润率的标准,必须注意从以下三个方面去考虑:

① 从可供选择的利润率的计算口径上看,主要包括销售利润率、产值利润率和资金利润率等;

② 从可供选择的利润率指标的时间特征上看,主要包括近期平均利润率、历史最高水平的利润率和上级指令性利润率;

③ 从可供选择的利润率指标的空间特征上看,可以选用国际上通用标准或国内统一标准,也可以选用同行业平均水平或本地区的一般水平,抑或本企业的平均水平,作为利润率指标的标准。

利润率标准不宜定得过高或过低,否则会挫伤企业各方面的积极性和主动性。

(2) 计算目标利润率基数。将选定的利润率标准乘企业预期应达到的有关业务量指标,便可测算出目标利润基数。

基本公式为:目标利润基数=有关利润率标准×相关预计指标

① 如果按销售利润率计算,则目标利润基数为:

$$目标利润基数=预定的销售利润率×预计产品销售额$$

② 如果按产值利润率计算,则目标利润基数应写为:

$$目标利润基数=预定的产值利润率×预计总产值$$

③ 如果按资金利润率计算,则目标利润基数应写为:

$$目标利润基数=预定的资金利润率×预计资金平均占有额$$

(3) 确定目标利润修正值。目标利润修正值是对目标利润基数的调整额。一般可先将目标利润基数与测算利润(即按传统方式预测出来的利润额)进行比较分析,并按本量利分析的原理分项测算为实现目标利润基数而应采取的各项措施(包括单项措施和综合措施),即分别计算各因素的期望值,并分析其可能性。

若期望值与利润实现的可能值相差较大,则需适当修改目标利润,确定目标利润修正值。这个过程可反复测算多次,直至各项期望值均具有实现可能性为止。

(4) 最终下达目标利润、分解落实纳入预算体系。最终下达的目标利润应该为目标利润基数与修正值的代数和。它应反映或能适应预算期内企业可能实现的生产经营能力、技术质量保证、物资供应、人力设备及资金流转水平,以及市场环境等约束条件。按调整措施修订后的、根据诸因素测算的期望利润应与目标利润口径一致。计算公式如下:

$$最终下达的目标利润=目标利润基数+目标利润修正值$$

目标利润一经确定就应立即纳入预算执行体系,层层分解落实,以此作为采取相应措施的依据。

**【例 5-13】** 目标利润预测分析案例

某企业只经营一种产品,单价为 100 万元/件,单位变动成本为 60 万元/件,固定成本为 30 000 万元。20×8 年实现销售量 10 000 件,获得利润 100 000 万元。

企业按同行先进的资金利润率(20%)预测 20×9 年企业的目标利润基数,预计 20×9 年企业资金占用额为 800 000 万元,则:

$$20×9 \text{ 年目标利润基数} = 20\% × 800\,000 = 160\,000(\text{万元})$$

按本量利分析原理,可计算出 20×9 年为实现 160 000 万元利润应采取的单项措施(即在考虑某一因素变动时,假定其他因素不变)如下:

(1) 增加销量 1 500 件,增长率达到 15%。

$$\text{保利量} = (300\,000 + 160\,000)/(100 - 60) = 11\,500(\text{件})$$
$$\text{销售变动量} = 11\,500 - 10\,000 = 1\,500(\text{件})$$
$$\text{销售变动率} = (1\,500)/10\,000 × 100\% = 15\%$$

(2) 降低单位变动成本 6 万元,降低率达到 10%。

$$\text{保利单位变动成本} = 100 - (300\,000 + 160\,000)/10\,000 = 54(\text{万元/件})$$
$$\text{单位变动成本变动量} = 54 - 60 = -6(\text{万元/件})$$
$$\text{单位变动成本变动率} = (-6)/60 × 100\% = -10\%$$

(3) 压缩固定成本开支 60 000 万元,降低率为 20%。

$$\text{保利固定成本} = (100 - 60) × 10\,000 - 160\,000 = 240\,000(\text{万元})$$
$$\text{固定成本变动额} = 240\,000 - 300\,000 = -60\,000(\text{万元})$$
$$\text{固定成本变动率} = 60\,000/300\,000 × 100\% = 20\%$$

(4) 提高单价 6 万元,增长率为 6%。

$$\text{保利单价} = 60 + (300\,000 + 160\,000)/10\,000 = 106(\text{万元/件})$$
$$\text{单价变动额} = 106 - 100 = 6(\text{万元/件})$$
$$\text{单价变动率} = 6/100 × 100\% = 6\%$$

可见,企业只要采取以上任何一项单项措施均可保证目标利润实现。若假定由于种种原因上述任何一项措施都无法实现,那么,还必须考虑采取综合措施。假定企业可考虑采取下列综合措施(计算过程略):

① 为提高产品质量,追加 2% 的单位变动成本投入,可使售价提高 3%,则此时实现目标利润的销量期望值为 11 005 件。

② 假定该产品价格弹性较大,降低价格 10%,可使市场容量增长 16%。若企业生产能力尚有潜力,可以满足市场需要,企业只要销售 15 334 件,就可实现目标利润。

③ 在市场容量不变的条件下,若追加 5 000 万元的约束性固定成本投入,可以提高自动化水平,提高人工效率,降低材料消耗。只要单位变动成本期望值达到 53.5 万元/件,企业也能实现目标利润。

若上述综合措施所要求的条件假定仍然无法实现,经过反复测算比较,企业确定的目标利润基数与可能实现利润的测算数之间仍有一段差距(假定为 10 000 万元),目标太高,难以实现,可将目标利润修正值确定为 -10 000 万元,则最终确定下达的目标利润预测值应为:

$$160\,000 - 10\,000 = 150\,000(\text{万元})$$

事实上,在企业经营活动的实践过程中,很少是仅由单一因素变动产生影响的,常见的是多因素相互制约的综合性影响。例如,要增加产量,就有可能增加固定成本总额;要提高市场占有率,就有可能要降低价格;要降低人工成本,就要提高资本的有机构成,这必然带来固定成本总额上升等等。

## 5.5 资金需要量预测

当企业的销售量、成本预测完成后,企业就要为计划期的生产、销售筹集所需要的资金,以便保证企业的经营活动能顺利完成。没有适当的资金准备,企业可能会因为资金不足而贻误生产经营的发展时机,也可能因为资金准备过多而造成资金成本过高,影响经营效益,这就是资金预测的主要原因。因此,资金需要量的预测是企业进行经营决策的主要依据和提高经济效益的有效手段,也是编制资金预算的前提。

### 5.5.1 销售百分比法

一般情况下,与资金需要量相关最大的综合因素是计划期间的预测销售额,因此,资金需要量预测通常是以科学的销售预测为基础。采用销售百分比法预测资金需要量,其计算公式为

$$W = \left( \frac{A}{S_0} - \frac{L}{S_0} \right)(S_1 - S_0) - D - S_1 R_0 (1 - d_1) + M_1$$

式中:$W$——计划期预计需要追加的资金数量;

$S_0$——基期的销售收入总额;

$S_1$——计划期的销售收入总额;

$A/S_0$——基期随着销售额增加而增加的资产项目占销售额的百分比;

$L/S_0$——基期随着销售额增加而自动增加的负债项目占销售额的百分比;

$(A/S_0 - L/S_0)$——每增加1元销售额,应该追加资金量的百分比;

$D$——计划期折旧费的提取数减去用于更新改造的金额;

$R_0$——基期税后销售利润率;

$d_1$——计划期的股利支付率;

$M_1$——计划期零星资金需要量。

销售百分比法一般按以下步骤进行:

**1. 分析资产负债表中各项目与销售收入总额之间的依存关系**

资产类项目中,周转中的货币资金、正常应收账款和存货等,都因销售额的增长而相应的增长,如果基期对固定资产利用已经满负荷,则增加销售就要增加设备投资。无形资产与销售额的变动无关。

负债类项目中,应付账款、其他应付款等项目,一般会因销售的增长而自动增加;应付票据、长期负债及股东权益等则不随销售额的变动而变动。

计划期提取的折旧费、留存收益两项目可作为计划期追加资金的内部资金来源。

**2. 编制销售百分比表**

将计算结果代入预测公式,计算出预期的资金追加量。

【例 5-14】 某企业基期年度销售收入为 400 000 元,净利为 20 000 元,并发放股利 5 000 元,基期固定资产能力利用已经饱和,该企业基期年度资产负债表如表 5-15 所示。若该企业计划期销售收入总额增至 600 000 元,并仍按基期股利支付率支付股利,折旧费提取 30 000 元,其中 70% 用于更新改造现有厂房设备,零星资金需要量为 10 000 元。则预测计划期追加资金需要量的销售百分比表如表 5-16 所示。

表 5-15  某企业基期年度资产负债表

| 资产(元) | 负债＋所有者权益(元) |
|---|---|
| 现金 20 000 | 应付账款 80 000 |
| 应收账款 60 000 | 应付税款 20 000 |
| 存货 40 000 | 应付票据 10 000 |
| 固定资产 100 000 | 长期负债 40 000 |
| 无形资产 8 000 | 普通股股本 120 000 |
| — | 留存收益 30 000 |
| 资产总计 300 000 | 负债和所有者权益总计 300 000 |

表 5-16  销售百分比表

| 资产 | 所占比率 | 负债＋权益 | 所占比率 |
|---|---|---|---|
| 现金 | 5% | 应付账款 | 20% |
| 应收账款 | 15% | 应付税款 | 5% |
| 存货 | 10% | 应付票据 | (无关) |
| 固定资产 | 25% | 长期负债 | (无关) |
| 无形资产 | (无关) | 普通股股本 | (无关) |
| — | — | 留存收益 | (无关) |
| $A/S_0$ 合计 | 55% | $L/S_0$ 合计 | 25% |

表中有关数据按如下公式计算:

$$某项目销售百分比 = 某年该项目销售额/某年销售收入 \times 100\%$$

以固定资产为例,其销售百分比计算如下:

$$固定资产销售百分比 = 100\,000/400\,000 \times 100\% = 25\%$$

将有关数据代入公式计算:

$$W = \left(\frac{A}{S_0} - \frac{L}{S_0}\right)(S_1 - S_0) - D - S_1 R_0 (1 - d_1) + M_1$$

$$= (55\% - 25\%) \times (600\,000 - 400\,000) - 30\,000 \times (1 - 70\%) -$$

$$600\,000 \times \frac{20\,000}{400\,000}\left(1 - \frac{5\,000}{20\,000}\right) + 10\,000$$

$$= 60\,000 - 9\,000 - 22\,500 + 10\,000$$

$$= 38\,500(元)$$

即计划期需增加流动资金 38 500 元。

## 5.5.2 资金增长趋势预测法

资金增长趋势预测法,是运用回归分析法原理,对若干历史期间销售收入相对应的资金需用量的资料进行分析,确定反映销售收入与资金需用量之间的回归直线,利用回归方程 $y=a+bx$,推算未来期间资金的需用量。

【例 5-15】 某公司近 5 年的资金总量和销售收入的资料如表 5-17 所示。若该公司 $20\times9$ 年的销售收入预测值为 600 万元,预测 $20\times9$ 年的资金需用总量。

表 5-17 资金总量和销售收入

| 年度 | 销售收入(万元) | 资金总量(万元) |
| --- | --- | --- |
| $20\times4$ | 300 | 200 |
| $20\times5$ | 360 | 240 |
| $20\times6$ | 400 | 260 |
| $20\times7$ | 440 | 280 |
| $20\times8$ | 500 | 300 |

首先,根据回归分析原理,对表 5-17 的数据进行加工整理,结果如表 5-18 所示。然后,根据表中的数值,代入最小二乘法公式中计算得出 $a$ 为 56,$b$ 为 0.5,预测 $20\times9$ 年的资金需用总量为 356 万元。

表 5-18 资金需用总量预测

| 年度 $n$ | 销售收入 $x$(万元) | 资金总量 $y$(万元) | $xy$ | $x^2$ |
| --- | --- | --- | --- | --- |
| $20\times4$ | 300 | 200 | 60 000 | 90 000 |
| $20\times5$ | 360 | 240 | 86 400 | 129 600 |
| $20\times6$ | 400 | 260 | 104 000 | 160 000 |
| $20\times7$ | 440 | 280 | 123 200 | 193 600 |
| $20\times8$ | 500 | 300 | 150 000 | 250 000 |
| $n=5$ | $\sum x=2\,000$ | $\sum y=1\,280$ | $\sum xy=523\,600$ | $\sum x^2=823\,200$ |

【思政案例分析】 天上有北斗,地下有"明灯"

在人们的印象中,地震总是吓人的,与之相伴的是山崩海啸、房倒屋塌,以及人员和财产的损失。但在这些"破坏力"之外,它也会带来一个小小的"福利"——地震产生的地震波是目前少量可以穿透整个地球的信号,可以帮助人们认识地球内部结构。

国际著名的俄国地震学家伽利津就曾将地震波比喻为短时间照亮地球内部的一盏灯,认为这盏灯不仅可以照亮地球内部,还有可能帮助人类了解自然界的复杂现象。

近日,中国地震局发布消息称我国地震学家正在实施"地下明灯"计划。包括中国地震局地球物理研究所、南京大学、中国科学技术大学、北京大学等多个单位的科学家们在地球物理学家陈颙院士带领下,通过气枪震源人工制造地震,"照亮"地球内部来获得数据,这些数据经过放大、记录和分析,不仅让我们越来越了解地球内部的情况,更能研究地球内部结构变化与地震、火山等灾害发生时间、过程之间的关系。这一研究目前已取得了一系列研究成果。

"地震学家通过分析地震波研究地球内部结构的过程类似于老百姓挑西瓜的过程,用手拍拍、耳朵听听就能够判断西瓜是不是熟了。"中国地震局主动源探测项目组研究员徐平说:"地震给地球敲一榔头,我们就能听听地球内部的结构是怎样的。"

这一榔头怎么敲却是一门大学问。从1995年开始,陈颙带领团队开展人工震源的探索,先后尝试了电火花、化学爆破、重载列车、电落锤、人工震源车等多种震源,但效果均不理想。最后科学家们发现在水中激发的气枪震源具有信号重复性高、绿色环保、低成本、安全高效等优点,决定将气枪震源应用于科学研究和地震监测工作。这是世界上首次提出可主动发出地震信号的地震信号发射台的概念。

随后,项目团队解决了大量理论和技术问题,把气枪震源系统从海洋移植到了陆地水体,2011年,他们在云南宾川建成了世界上第一个陆地固定式气枪地震信号发射台。后又分别于2013年和2015年建成了新疆呼图壁和甘肃张掖两个地震信号发射台。此外,团队还研制了移动式和船载式等多种气枪震源系统的技术装备,可以适用于大陆上的江河湖泊及近海、水库等水体。

通过这些发射台几年的监测,陈颙院士和他的团队有了许多阶段性的成果。徐平说:"我们发现气枪发射地震波的走时和固体潮的变化与地震发生有密切的联系,这是一种有希望的地震物理预报的前兆。"

船载式气枪震源系统在长江安徽段激发的信号被应用于郯庐断裂带南端地壳及上地幔结构探测中,取得了良好效果。

徐平告诉科技日报记者,在新疆呼图壁6.2级地震发生时,周边地震台站观测到的地震波走时变化曲线可以看到地震波走时在地震之前一直处于较低的状态,临近地震发生时出现明显上升,这为进一步观测和研究地震孕育发生的物理过程提供了技术手段和研究范例。

值得一提的是,这一研究在国家能源安全中也有一定的应用。一方面,大部分油气资源储存在5 000米以下的地下,了解地下精细结构对于油气资源探查具有重要意义;另一方面,在地下能源使用过程中,了解地下情况的变化能为安全生产提供重要参考资料。比如,在新疆建成的固定式气枪震源除了用于地震监测预报工作外,还为呼图壁地下储气库的安全生产提供了支撑。

现在,气枪震源激发信号的探测距离已经可以达到1 300千米,可探测发射点附近面积达400万平方公里,深达60千米的地下结构。按照科学家们的设想,如果在全国建立10个固定的气枪发射台,就能够覆盖整个中国大陆。这将在城市地下空间的合理利用、城市地震安全性评价、活动断裂调查、城市地下三维地质图编制、矿山中矿脉追踪等领域有广泛的应用前景,实现"天上有北斗,地下有明灯"。

资料来源:科技日报,https://www.sohu.com/a/159404613_543935.

**要求**:根据上述思政案例内容,思考以下问题。

1. 通过阅读"天上有北斗,地下有明灯"这个有关地震的案例,大家联系身边的具体事例,来理解预测在管理会计中的含义。

2. 通过我国地震学家的不懈努力和刻苦钻研,目前已经取得了初步的成效,通过这个案例来归纳预测的意义。

3. 在管理会计课程中,预测分析的基本内容有哪些?怎样理解"现代企业管理中,决策是重心所在,而正确的决策必须是以科学的预测为前提,只有把预测看成决策的先导,才能避免决策的主观性和盲目性"?

## 【本章小结】

预测是用科学的方法预计、推断事物发展的必然性或可能性的行为,它是决策的基础与前提。预测分析方法分为定量与定性两大类,内容包括销售预测、利润预测、成本预测和资金预测。

在经营预测分析中,销售预测处于先导地位,销售预测的定量分析方法有时间序列法与因果分析法。目标利润预测分析过程包括选择目标利润率标准、计算目标利润基数、确定目标利润修正值和确定目标利润四个步骤。成本预测的方法主要有高低点法、加权平均法与回归直线法。利用销售百分比法进行资金需要量预测时,应注意考察固定资产的利用程度。

【在线测试题】 扫描书背面的二维码,获取答题权限。

扫描此码

在线自测

## 【思考题】

1. 预测分析包括几类方法?各有什么特点?
2. 目标利润预测分析过程包括哪几个步骤?
3. 资金预测最常用的方法是什么?它是怎样进行预测的?
4. 怎样进行成本预测?
5. 怎样进行销售预测?

# 第6章
## 短期经营决策分析

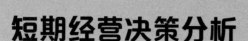

【思政名言集锦——法制篇】

彼皆刺口论世事,有力未克遭驱使。先生事业不可量,惟用法律自绳己。
——韩愈《寄卢仝》

颔须白尽忽落寞,始读法律亲笞榜。
讼氓满庭闹如市,吏牍围坐高于城。
——陆游《秋怀》

得暇诗书休释手,先公法律自洽身。
——陈宓《送师道弟修德庆》

【学习目标】

通过本章学习:了解短期经营决策分析的意义及分类;理解短期经营决策分析的程序;理解短期经营决策分析的成本概念;重点掌握短期经营决策分析常用的方法;能熟练运用差量分析法、边际贡献法、成本无差别点分析法及概率分析法等常用的短期经营决策方法,并且进行简单的定价决策。

【引导案例】

### "第二件半价"促销背后的秘密

"第二件半价",常见于餐饮行业肯德基、麦当劳等快餐品牌。可能会有人问,不就是七五折吗?有什么不明白的!可为什么这样的促销方式,顾客就会开开心心地接受呢?

**1. 抓住了顾客占便宜的心理**

销售行里流传着这样一句话:客户要的不是便宜,而是感到占了便宜。客户有了占便宜的感觉,就容易接受你的产品。客户占便宜的心理给了商家可乘之机。比如,一杯饮料的制作成本是几毛钱,而零售价是7元到10元,加上店租、人工、水电等附加成本,售出第一杯的时候已经把这些费用分担了,后面的第二杯只需要几毛钱的制作成本,即边际成本很低,巧妙地设计一个差价策略,却可以在单个消费者身上多赚取利润。同样一个顾客,在单次消费的情况下为第二件买单的可能性小,如果能让消费者牺牲较小的金钱代价就能获取产品,完全可以跑量,大多数人都习惯性地贪便宜。从营销角度说,这是差别定价策略,普遍存在于大多数商家推广策略中,比如:

(1) 当你和闺蜜一起看衣服时,觉得有条连衣裙合适,可是考虑到第二件半价,你会让闺蜜也选一件,还会和导购一起说服闺蜜购买。

(2) 你本来只是想买一件上衣,结果第二件半价,那就会再搭配一条裙子。

从上述例子可以看出,商家通过"第二件半价"优惠的方式,吸引了潜在客户,并且拉动了额外消费,成功地利用了消费者想"捡便宜"的心理。

**2. "第二件半价"与"两件七五折"**

稍微愿意思考的朋友应该会发现,"第二件半价"与"两件七五折"其实是同一个意思,只是说法不同罢了。那为什么更多商家都会写"第二件半价",而不是"两件七五折"呢?那么请问:一件商品二十元,"第二件半价"与"两件七五折",哪个更容易算出总金额呢?很明显是前者!既然大家不想思考,当然更愿意选择简单的算法。其实,很多人看到"半价",就想当然地认为比"七五折"便宜。大部分顾客买东西时都更倾向于"第二件半价"!如果一件商品价格偏高,数值又不是整数。顾客只要不去认真计算,可能会一直以为"第二件半价"更便宜,除非有人告诉他真相。比如,有家药店夏季菊花茶搞促销:"两件七五折"。某天,一位顾客来买菊花茶,发现"两件七五折",转头就走,原因是:隔壁药店的菊花茶"第二件半价,觉得更便宜"。因此,明明是同样的优惠力度,但在很多人眼里都觉得是"第二件半价"更便宜。

## 6.1 决策分析概述

### 6.1.1 决策分析的意义

所谓决策,就是人们基于对客观规律的认识,在充分考虑各种可能的前提下,对未来实践的方向、目标、原则和方法作出决定的过程。分析,就是对达成任务目标的各种可能方案,加以利—弊与成本—效益的分析,以评选最佳行动方案。在管理会计中,决策分析具有更为具体的含义,特指针对企业未来经营活动所面临的问题,由各级管理人员做出的有关未来经营战略、方针、目标、措施与方法的决策过程。简而言之,决策分析就是一种解决问题、选择行动方案、找寻理想结果的一种程序。现代管理理论认为,管理的重心在于经营,经营的重心在于决策。正确的决策对于企业的生存与发展至关重要,决策的正确与否直接关系着企业的兴衰成败。要做出合理正确的决策,就必须以良好的预测为前提,没有准确、科学的预测,就无法做出符合客观实际的科学决策。

### 6.1.2 决策分析的分类

决策分析根据不同的标准,可分为不同的类别:
(1) 按照决策时间的长短分类,分为短期经营决策和长期投资决策。

(2) 按决策本身的重要程度分类,分为战略决策和战术决策。

(3) 按决策条件的肯定程度分类,分为确定型决策、风险型决策和不确定型决策。

(4) 按决策本身的不同性质分类,分为采纳与否决策、互斥选择决策和最优组合决策。

(5) 按决策解决的问题内容分类,分为生产决策、定价决策、建设项目决策、新增固定资产决策和更新改造决策。

### 6.1.3 经营决策分析的程序

**1. 调研经营形势,明确经营问题**

进行决策分析的首要工作就是要对企业的经营状况及发展形势进行调查研究,明确企业在经营过程中存在的问题。

**2. 确定决策分析目标**

对于企业来说,决策分析的直接目标就是尽可能取得最大的经济效益,因此,企业进行决策分析的一切工作都应是围绕着这个目标而开展的,只有确定了决策分析目标,才能使企业决策分析的相关工作有的放矢。

**3. 设计各种备选方案**

明确了企业决策分析的目标以后,企业应根据实际情况,制定出一系列备选方案。例如,为了提高企业的获利水平,某企业拟利用 A 材料开发一种新产品,分别设计了甲方案和乙方案。根据甲方案的设计标准,产品单价定为 200 元/件,其中单位变动成本为 170 元,A 材料的单位消耗为 10 千克/件;根据乙方案的设计标准,产品单价定为 100 元/件,其中单位变动成本为 65 元,A 材料的单位消耗为 7 千克/件。甲、乙两种方案设计完成以后,供各级管理人员进行筛选。

**4. 评价方案的可行性**

制定出备选方案以后,相关的管理人员对各备选方案的可行性进行评价。判断决策方案优劣的主要标志为该方案能否使企业在一年内获得更多的利润。

**5. 选择未来行动的方案**

根据方案可行性的分析,从各备选方案中选出能使企业在短期内获利最多的方案。

**6. 组织决策方案的实施、跟踪、反馈**

决策方案一旦被确定,管理人员便要落实该方案的实施,并在实施的过程中进行一系列的监督工作,最后由各部门反馈该方案实施以后的结果及其他信息。

根据以上程序,总结短期经营决策程序图,如图 6-1 所示。

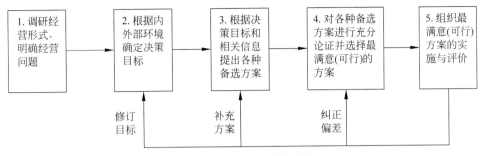

图 6-1　短期经营决策程序图

## 6.1.4　经营决策分析中的成本概念

决策方案的优劣最终以能否为企业在短期内带来最大的经济效益为标准,对不同备选方案的择优选择也无外乎两种基本形式:一是将备选方案的收入与费用成本相比较,只要收入大于费用成本,该备选方案就具有可取性;二是将各备选方案的费用成本进行对比,费用成本越少的方案就越具有可取性。无论采用哪种形式进行择优选择,成本的高低都是决定备选方案是否可取的重要因素。经营决策分析中的成本是指具有特定经济含义的,用于评价可行性方案的经济性所必需的各种形式的未来成本,是一种非财务成本,是不需要借助会计账簿进行记录、计算的特殊成本。

**1. 机会成本**

机会成本就是从若干备选方案中选取某一个方案而放弃另一方案所丧失的潜在收益。企业在进行经营决策时,必须从多个备选方案中选择出一个最优方案而放弃另外的方案(即次优方案),在各备选方案中为选取最优方案而放弃的次优方案可能获得的潜在收益就称为最优方案的机会成本。例如,某企业拥有若干 A 材料,甲方案:立即出售可获得收入 50 000 元;乙方案:将 A 材料加工后出售可获收 100 000 元,其中加工成本为 20 000 元,则选择乙方案的机会成本为 50 000 元。

在选择方案时,考虑机会成本的影响有利于对所选方案的最终效益进行全面评价。但是,机会成本仅仅是被放弃的次优方案的潜在利益,是隐含的成本而非实际发生的成本,因此不能登记入账。

**2. 边际成本**

边际成本是指因产量变动一个单位而引起的生产总成本的变动数额。例如,企业生产 10 000 件产品的成本为 500 000 元,生产 10 001 件产品的成本为 500 100 元,则边际成本为 100 元。

**3. 差量成本**

差量成本是指企业在进行经营决策时,可供选择的不同备选方案之间的成本差异。这种差异往往是因为产量的变化而形成的,因此狭义上的差量成本可理解为产量的增减变化而形成的成本差异。例如，某企业现有的生产能力可以生产甲产品或者乙产品。若生产甲产品，产量可达 5 000 件，成本为 70 000 元；若生产乙产品，产量可达 6 500 件，成本为 85 000 元。则甲、乙两种方案的差量成本为 15 000 元。

### 4. 可避免成本和不可避免成本

可避免成本是指与某特定备选方案直接相关的成本，该成本完全取决于与之相关联的备选方案是否被选定。

不可避免成本是指不与特定备选方案直接相关的成本，其发生与否并不取决于有关备选方案是否被选定。

### 5. 可延缓成本和不可延缓成本

可延缓成本是指某一已决定被采用且推迟实施但并不会对企业全局造成实质影响的决策方案的相关联成本。例如，某企业决定扩大生产线，需扩建资金 50 万，鉴于目前资金紧张，扩建方案推迟至明年实施，则 50 万元属于可延缓成本。

不可延缓成本是指已经选定且必须马上实施的决策方案的相关联成本。例如，某企业已决定马上修复受损的生产线以减少企业的损失，则修复费用 50 万元属于不可延缓成本。

### 6. 沉没成本与付现成本

沉没成本是指过去决策所发生的，无法由现在或将来的任何决策来改变的成本。换而言之，沉没成本是对现在或将来的任何决策都无影响的成本。沉没成本对目前的决策没有影响，在分析评价有关方案的经济性时无须考虑。例如，旧设备的折余价值为 2 000 元，(1)立即出售价格为 500 元；(2)修理后出售价格为 1 800 元，但要修理费 1 000 元。则折余价值 2 000 元就是沉没成本，与决策无关。付现成本是指现在或将来的任何决策所能够改变其支出数额的成本。

### 7. 专属成本和联合成本

专属成本是指可以明确归属于企业生产的某种产品或为企业设置的某个部门而发生的固定成本。专属成本是与这些产品或部门相关联的特定的成本，例如生产某种产品而专门支付的保险费、为某个部门特别购置的机器设备的维修费等。

联合成本是指为生产多种产品或设置多个部门而发生的，由这些产品和部门共同负担的成本。例如几种产品共同的生产车间成本。

### 8. 酌量性成本与约束性成本

固定成本按其是否受管理行为的影响，划分为酌量性成本和约束性成本。

酌量性成本是指可由管理者的决策来决定是否发生的固定成本，如广告费、培训费、研发费等。

约束性成本是指企业进行生产经营而必须承担的，不能改变的最低限度的固定成本，如厂房、设备等的折旧费、管理人员的工薪等。

**9. 相关成本与无关成本**

企业在进行经营决策时,备选方案中所涉及的各种成本,有些与方案的选择有关,而有些则与方案的选择无关。根据与决策方案之间是否相关联,成本分为相关成本与无关成本。

相关成本是指与特定决策方案相联系的、能对决策产生重大影响的、在短期经营决策中必须予以充分考虑的成本。如果某项成本只属于某个经营决策方案,即若有这个方案存在,就会发生这项成本,若该方案不存在,就不会发生这项成本,那么,这项成本就是相关成本。相关成本包括差量成本、边际成本、机会成本、重置成本、付现成本、专属成本、加工成本、可分成本、可延缓成本、酌量性成本和可避免成本等。

无关成本是指不受决策结果影响,与决策关系不大,已经发生或注定要发生的成本。无关成本包括沉没成本、共同成本、联合成本、不可延缓成本、约束性成本和不可避免成本等。

相关成本与无关成本的区分并不是绝对的。有些成本在某一决策方案是相关成本,而在另一个决策方案中可能是无关成本。

## 6.2 经营决策分析方法

### 6.2.1 生产经营决策的常用方法

**1. 确定性决策的分析方法**

确定性决策是指未来客观条件或自然状态明确固定,所有备选方案经计量分析后均可得到一个确定结果的有关决策。

(1) 差量分析法。当各备选方案具有不同的预期收入和预期成本时,计算分析比较各备选方案的差量收入、差量成本和差量损益,评价有关方案优劣的决策分析方法,即差量分析法。其基本公式如下:

$$差量收入 - 差量成本 = 差量损益$$

其中:

差量收入($\Delta R$):两个备选方案相关收入之差,即 $\Delta R = R_A - R_B$

差量成本($\Delta C$):两个备选方案相关成本之差,即 $\Delta C = C_A - C_B$

差量损益($\Delta P$):差量收入减去差量成本的余额,即 $\Delta P = \Delta R - \Delta C$

判断标准:

若差量损益 $\Delta P > 0$,则 A 方案优于 B 方案;

若差量损益 $\Delta P = 0$,则 A 方案与 B 方案的效益相同;

若差量损益 $\Delta P < 0$,则 B 方案优于 A 方案。

差量分析法的决策过程如表 6-1 所示。

表 6-1  差量分析

| A 方案 | B 方案 | 差 量 |
|---|---|---|
| 预期收入($R_A$) | 预期收入($R_B$) | 差量收入($\Delta R$) |
| 预期成本($C_A$) | 预期成本($C_B$) | 差量成本($\Delta C$) |
| 预期损益($P_A$) | 预期损益($P_B$) | 差量损益($\Delta P$) |

当差量损益($\Delta P$)＞0 时，A 方案可取；当差量损益($\Delta P$)＝0 时，A、B 两个方案的效益相同；当差量损益($\Delta P$)＜0 时，B 方案可取。

【例 6-1】 某企业的现有生产能力既可以生产甲产品也可以生产乙成品。甲、乙两种产品预计的销售单价、销售数量和单位变动成本资料如表 6-2 所示。

表 6-2  数据资料表

| 项 目 | 甲产品 | 乙产品 |
|---|---|---|
| 预计销售数量（件） | 200 | 100 |
| 预计销售单价（元） | 32 | 50 |
| 单位变动成本（元） | 15 | 24 |

甲、乙两种产品的预期寿命相同，试分析企业该生产哪种产品。用差量分析法计算如表 6-3 所示。

表 6-3  差量分析计算表

| 项 目 | 甲产品 | 乙产品 | 差 额 |
|---|---|---|---|
| 预计收入 | 6 400 | 5 000 | 1 400 |
| 预计成本 | 3 000 | 2 400 | 600 |
| 预计利润 | 3 400 | 2 600 | 800 |

所以，应选择生产甲产品。

值得注意的是，在使用差量分析法进行决策分析之时，计算差量收入和差量成本，前后顺序必须保持一致；差量分析法仅适用于两个方案之间的比较和分析。

(2) 边际贡献法，当有关决策方案的相关收入均不为零，相关成本全部为变动成本时，可以将边际贡献总额作为决策评价指标。边际贡献法就是通过对比各备选方案所提供的边际贡献总额的大小来确定最优方案的决策方法。

基本原理：边际贡献＝预期收入－变动成本

判断标准：哪个方案的边际贡献大，哪个方案为最优。边际贡献计算如表 6-4 所示。

表 6-4  边际贡献计算表

| | A 方案 | B 方案 | 差 量 |
|---|---|---|---|
| 预期收入($R$) | $R_A$ | $R_B$ | $R_A - R_B$ |
| 变动成本($V$) | $V_A$ | $V_B$ | $V_A - V_B$ |
| 边际贡献($M$) | $M_A = R_A - V_A$ | $M_B = R_B - V_B$ | $M_A - M_B$ |

当 $M_A-M_B>0$ 时,A 方案为优;当 $M_A-M_B<0$ 时,B 方案为优。

【例 6-2】 某企业根据现有生产能力可以生产 A 产品或 B 产品,若生产 A 产品,预计产量为 100 000 件,单价为 12 元,单位变动成本为 8 元;若生产 B 产品,预计产量为 50 000 件,单价为 20 元,单位变动成本为 15 元。两个方案固定成本总额均为 50 000 元。

用边际贡献法,计算分析如表 6-5 所示。

表 6-5 边际贡献计算表

|  | 生产 A 产品 | 生产 B 产品 |
| --- | --- | --- |
| 预计销售收入 | 1 200 000 | 1 000 000 |
| 预计变动成本 | 800 000 | 750 000 |
| 预计边际贡献 | 400 000 | 250 000 |

因为 A 产品的边际贡献大于 B 产品的边际贡献,所以,应该选择 A 产品。

(3) 成本无差别点分析法,是指在各备选方案的相关收入均为零,相关的业务量不确定时,通过判断处于不同水平的业务量与成本无差别点之间的关系,利用不同业务量优势区域进行最优决策方案选择的方法。使用成本无差别点分析法的关键是寻找使两个或多个方案的成本相等的业务量,这一业务量称为成本无差别点,然后,根据备选方案在无差别点两侧的总成本的高低,结合实际业务量数额,选择最优方案。计算公式为

成本无差别点=两方案相关固定成本之差÷两方案单位变动成本之差

公式推导如下:

假设成本无差别点的业务量为 $x$,$a_1$ 和 $a_2$ 分别为甲方案和乙方案的固定成本总额,$b_1$ 和 $b_2$ 分别为甲方案和乙方案的单位变动成本,$y_1$ 和 $y_2$ 分别为甲方案和乙方案的总成本。则有 $y_1=a_1+b_1x$,$y_2=a_2+b_2x$。

成本无差别点情况下:$y_1=y_2$

即 $a_1+b_1x=a_2+b_2x$

则有:$x=(a_1-a_2)\div(b_1-b_2)$

此时,整个业务量分为两个部分:$(0,x)$、$(x,\infty)$,其中 $x$ 为成本无差别点。

在成本无差别点上,甲方案与乙方案的总成本相等;业务量落在 $(0,x)$ 或 $(x,\infty)$ 范围中,则甲方案和乙方案的总成本会发生逆转的变化,具体在哪个区间里甲方案总成本低或乙方案的总成本低,就得具体将数据带入计算公式进行测试,从而确定哪个方案最优。

【例 6-3】 某企业生产 A 产品,新、旧两种方案的成本数据如表 6-6 所示,请进行成本无差别点分析。

新方案的总成本 $y_1=450\,000+300x$

旧方案的总成本 $y_2=300\,000+400x$

表 6-6 工艺方案数据表

| 工艺方案 | 固定成本总额 | 单位变动成本 |
| --- | --- | --- |
| 新方案 | 450 000 | 300 |
| 旧方案 | 300 000 | 400 |

令 $y_1=y_2$,解出 $x=1\,500$ 件,为成本无差别点。

如实际产量大于 1 500 件,则 $y_2 > y_1$,新方案优;

如实际产量小于 1 500 件,则 $y_1 < y_2$,旧方案优。

**2. 非确定性决策的分析方法**

非确定性经营决策指未来客观环境或自然状态不明确、不固定的有关决策。

(1) 大中取大决策法(乐观决策法)。首先确定各备选方案在不同自然状态下最大收益。其次在各"最大收益"中取最大值。最后,"最大收益"最大的方案为最优方案。

(2) 大中取小决策法(最小的最大后悔值法)。假设已选定某个方案,但实际情况证明,如选定另一个方案将产出更高的利润,决策后将因实际得到的利润小于可能获得的利润而后悔,各种可能状态在所有方案中的最高期望利润,减去该方案在某种可能状态下的估计利润,即为最大潜在后悔值。大中取小决策法的实施步骤为:

① 分别确定不同自然状态下预期收益最大的方案及其收益值;

② 确定不同自然状态下各方案的后悔值;

③ 确定各方案在不同自然状态下的最大后悔值;

④ 在"各最大后悔值"中取最小者,与之对应的方案为最优方案。

(3) 小中取大决策法(悲观决策法)。首先确定各备选方案在不同自然状态下的最小收益值。其次在"最小收益值"中取最大者,与之对应的方案为最优方案。

某企业经营某产品有三个备选方案,根据以下数据(见表 6-7)进行决策。

表 6-7 备选方案数据表

| 市场需求 | 预期收益 | | |
| --- | --- | --- | --- |
| | 甲 | 乙 | 丙 |
| 最多 | 600 | 800 | 400 |
| 一般 | 400 | 350 | 250 |
| 较少 | −150 | −300 | 90 |

【例 6-4】 大中取大决策法:

(1) 确定三种方案在不同市场需求下的最大收益,甲、乙、丙分别为 600、800、400;

(2) 取"最大收益"中的最大值:800,即选择乙方案。

【例 6-5】 大中取小决策法:

(1) 在最多状态下甲、乙、丙的后悔值分别是 200、0、400;

在一般状态下甲、乙、丙的后悔值分别是 0、50、150;

在较少状态下甲、乙、丙的后悔值分别是 240、390、0。

(2) 确定各方案在不同状态下的最大后悔值:

甲、乙、丙在不同状态下的最大后悔值分别为 240、390、400。

(3) 确定最小的"最大后悔值":240,即选择甲方案。

【例 6-6】 小中取大决策法:

(1) 确定三种方案在不同市场需求下的最小收益,甲、乙、丙分别为 −150、−300、90;

(2) 取"最小收益"中的最大值:90,即选择丙方案。

### 3. 风险型决策的分析方法

风险型决策是指未来的自然状态不能完全确定,但可测算出各自发生的概率的决策。概率分析法主要是解决风险型生产决策,采用概率分析法,一般是先根据所掌握的资料预测可能出现的自然状态及其概率以及各种自然状态下的收益值,然后以估计的概率乘以收益值,分别求出各方案的收益期望值,并进行比较选优。

概率分析法是本量利分析法与概率论的期望值分析法的结合。其步骤如下:
① 确定与决策相关的有关变量;
② 确定每一变量的若干个取值;
③ 确定每一变量的每个取值的概率;
④ 计算各变量每组取值的联合概率;
⑤ 计算各变量每组取值对应的利润或成本;
⑥ 将④,⑤结果相乘得预期利润或预期成本;
⑦ 将⑥结果的预期利润(或预期成本)汇总得总预期利润(或总成本),作为决策指标。

**【例 6-7】** 某企业设计研发了 A、B 两种产品,投放市场以后预计销售状况和销售收入如表 6-8 所示。

表 6-8 销售情况表

| 状态 | 概率 | A 方案预期收益 | B 方案预期收益 |
| --- | --- | --- | --- |
| 畅销 | 70% | 200 000 | 350 000 |
| 滞销 | 30% | 20 000 | −50 000 |

A 方案期望收益=200 000×70%+20 000×30%=146 000
B 方案期望收益=350 000×70%+(−50 000)×30%=230 000
因此,B 方案更优。

## 6.2.2 生产决策分析

### 1. 生产何种产品决策

一般是指企业现有的生产设备,既可用于生产甲产品,也可用于生产乙产品,但不宜同时生产两种产品,这就要求企业必须根据现有的资源条件,在这两种产品之间作出正确的选择,可通过两种产品的差别收入与差别成本的对比,看哪种产品能为企业提供较多的盈利。

**【例 6-8】** 某企业使用同一设备可以生产甲产品,也可以生产乙产品,若该设备最大生产能力为 100 000 机器小时,则在相关范围内两种产品的有关资料如表 6-9 所示。

选择生产甲产品还是乙产品,企业就要通过差量分析法(见表 6-10)来比较两个方案哪个能带来更多利益:

甲产品产量=100 000/40=2 500(件)
乙产品产量=100 000/50=2 000(件)

表 6-9 有关资料

| 项目 | 甲产品 | 乙产品 |
|---|---|---|
| 单位产品机器小时 | 40 | 50 |
| 单位售价 | 32 | 56 |
| 单位成本 |  |  |
| 直接材料 | 12 | 18 |
| 直接人工 | 8 | 14 |
| 变动制造费用 | 6 | 16 |
| 固定制造费用 | 5.6 | 7 |

表 6-10 差量分析法

| 方案 | 项目 | | |
|---|---|---|---|
|  | 甲产品 | 乙产品 | 差量 |
| 预计收入 | 2 500×32=80 000 | 2 000×56=112 000 | −32 000 |
| 预计成本 | 2 500×26=65 000 | 2 000×48=96 000 | −31 000 |
| 预计损益 | 15 000 | 16 000 | −1 000 |

由于差量损益为负数,因此应该选择生产乙产品。

【思政经典案例】　　硬核比亚迪"十八般兵器"上阵转产医疗防护物资

扫描此码

深度学习

**2. 亏损产品的决策**

企业在经营过程中,由于种种原因会发生某种产品亏损,从而引起了亏损产品是否应该停产问题的决策。一般来说,对于亏损产品不能简单地予以停产,而应当综合考虑企业的生产能力和经营状况,视其能否提供一定的边际贡献而定。在相对剩余生产经营能力无法转移的情况下,若边际贡献为正数,说明它们的生产还可为增加企业总的盈利作出一定的贡献,可继续生产;否则,应考虑停产。在相对剩余生产经营能力可以转移的情况下,则需要比较亏损产品的边际贡献与机会成本,若亏损产品的边际贡献大于机会成本,则继续生产;否则,应考虑停产。

【例 6-9】　某企业生产甲、乙、丙三种产品,其中丙产品是亏损产品。有关资料如表 6-11 所示。

表 6-11 相关资料

| 项目 | 甲产品 | 乙产品 | 丙产品 | 合计 |
|---|---|---|---|---|
| 销售收入 | 50 000 | 40 000 | 35 000 | 125 000 |
| 减:变动成本 | 23 000 | 18 000 | 28 000 | 69 000 |

续表

| 项目 | 甲产品 | 乙产品 | 丙产品 | 合计 |
|---|---|---|---|---|
| 边际贡献 | 27 000 | 22 000 | 7 000 | 56 000 |
| 减：固定成本 | 16 000 | 14 000 | 10 000 | 40 000 |
| 利润 | 11 000 | 8 000 | −3 000 | 16 000 |

数据显示，该企业利润总额为16 000元，其中甲产品盈利11 000元，乙产品盈利8 000元，丙产品亏损3 000元。如果只看利润，企业应该停止丙产品的生产。但是应该注意，不论是否停止生产丙产品，固定成本总额40 000元都要发生。也就是说，如果停止丙产品的生产和销售，销售收入和变动成本相应减少，但是固定成本不会发生变化，丙产品分摊的10 000元固定成本将转由甲产品和乙产品分别负担。其结果反而会减少企业利润，如表6-12所示。

表6-12　利润表

| 项目 | 甲产品 | 乙产品 | 合计 |
|---|---|---|---|
| 销售收入 | 50 000 | 40 000 | 90 000 |
| 减：变动成本 | 23 000 | 18 000 | 41 000 |
| 边际贡献 | 27 000 | 22 000 | 49 000 |
| 减：固定成本 | 22 000 | 18 000 | 40 000 |
| 利润 | 5 000 | 4 000 | 9 000 |

根据计算结果可知，如果停止生产丙产品，企业利润将下降至9 000元。由此可以得出结论：在其他条件不变的情况下，维持丙产品生产对企业有利。

### 3. 产品增产决策

产品增产的决策是指由于企业现有的生产能力除了完成既定的生产任务外，还有一定的剩余，为了充分地利用这一部分剩余的生产能力，就必须在原预定投产的几种产品中适当地扩大某产品的生产量，为此，就要正确选择增产哪种产品。可根据有关产品每单位生产能力（如一个机器小时）提供的边际贡献进行分析、评价，根据需要与可能性，将剩余的生产能力尽量用来增产每单位生产能力提供的边际贡献最大的那种产品。

企业在决定增产何种产品时，可以采用边际贡献法进行分析。如果企业有剩余的生产能力，有几种新产品可以选择而且每种新产品都不需要增加固定成本，应选择能够提供边际贡献总额最多的产品。

【例6-10】　某企业原来生产A、B两种产品，实际开工率只占原设计生产能力的70%。现准备将剩余的生产能力全部用于生产C产品或D产品。有关资料如表6-13所示。

表6-13　相关资料

| | A产品 | B产品 | C产品 | D产品 |
|---|---|---|---|---|
| 预计产销量(件) | 4 500 | 3 000 | 2 700 | 3 800 |
| 销售单价(元) | 15 | 12 | 10 | 13 |
| 单位变动成本 | 7 | 6 | 6 | 10 |
| 固定成本总额(元) | 30 000 | | | |

根据上表的数据,编制边际贡献计算表如表 6-14 所示。

表 6-14 边际贡献

|  | C 产品 | D 产品 |
| --- | --- | --- |
| 预计销售量(件) | 2 700 | 3 800 |
| 销售单价(元) | 10 | 13 |
| 减:单位变动成本 | 6 | 10 |
| 单位边际贡献 | 4 | 3 |
| 边际贡献总额 | 10 800 | 11 400 |

由计算结果可以看出,D 产品的边际贡献总额比 C 产品多 600 元(11 400－10 800),因此应该选择生产 D 产品。应该说明的是,上述分析是以企业的增产产品生产多少就能销售多少为前提的。如果市场预测的销售量不等于企业剩余生产能力的生产量,应根据销售预测的数据进行修正。

### 4. 接受追加订货决策

企业是否接受追加订货,应视具体情况而定,概括来讲,分为简单条件和复杂条件。

(1) 简单条件。第一,追加订货量小于或等于企业的绝对剩余生产能力,绝对剩余生产能力为企业最大生产能力与正常订货量之间的差额;第二,企业的绝对剩余生产能力无法转移;第三,要求追加订货的企业没有提出任何特殊的要求,不需要追加投入专属成本。在简单条件下,只要追加订货方案的相关收入与相关成本之差即相关损益大于零,便可接受追加订货。

【例 6-11】 A 企业只生产一种产品,每年最大生产能力为 12 000 件甲产品。本年已与其他企业签订了 10 000 件甲产品的供货合同,平均价格为 1 200 元/件,单位完全成本为 1 000 元,单位变动成本为 800 元。一月初,B 企业要求以 900 元/件的价格向 A 企业追加订货 1 000 件甲产品,年底前交货。请分析 A 企业是否应追加订货。

A 企业要么接受追加订货,要么拒绝追加订货,在企业现有不能转移的闲置生产能力的情况下,A 企业如何抉择,可采用差量分析法分析,如表 6-15 所示。

表 6-15 差量分析表

| 方案 | 接受追加订货 | 拒绝追加订货 | 差量 |
| --- | --- | --- | --- |
| 差量收入 | 900×1 000=900 000 | 0 | 900 000 |
| 差量成本 | 800×1 000=800 000 | 0 | 800 000 |
| 差量损益 | | | 100 000 |

由于差量损益为正数,因此应该接受追加订货。

(2) 复杂条件。若企业的绝对剩余生产能力可以转移时,必然涉及可以转移的剩余生产能力的机会成本,则可采用差量分析法进行决策;若追加订货冲击正常任务,此时存在减少正常任务的机会成本。若因为被冲击的正常任务无法正常履行合同,需支付违约金,则应视为追加订货的专属成本;若订货企业有特殊要求,在这种情况下,存在追加订货的专属成本。

【例 6-12】 仍用 6-11 中的数据,若在一月上旬,C 公司要求以 920 元/件的价格向 A 企业追加订货 2 500 件甲产品,年内足量交货。合同规定如不能如期交货,将支付违约金 10 000 元,请试分析 A 企业是否该接受 C 企业追加订货的合同。

对于 A 企业来说,面临着两种选择:接受追加订货或者拒绝追加订货。在 A 企业现有生产力无法满足追加订货量的需求时,采用差量分析法分析,如表 6-16 所示:

表 6-16　差量分析表

| 方案 | 项　目 | | |
|---|---|---|---|
| | 接受追加订货 | 拒绝追加订货 | 差量 |
| 差量收入 | 920×2 500＝2 300 000 | 0 | 2 300 000 |
| 差量成本合计 | 2 210 000 | 0 | 2 210 000 |
| 其中:增量成本 | 800×2 000＝1 600 000 | 0 | — |
| 　　机会成本 | 1 200×500＝600 000 | 0 | — |
| 　　专属成本 | 10 000 | 0 | — |
| 差量损益 | | | 90 000 |

由于差量损益为正数,因此应该接受追加订货。

### 5. 零部件取得方式的决策

企业在生产经营过程中,有时会面临所需零部件自制还是外购的问题,或所需服务是由企业内部某些部门来完成,还是外包给其他企业来完成的问题。在进行这类问题决策时,可把自制的差别成本与外购的差别成本进行对比,选择成本较低的作为最优方案。若企业已经有能力自制零部件,则与自制能力有关的固定生产成本属于沉没成本,决策中不考虑,可采用相关成本法决策。自制的差别成本是指自制与不自制之差,在无须增加专用固定设备的情况下,自制成本还包括变动成本(直接材料、直接人工、变动性制造费用)。若企业尚不具备自制能力则需要外购,外购的差别成本仅指外购与不外购之差,外购成本一般包括买价、运费、保险费、验收费等。

【例 6-13】 某公司每年需要与产成品配套的 J 零件 60 000 个。如果由企业生产车间自制,每个成本为 80 元,其中单位变动成本 65 元,单位固定成本 15 元。市场上销售的 J 零件单价为 70 元。假设自制与外购的零件质量相同,且无论自制还是外购,企业的固定成本总额不变,由于该企业的固定成本总额不受自制与外购的影响,属于不相关成本,因此在进行决策时不予考虑。只需将自制零件的单位变动成本 65 元与外购成本 70 元进行对比,显然是自制成本较低,应选择自制。

### 6. 半成品是否深加工决策

企业的原材料经过一定工序的加工后成为半成品,可以直接对外销售,也可以进一步加工后再出售。半成品是否深加工的决策,是指企业对于那种既可以直接出售,又可以经过深加工变成产成品之后再出售的半成品所做的决策。通常,进一步加工需要追加一定的成本,但销售价格也比较高。决策时需要分析进一步加工后增加的收入(差量收入)是否超过追加的成本(差量成本)。如果前者大于后者,应进一步加工后出售;反之,则应作为半成品出售。

**【例 6-14】** 某木器厂的半成品是板材，产成品是办公桌椅，可以出售板材，也可以将其加工成办公桌椅后出售。做一套办公桌椅的板材，其单位变动成本为 350 元，分摊的单位固定成本为 30 元，售价为 450 元。如果把板材加工成桌椅，售价可以提高到 530 元，但单位变动成本增加到 420 元。假设该企业当前的生产能力有剩余，完全可以满足将板材加工成办公桌椅的需要，因此继续生产办公桌椅不会引起固定成本增加。该企业每年可生产、销售 2 000 套板材或办公桌椅。

计算相关的差量收入和差量成本如下：

$$差量收入 = (530-450) \times 2\,000 = 160\,000(元)$$
$$差量成本 = (420-350) \times 2\,000 = 140\,000(元)$$

由于差量收入比差量成本多 20 000 元(160 000－140 000)，因此将板材加工成办公桌椅是有利的。应该说明的是，本题在计算差量成本时没有考虑单位固定成本，因为这部分固定成本在进一步加工前后均存在，属于与决策无关的沉没成本。如果进一步加工后需要添置设备，从而造成固定成本增加，则在计算差量成本时需要将其考虑在内。

## 6.3 定价决策

### 6.3.1 产品定价方法

**1. 完全成本定价法**

完全成本定价法是指按照产品的完全成本，加上一定百分比的销售利润，作为制定产品销售价格的依据，故又称成本加成定价法，是众多企业常用的定价法。其步骤如下：

(1) 估计单位产品的变动成本；
(2) 估计单位产品的固定成本；
(3) 确定目标利润率。
(4) 计算价格，计算公式为：

$$产品单位销售价格 = (单位固定成本 + 单位变动成本) \times (1 + 目标利润率)$$

**【例 6-15】** 某企业生产甲产品的变动成本为 10 元/件，标准产量为 500 000 件，总固定成本为 2 500 000 元。如果企业的目标成本利润率为 33.3%，则甲产品的售价该定为多少？

$$单位变动成本 = 10(元/件)$$
$$单位固定成本 = 2\,500\,000 / 500\,000 = 5(元/件)$$
$$单位总成本 = 10 + 5 = 15(元/件)$$
$$价格 = 15 \times (1 + 33.3\%) = 20(元)$$

因此甲产品的单位售价应定为 20 元。

**2. 变动成本定价法**

变动成本定价法是指按照产品的变动成本加上一定数额的边际贡献作为制定产品销售价格的依据。这种定价方法一般在卖主竞争激烈时采用，因为这时如果采取总成本加成定价法,必然会因为价格太高影响销售,出现产品积压。采用变动成本加成定价法,一般价格要低于总成本加成法,所以容易迅速扩大市场。这种定价方法,在产品必须降价出售时特别重要,因为只要售价不低于变动成本,说明生产可以维持;如果售价低于变动成本,就是生产越多亏本越多。其计算步骤如下:

(1) 确定产品的单位变动成本;
(2) 确定目标加成率;
(3) 计算价格。

如何确定附加于成本基础上的加成百分比,是成本加成定价法的核心问题。无论是采用完全成本加成定价法还是采用变动成本加成定价法,所确定的加成数除了能提供所需的利润外,均还需包含一部分成本项目。变动成本加成定价法的相关公式为

加成率=[(投资额×期望的投资报酬率)+固定成本]÷(产量×单位制造成本)

单位制造成本等于单位变动成本

则:产品单位销售价格=单位变动成本×(1+目标加成率)

【例 6-16】 假设某公司投资 1 000 000 元,每年产销 A 产品 50 000 件,其单位变动成本 25 元,固定制造费用 750 000 元,固定销售与管理费用每年 500 000 元。若该公司期望获得的报酬率为 20%,则采用变动成本加成定价法,其加成率计算如下:

加成率=[(1 000 000×20%)+(750 000+500 000)]÷(50 000×25)=116%

按此加成百分比计算,A 产品的目标售价为 25×(1+116%)=54(元)

## 6.3.2 产品最优售价决策

产品最优售价决策是指在同一产品的不同价格中挑选销路最好,盈利水平最高的产品价格。这是根据不同的产品销售价格与产品销售量的关系,计算其边际收入、边际成本和边际利润,从而选择获利最大的产品价格。产品最优售价决策的目的就是以边际贡献的理论来进行价格决策,从而获得最大利润。边际利润是指边际收入减去边际成本后的余额;边际收入就是每增加或减少一个单位产品销售量所引起的收入变动数额;边际成本就是每增加或减少一个单位产品销售量所引起的成本变动数额。边际利润就是边际收入与边际成本的差值。当边际收入等于边际成本,即边际利润等于零时,获利最大。

【例 6-17】 某企业生产和销售 A 产品(产销平衡),原定销售单价为 20 元,每月可售 300 件,单位变动成本为 10 元,固定成本为 1 000 元,如果销售价格逐步下调,其销售量及成本的预计数据如表 6-17 所示。

表 6-17 销售量及成本的预计数据

| 销售单价 | 预计销售量 | 单位变动成本 | 固定成本总额 |
| --- | --- | --- | --- |
| 20.00 | 300 | 10.00 | 1 000 |
| 19.50 | 350 | 10.00 | 1 000 |
| 19.00 | 400 | 10.00 | 1 000 |
| 18.50 | 450 | 10.50 | 1 000 |
| 18.00 | 500 | 10.50 | 1 500 |
| 17.50 | 550 | 11.00 | 1 500 |

请为该企业的产品作出最优售价的决策分析。边际利润计算如表 6-18 所示。

表 6-18 边际利润计算

| 销售单价 | 预计销量 | 销售总收入 | 边际收入 | 销售总成本 $y$ | | | 边际成本 | 边际利润 | 销售利润 |
| --- | --- | --- | --- | --- | --- | --- | --- | --- | --- |
| | | | | $a$ | $bx$ | $y$ | | | |
| 20 | 300 | 6 000 | 0 | 1 000 | 3 000 | 4 000 | 0 | 0 | 2 000 |
| 19.5 | 350 | 6 825 | 825 | 1 000 | 3 500 | 4 500 | 500 | 325 | 2 325 |
| 19 | 400 | 7 600 | 775 | 1 000 | 4 000 | 5 000 | 500 | 275 | 2 600 |
| 18.5 | 450 | 8 325 | 725 | 1 000 | 4 725 | 5 725 | 725 | 0 | 2 600 |
| 18 | 500 | 9 000 | 675 | 1 500 | 5 250 | 6 750 | 1 025 | −350 | 2 250 |
| 17.5 | 550 | 9 625 | 625 | 1 500 | 6 065 | 7 550 | 800 | −175 | 2 075 |

根据计算结果,当该产品的销售单价为 18.50 元时,边际收入等于边际成本,即 18.50 为产品的最优定价,此时的销量为 450 件,可为企业创造 2 600 元的利润。

### 6.3.3 特殊定价决策

在特殊条件下,需要实施特殊的定价决策。特殊定价的目的,在于扩大产品的销售数量,获得尽可能多的盈利。特殊定价决策是以特定的限制条件为前提的,在不同的特定限制条件下,特殊定价决策的方法也有所不同。

(1) 当企业有剩余生产能力,增加产品产量而不必增加固定成本时,只要产品的特殊定价大于其单位变动成本,即使低于其单位成本,也可以给企业增加利润。计算公式为

$$产品特殊定价 \geqslant 单位变动成本$$

(2) 当企业有剩余生产能力,但增加产品产量需要增加固定成本时,产品的特殊定价必须至少能够补偿其单位成本和单位产品应负担的新增固定成本之和,若定价超出这两者之和,便可以给企业增加利润。公式为

$$产品特殊定价 \geqslant \frac{特殊定价 \times 产品单位变动成本 + 新增固定成本}{特殊订货量}$$

(3) 当企业有剩余生产能力,增加产品产量不必增加固定成本,但会影响该种产品的正常销售数量时,产品的特殊定价除必须能够补偿其单位成本外,还应将由于减少该种产品正常销售数量而发生的机会成本考虑在内。公式为

产品特殊定价 $\geqslant$

$$\left[ 产品变动成本 + \frac{正常销售减少数量 \times (正常销售单价 + 单位产品变动成本)}{特殊订货量} \right]$$

(4) 当企业有剩余生产能力,但增加产品产量需要增加固定成本,同时会影响该种产品的销售数量时,产品的特殊定价除必须能够补偿其单位成本外,还应将由于减少该种产品正常销售数量而发生的机会成本和新增固定成本考虑在内。具体公式为

产品特殊定价 $\geqslant$

$$\left[ 产品单位变动成本 + \frac{正常销售减少数量 \times (正常销售单位 + 单位变动成本) + 新增固定成本}{特殊订货量} \right]$$

## 6.4 存货决策

存货是指企业在日常生产经营过程中为生产或销售而储备的物资。

企业持有充足的存货,不仅有利于生产过程的顺利进行,节约采购费用与生产时间,而且能够迅速地满足客户各种订货的需要,从而为企业的生产与销售提供较大的机动性,避免因存货不足带来的机会损失。然而,存货的增加必然要占用更多的资金,从而使企业付出更大的持有成本(即存货的机会成本),而且存货的储存与管理费用也会增加,从而影响企业获利能力的提高。因此如何在存货的功能(收益)与成本之间进行利弊权衡,在充分发挥存货功能的同时降低成本、增加收益、实现它们的最佳组合,成为了存货管理的基本目标。

### 6.4.1 存货成本管理

与储备存货有关的成本,包括以下三种:

**1. 取得成本**

取得成本是指为取得某种存货而支出的成本,其又分为订货成本和购置成本。

(1) 订货成本。订货成本是指取得订单的成本,如办公费、差旅费、邮资、电报电话费等支出。订货成本中有一部分与订货次数无关,如常设采购机构的基本开支等,称为订货的固定成本,用 $F_1$ 表示;另一部分与订货次数有关,如差旅费、邮资等,称为订货的变动成本。订货成本总额包括固定性订货成本和变动性订货成本。可用最小二乘法、高低点法及散布图法等进行分解。每次订货的变动成本用 $K$ 表示;订货次数等于存货年需要量($D$)与每次进货量($Q$)之商。订货成本的计算公式为

$$订货成本 = F_1 + \frac{D}{Q}K$$

【例 6-18】 某企业采购部门全年订货 12 次,订货成本为 5 000 元;全年订货 24 次,订货成本为 8 600 元。试将订货成本分解为固定性订货成本和变动性订货成本。

**解**:每次订货成本 $= \dfrac{高点的成本-低点的成本}{高点订货次数-地点订货次数} = \dfrac{8\,600-5\,000}{24-12} = 300(元/次)$

订货成本中的固定性订货成本 = 高(或低)点订货成本 −

高(或低)点订货次数 × 每次订货成本

$= 8\,600 - 24 × 300 = 1\,400(元)$

高点订货成本中的变动性订货成本 = 高点订货成本 − 订货成本中的固定性订货成本

$= 8\,600 - 1\,400 = 7\,200(元)$

低点订货成本中的变动性订货成本 = 低点订货成本 − 订货成本中的固定性订货成本

$= 5\,000 - 1\,400 = 3\,600(元)$

(2) 购置成本。购置成本是指存货本身的价值,经常用数量与单价的乘积来确定。年需要量用 $D$ 表示,单价用 $U$ 表示,于是购置成本为 $DU$。

订货成本加上购置成本,就等于存货的取得成本。其公式可表达为

取得成本＝订货成本＋购置成本＝订货固定成本＋订货变动成本＋购置成本

$$TC_a = F_1 + \frac{D}{Q}K + DU$$

**2. 储存成本**

储存成本是指为保持存货而发生的成本,包括存货占用资金所应计的利息（若企业用现金购买存货,便失去了现金存放银行或投资于证券本应取得的利息,视为"放弃利息"；若企业借款购买存货,便要支付利息费用,视为"付出利息"）、仓库费用、保险费用、存货破损和变质损失等,通常用 TC 来表示。

储存成本也分为固定成本和变动成本。固定成本与存货数量的多少无关,如仓库折旧,仓库职工的固定月工资等,常用 $F_2$ 表示。变动成本与存货的数量有关,如存货资金的应计利息、存货的破损和变质损失、存货的保险费用等。单位成本用 $K$ 来表示,用公式表达的储存成本为

储存成本＝储存固定成本＋储存变动成本

$$TC_c = F_2 + K_c \frac{Q}{2}$$

**3. 缺货成本**

缺货成本是指由于存货供应中断而造成的损失,包括材料供应中断造成的停工损失、产成品库存缺货造成的拖欠发货损失和丧失销售机会的损失（还应包括需要主观估计的商誉损失）；如果生产企业以紧急采购代用材料解决库存材料中断之急,那么缺货成本表现为紧急额外购入成本（紧急额外购入的开支会大于正常采购的开支）。缺货成本用 TG 表示。

如果以 TC 来表示储备存货的总成本,它的计算公式为

$$TC = TC_a + TC_c + TC_s = F_1 + \frac{D}{Q}K + DU + F_2 + K_c \frac{Q}{2} + TC_s$$

企业存货的最优化,需使上式 TC 值最小。

### 6.4.2 存货决策

存货的决策涉及四项内容：决定进货项目、选择供应单位、决定进货时间和决定进货批量。决定进货项目和选择供应单位是销售部门、采购部门和生产部门的职责。财务部门要做的是决定进货时间和决定进货批量（分别用 $T$ 和 $Q$ 表示）。按照存货管理的目的,需要通过合理的进货批量和进货时间,使存货的总成本最低,这个批量叫作经济批量。有了经济订货量,可以很容易地找出最适宜的进货时间。

与存货总成本有关的变量（即影响总成本的因素）很多,为了解决比较复杂的问题,有必要简化或舍弃一些变量,先解决简单的问题,然后再扩展到复杂的问题。这需要设立一些假设,在此基础上建立经济订货量的基本模型。

(1) 经济订货量基本模型。经济订货量基本模型需要设立的假设条件如下：

① 企业能够及时补充存货，即需要订货时便可立即取得存货。
② 能集中到货，而不是陆续入库。
③ 不允许缺货，即无缺货成本，TG 为零，这是因为良好的存货管理本来就不应该出现缺货成本。
④ 需求量稳定，并且能预测，即 $D$ 为已知常量。
⑤ 存货单价不变，不考虑现金折扣，即 $U$ 为已知常量。
⑥ 企业现金充足，不会因现金短缺而影响进货。
⑦ 所需存货市场供应充足，不会因买不到需要的存货而影响其他方面。

设立上述假设后，存货总成本的公式可以简化为

$$TC = F_1 + \frac{D}{Q}K + DU + F_2 + K_c \frac{Q}{2}$$

当 $F_1$、$K$、$U$、$F_2$、$K_c$ 为常数量时，TC 的大小取决于 $Q$。为了求出 TC 的极小值，对其进行求导，可得出下列公式：

$$Q^* = \sqrt{\frac{2KD}{K_c}}$$

这一公式为经济订货量基本模型，求出的每次订货批量，可使 TC 达到最小值。这个基本模型还可以演变为其他形式。

每年最佳订货次数公式：

$$N^* = \frac{D}{Q^*} = \sqrt{\frac{KD_c}{2K}}$$

与批量有关的存货总成本公式：

$$TC_{(Q^*)} = \frac{KD}{\sqrt{\frac{2KD}{K_c}}} + \sqrt{\frac{\frac{2KD}{K_c}}{2}} \cdot K_c = \sqrt{2KDK_c}$$

最佳订货周期公式：

$$t^* = \frac{1}{N^*} = \frac{1}{\sqrt{\frac{DK_c}{2K}}}$$

经济订货量占用资金：

$$I^* = \frac{Q}{2}U$$

【例 6-19】 某企业每年耗用某种材料 3 600 千克，该材料单位成本为 10 元，单位存储成本为 2 元，一次订货成本 25 元。相关计算如下：

$$Q^* = \sqrt{\frac{2KD}{K_c}} = \sqrt{\frac{2 \times 3\,600 \times 25}{2}} = 300(千克)$$

$$N^* = \frac{D}{Q^*} = \sqrt{\frac{KD_c}{2K}} = \frac{3\,600}{300} = 12(次)$$

$$TC_{(Q^*)} = \sqrt{2KDK_c} = \sqrt{2 \times 25 \times 3\,600 \times 2} = 600(元)$$

$$t^* = \frac{1}{N^*} = \frac{1}{12}(年) = 1(个月)$$

$$I^* = \frac{Q}{2}U = \frac{300}{2} \times 10 = 1\,500(元)$$

经济订货量也可以用图解法求得：先计算出一系列不同批量的各有关成本，然后在坐标图上描述出由各有关成本构成的订货成本线、储存成本线和总成本线，总成本线的最低点（或者是订货成本线和储存成本线的交点）相应的批量，即为经济订货量。不同批量下的有关成本指标如表6-19所示。

表6-19 不同订货批量下的有关成本指标

| 成本指标 | 批次 | | | | | |
|---|---|---|---|---|---|---|
| | 1 | 2 | 3 | 4 | 5 | 6 |
| 订货批量(kg) | 100 | 200 | 300 | 400 | 500 | 600 |
| 平均存量(kg) | 50 | 100 | 150 | 200 | 250 | 300 |
| 储存成本(元) | 100 | 200 | 300 | 400 | 500 | 600 |
| 订货次数(次) | 36 | 18 | 12 | 9 | 7.2 | 6 |
| 订货成本(元) | 900 | 450 | 300 | 225 | 180 | 150 |
| 总成本(元) | 1 000 | 650 | 600 | 625 | 680 | 750 |

不同批量的有关成本变动情况见图6-2。从以上成本指标的计算和图形中可以很清楚地看出，当订货批量为300千克时总成本最低，小于或大于这一批量都是不合算的。

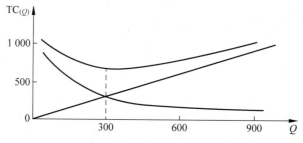

图6-2 不同批量的有关成本变动情况图

## 【思政案例分析】　　　　　　　餐馆行业中菜品定价的艺术

民以食为天，食以俭养德。习近平总书记近日再次强调要制止餐饮浪费行为。他指出，餐饮浪费现象，触目惊心、令人痛心！他强调，切实培养节约习惯，在全社会营造浪费可耻、节约为荣的氛围。

总书记的重要指示在全社会引发广泛共鸣，一场号召人们珍惜粮食、对餐饮浪费行为说"不"的行动正在全国开展：各地各部门出台举措建立长效机制；分餐制、半份菜、"N－1"点餐模式让"光盘行动"有的放矢；餐饮企业更是通过供给侧改革思维打造绿色厨房，让"光盘行动"再升级、更彻底。

一饱之需，何必八珍九鼎？三餐之盘，定要一干二净。勤俭节约一直是中华民族的传统美德。党的十八大以来,在党中央的大力倡导和有力推动下,"光盘行动"广泛开展,"舌尖上的浪费"现象有所改观,特别是群众反映强烈的公款餐饮浪费行为得到有效遏制。

但一些地方仍然存在餐饮浪费现象,一些人在餐饮消费中片面追求"上档次",用餐往往"只点贵的,不选对的";在婚丧嫁娶等聚餐活动中,"点得多、吃得少"现象依然大量存在;在一些单位、学校的食堂,食物浪费现象触目惊心。

盲目地追求"上档次","只选贵的"有悖于当前政策。让我们了解一下餐馆行业中菜品定价艺术。

现如今新开的饭馆有很多种的,有高端的和低端的,也有各种菜系的。但是各种菜品都是怎么定价的呢?给菜品定价的通常都是厨房人员,一般是根据他们长期在工作岗位中学习积累和自己总结出来的经验,以及对菜品的成本、销售量估计得出的。在这个行业中,应合理地给菜品订价格,若价格定得高了没人来,即使口感味道俱佳也难以持续经营;若价格定得太低了,因为是要靠菜品盈利的,要说跟批发似的走量,不太靠谱,而且还有人会认为,价格那么便宜会不会不好吃啊,价格低就是为了吸引人的,等等。

**1. 菜品定价的艺术**

给菜品定价格也是有学问的,在饭馆吃饭时可以发现很少有菜品价格是整数的,都是类似 32 元、38 元这样的,很少出现 30 元的,就餐人员就是奔着优惠来的,所以在定价上要看起来比较低。假如一道菜,开始定价为 30 元,并不好卖,调整后改为 32 元,反而更好卖了。因为这种定价方式会给客户一种潜意识的优惠感。其实价格根本没有下调反而上调了,所以很多餐厅的价格很少有整数。

**2. 毛利定价法**

毛利定价法是根据餐厅要求的毛利率来进行定价。这个毛利率是来自经营者的目标和经营中统计的平均水平。一般餐饮店的毛利率在 40%~60% 之间。然后菜品定价就可以根据这个公式算出来。这里的成本包括:可变成本(食材、调料、水费、电费、燃料费)和固定成本(工资、商店房租、生活费、员工住宿费)。

**3. 系数定价法**

这种定价法需要了解同地区、同档次、同类型的餐厅菜品价格和成本。

"菜品价格=成本×定价系数",即"定价系数=菜品价格÷成本"。例如:某菜品售价为 38 元,经计算它的成本为 15 元,那么定价系数是 2.5。

**4. 附加定价常数法**

此方法就是在系数定价法基础上加上附加定价常数,这个常数是根据菜品的销售份数来获得的。附加定价常数是生产和销售每份菜品所发生的固定费用(如能源、工资、租金)。

**5. 晕轮定价法**

"晕轮定价法"是一些聪明的餐馆老板经常使用的有效方法。什么是"晕轮定价法"呢?下面,用一个实际的事例加以说明。因市场消费滑坡,在广州的餐馆界曾经策划了"活螃蟹每斤 10 元"的新鲜事件,使一些商家从中尝到了甜头。10 元便可吃到一斤螃蟹的确是件令人惊喜的事,简直是太便宜了。然而,这是商业中的一条策略,这便是市场营销学上所讲的"晕轮效应"定价法。这种定价法的原理在于,店家将一种顾客关注率较高的商品价格订得很低,甚至低于成本来出售,以此产生"晕轮效应",使得顾客爱屋及乌,产生出对该店商品价格低的整体好感,从而促使店家的荣誉度不断提高,顾客盈门。

广州西贡食街一带的餐馆,是羊城首批推出"10元一斤的螃蟹"的店家。在这里,无论客人是否点其他菜,都可点"10元一斤的螃蟹"。这些餐馆供应给客人的螃蟹,都是按买来时的批发价格出售给客人吃,餐馆除了不赚钱可能还要略做补贴。其"诚"其"廉"确实吸引了大批食客蜂拥而至,纷纷前来尝鲜品奇,大饱口福。由于建立在"诚"的基础上,因而为店家树立了良好信誉,而信誉又为之带来更大的利润,收到了亏小赚大的效果。据这些餐馆老板介绍,他们的名气原来并不怎么响亮,月营业额仅在七万元左右。但自从做了这种"赔本"买卖后,使该食街一下子"赔"出了名气,从而客源猛增,最旺时月营业额达数十万余元。

### 6. 本量利综合定价法

本量利综合分析定价法是根据菜肴的成本、销售情况和赢利要求综合定价的。这种方法是把餐馆所供应的所有菜品根据销售量及其成本分类。

但是,在实际经营中,餐馆出售的菜品,两类都有,关键是经营者的市场嗅觉。选择任何一种方法都必须是综合考虑了客人的需求(表现为销售量)和餐馆成本、利润之间的关系,并根据成本越高、毛利应该越大;销售量越大,毛利越小这一原理定价的。菜品价格还取决于市场均衡价格。你的价格若高于市场价格,你就会吓跑客人;如果与此相反,那么你的餐馆就会吸引客人,但是若大大低于市场价格,你也会亏本。因此,在定价时,可以经过调查分析或估计,综合以上各因素,把菜品分类,加上适当的毛利。

总之,菜品定价,要避免餐厅常规的定价方式,也就是成本定价法。很多餐饮老板在制定菜品价格的时候都是采用成本定价法的。这种定价方法的弊端是,顾客可以通过倒推餐厅的成本进而推算出菜品的利润,这会让顾客觉得没有价值感,从而很难增加附加值。总之,菜品定价是一门学问,不是随随便便就能定好价格的,定高了,销量上不去;低了,不能赚钱、白忙活。只有掌握了顾客的消费心理,恰到好处地定价才能赢得不错的人气,提升营业额。

资料来源:定价决策——餐馆行业中菜品定价的艺术.管理会计知识汇[OL].[2019-05-27]

要求:根据上述思政案例内容,思考以下问题。

1. 在餐馆中盲目追求"上档次""只选贵的"有悖于当前习近平总书记提倡的勤俭节约的消费习惯,那么餐馆如果使用成本加成定价,如何才能让消费者点菜时趋于理性呢?

2. "晕轮定价法"的其"诚"其"廉"带来了信誉和名气,也带来了利润。此种消费观应该提倡吗?

3. 大学生如何做到对餐饮浪费行为说"不"?

## 【本章小结】

决策就是在充分考虑各种可能的前提下,人们基于对客观规律的认识,对未来实践的方向、目标、原则和方法做出决定的过程。管理会计中的决策分析指针对企业未来经营活动所面临的问题,由各级管理人员做出的有关未来经营战略、方针、目标、措施与方法的决策过程。短期经营决策指决策结果只会影响或决定企业近期(一年或一个经营周期)经营实践的方向、方法和策略;侧重于从资金、成本、利润等方面对如何充分利用企业现有资源和经营环境,以取得尽可能大的经济效益而实施的决策。企业在日常生产经营活动中面临着各种决策,在选择最佳方案时可采用一定的方法进行抉择,常用的方法包括差量分析法、边际贡献法、成本无差别点分析法和概率分析法等。

【在线测试题】 扫描书背面的二维码,获取答题权限。

扫描此码

在线自测

【思考题】

1. 什么是短期经营决策分析?
2. 企业为什么要进行短期经营决策分析?决策分析的类别分为哪些?一般程序是什么?
3. 试阐述经营决策分析成本的概念。
4. 生产经营决策分析常用的方法有哪些?
5. 如何进行存货项目的具体决策?

# 第7章

# 长期投资决策

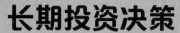

【思政名言集锦——劳动篇】

春种一粒粟，秋收万颗子。
四海无闲田，农夫犹饿死。

——李绅《悯农》

农月无闲人，倾家事南亩。

——王维《新晴野望》

种豆南山下，草盛豆苗稀。晨兴理荒秽，带月荷锄归。
道狭草木长，夕露沾我衣。衣沾不足惜，但使愿无违。

——陶渊明《归园田居·其三》

【学习目标】

通过本章学习：了解长期投资的概念和特点以及理解现金流量的含义；了解长期投资评价指标的内容和评价方法；掌握现金流量的估算方法；熟练运用各种投资决策指标进行投资决策评价分析，并具备投资决策风险分析的能力。

【引导案例】

### 新增生产线的可行性

某公司是一家制造与销售电缆线企业，近几年国内外市场销售都一直比较好。为了进一步提高企业的竞争能力，企业决定新增一条生产超微的电缆生产线。生产线投资120万元，为保证项目顺利实施需垫付流动资金5万元，项目有效期为8年，预计的净残值为0；项目投产后，年销售收入70万元，前三年的销售收入将以3%的速度增长，以后各年保持稳定不变；每年付现成本30万元，前三年的付现成本将以4%的速度增长，以后各年保持稳定；企业享有科技进步的所有政策，可采用年数总和法计提折旧，企业的所得税税率前三年免税，以后各年为25%，企业要求投资回报率为18%。运用投资评价指标计算相关数据，可判断此项目是否具有财务可行性。

## 7.1 长期投资概述

长期投资是指投入大量资金后,获取报酬或收益持续一年以上,并能在较长时间内影响企业经营和获利能力的投资。长期投资既包括长期对外投资,也包括长期对内投资。管理会计中的长期投资主要是指长期对内投资,投资对象主要包括固定资产投资和无形资产投资,其投资具有投资金额大,对以后影响时间长的特点。与长期投资有关的资金支出称为"资本性支出"。

### 7.1.1 长期投资的分类

为了加强长期投资的管理,提高投资效益,必须分清投资的性质,对投资进行科学分类。企业长期投资分类如下:

(1)根据投资在生产过程中的作用,长期投资分为新建企业投资、简单再生产投资和扩大再生产投资。新建企业投资是指为一个新企业建立生产、经营、生活条件所进行的投资,其特点是投入的资金通过建设形成企业的原始资产;简单再生产投资是指为了更新生产经营中已经老化的物质资源和人力资源所进行的投资,其特点是把原来生产经营过程中收回的资金再重新投入生产过程;扩大再生产投资是指为扩大企业现有的生产经营规模所进行的投资,其特点是追加资金投入,扩大企业资产的数量。

(2)根据对企业前途的影响,长期投资分为战术性投资和战略性投资。战术性投资是指不牵涉整个企业前途的投资,例如,为提高劳动生产率而进行的投资、为改善工作环境而进行的投资等;战略性投资是指对企业全局有重大影响的投资,例如,企业转产投资、增加新产品投资等,战略性投资一般所需资金多、回收时间长、风险大。

(3)根据投资项目之间的关系,长期投资分为相关性投资和非相关性投资。如果采纳或放弃某一项目并不显著地影响另一项目,则可以说这两个投资项目在经济上是不相关的。例如,一个制造公司在专用机床上的投资和它在某些办公设施上的投资,就是两个不相关的投资项目。如果采纳或者是放弃某个投资项目,可以显著地影响另一个投资项目,则可以说这两个投资项目在经济上是相关的。例如,对油田和输油管道的投资便属于相关性投资。

(4)根据决策的分析思路,长期投资分为采纳与否投资和互斥选择投资。采纳与否投资决策,是指决定是否投资于某一项目的决策,例如,是否要购入一台设备、是否要购入一块地皮、是否要建一栋厂房,这都属于采纳与否投资决策。在两个或两个以上的投资项目中,只能选择其中一个项目的决策,叫互斥选择投资决策,例如,是投资于股票还是投资于债券、是购买厂房还是租用厂房等都是属于互斥选择投资决策。

### 7.1.2 长期投资的特点

长期投资一般具有如下特点:

## 1. 长期投资的回收时间较长

长期投资决策一经作出，便会在较长时间内影响企业。一般的长期投资中的固定资产投资都需要几年甚至几十年才能收回，因此，固定资产投资对企业今后长期的经济效益，甚至对企业的命运都有着决定性的影响。这就要求企业进行长期投资时必须小心谨慎，认真地进行可行性分析。

**【政策研学 7-1】** 《管理会计应用指引第 501 号——贴现现金流法》

扫描此码

深度学习

## 2. 长期投资的变现能力较差

长期投资的实物形态主要是厂房和机器设备等固定资产，这些资产不宜改变用途，出售困难，变现能力较差。因此，长期投资一经完成，再想改变用途，要么无法实现，要么代价很大，所以，有人称长期投资具有不可逆转性。

## 3. 长期投资的实物形态与价值形态可以分离

长期投资完成，投入使用以后，随着机器设备的磨损和厂房的老化，固定资产价值便有一部分脱离其实物形态，转化为货币资金，而其余部分仍存在于实物形态中。在使用年限内，保留在固定资产实物形态上的价值逐年减少，而脱离实物形态转化为货币准备金的价值却逐年增加，直到固定资产报废，其价值才得到全部补偿，实物也得到更新。这样，固定资产的价值与实物形态又重新统一起来。这一特点说明，由于企业各种固定资产的新旧程度不同，实物更新时间不同，企业可以在某些固定资产需要更新之前，利用脱离实物形态的货币准备金去投资兴建固定资产，再利用新固定资产所形成的货币准备金去更新旧的固定资产，这样就可以充分发挥资金的使用效率。

## 4. 长期投资的次数相对较少

企业内部长期资产投资一般较少发生，特别是大规模的固定资产投资，一般要几年甚至几十年才发生一次。虽然发生次数少，但每次资金的投放量却比较多，对企业未来的财务状况有较大影响。根据这一特点，在进行长期投资时，可以用较多的时间进行专门的研究和评价，并要为长期投资做专门的筹资工作。

### 7.1.3 长期投资的程序

企业长期投资是财务管理中最重要的决策，一旦决策失误，就会严重影响企业的财务状况和现金流量,甚至会有导致企业破产的危险。因此,企业长期投资决策不能在缺乏调查研究的情况下轻易做出决定,必须按规定的程序,运用科学的方法进行可行性研究,以确保决策的正确、有效。企业长期投资决策的程序一般包括以下几个步骤:

### 1. 寻找并确定投资项目

企业各级领导者都可以提出新的投资项目。一般情况下,企业的高层领导提出的投资项目,大多数是大规模的战略性投资,其方案一般由生产、市场、财务等各方面专家组成的专门小组做出。基层或中层人员提出的主要是战术性投资项目,其方案由主管部门组织人员拟订。

### 2. 进行投资项目的评价

对投资项目进行评价,是可行性研究的核心内容。企业在确定可行性投资项目后,接下来就是分析、估测各个投资项目的成本、收益,并考虑与此相关的风险,为投资决策提供财务数据。然后采用一定的财务评价指标,对各个投资项目的风险和报酬做出评估,从而为选择最好的投资项目做准备。

**【政策研学 7-2】** 《管理会计应用指引第 502 号——项目管理》

扫描此码

深度学习

### 3. 对投资项目做出决策

投资项目经过评价后,企业领导要做最后的决策。投资额较小的项目,有时中层人员就有决策权;投资额较大的项目,一般由总经理做出决策;投资额特别大的项目,要由董事会甚至股东大会投票表决。估算投资方案的收益与风险和选择投资方案是投资决策过程中最主要的两个步骤。

### 4. 投资项目的实施

决定对某投资项目进行投资后,要积极筹措资金,实施投资。企业应当根据投资计划中指定的筹资方案,及时筹集足够的资金,以顺利实施投资方案。在投资项目实施过程中,要对工程进度、工程质量、施工成本进行控制,以便使投资按预算规定保质、如期完成。

### 5. 进行投资项目的监测

对投资项目进行监测,可以评价企业在选择投资方案过程中,对投资项目的收益、成本与风险的估算是否正确,是否要根据实际情况对投资计划加以修订和调整。例如在筹资过程中,如果资本市场发生剧烈变化,使得资金筹集困难或资本成本大幅度上升,从而使原先有利可图的投资方案变得无利可图,乃至亏损,那么企业就有必要调整其投资计划;在项目建设过程中,如果产品市场发生重大变化,原有的投资决策已经变得不合理,那么就要对投资决策是否中途停止做出决策,以避免重大的损失。

### 7.1.4 影响长期投资的因素

长期投资项目决策涉及的因素很多,主要应当考虑长期投资项目性质、现金流量和货币时间价值等因素。

**1. 货币时间价值**

货币的时间价值就是指当前所持有的一定量货币比未来获得的等量货币具有更高的价值。西方认为货币时间价值就是由于放弃现在使用货币的机会所得到的按放弃时间长短计算的报酬。货币时间价值的特点是:①货币时间价值的表现形式是价值的增值,是同一笔货币资金在不同时点上表现出来的价值差量或变动率;②货币的自行增值是在其被当作投资资本的运用过程中实现的,不能被当作资本利用的货币是不具备自行增值属性的;③货币时间价值量的规定性与时间的长短成同方向变动关系。

货币时间价值是在不考虑风险和通货膨胀条件下社会平均的资本利润率。由于货币时间价值的计算方法与利息的计算方法相同,很容易将货币时间价值与利息率相混淆。通行的利息率中通常都包括一定的风险价值和通货膨胀因素。只有在通货膨胀率很低的情况下,方可将几乎没有风险的政府债券的利息率视同于货币时间价值的相对数形式;货币时间价值的绝对量就是使用货币资本的机会成本或假计成本。为了便于理解货币时间价值的计算公式,我们假定利息、利息率或折现率可以在一定程度上代表货币的时间价值。

以银行存款为例,开始存入的本钱叫本金,它是计算利息的基础,利息是按照事先确定的利率和存款期的长短,通过一定方法计算出来的存款报酬,一定时期后的本金与利息的合计数叫本利和。显然:本金+利息=本利和,利息可以理解为货币时间价值。

在实务中,计算利息可分别按两种制度进行,一种是单利制,另一种是复利制。单利制是指当期利息不计入下期本金,从而不改变计息基础,各期利息额不变的计算制度;复利制是指当期未被支取的利息计入下期本金,改变计息基础,使每期利息额递增,利上生利的计息制度。在计算货币时间价值时必须执行复利制。

在扩大再生产的条件下,企业运用资本(资金)所取得的收益往往要再投入经营周转中去(至少要存入银行,参加社会资金周转),不使之闲置。这一过程与复利制的原理一致,因此,按复利制计算和评价企业货币时间价值比使用单利制要相对准确一些。在西方国家及国际贸易惯例中,也按复利制计算货币时间价值,以反映货币不断运动、不断增值的规律。因此,在长期投资决策考虑货币时间价值因素时,必须按复利制计算有关指标。

(1) 复利终值与复利现值的计算。在复利制条件下,将一次性收付款项在一定时间的起点发生的数额(如本金)称为复利现值,即该款项现在的价值,简记作 $P$;将一次性收付款在一定时间终点发生的数额(如本利和)称为复利终值,即该款项的终点价值,简记作 $F$。必须说明的是,复利现值与复利终值是同一笔资金在一收一付(或一付一收)不同时点上的两种表现形式,它们只有数额上的区别,并没有价值上的区别,而且与实际货币的先收后付或先付后收的时间顺序并没有必然的联系。

① 复利终值的计算。复利终值 $F$ 的计算公式为：

$$复利终值(F) = 本金 \times (1 + 利率)^{时期}$$

若复利终值记作 $F$，本金或复利现值记作 $P$，利率记作 $i$，期数记作 $n$，则：

$$F = P(1+i)^n$$

上式中的 $(1+i)^n$ 又叫一次性收(付)款项终值系数、复利终值系数、一元终值或终值因子，简称终值系数，记作 $(F/P, i, n)$，代表在已知 $P$、$i$ 和 $n$ 的情况下求 $F$ 所用的系数。故复利终值的计算公式也可用下式表示：

$$复利终值(F) = 复利现值 \times 终值系数 = P \cdot (F/P, i, n)$$

根据不同的 $i$ 和 $n$，计算出 $(1+i)^n$ 即 $(F/P, i, n)$ 的值列表即为复利终值系数表。单利终值与复利终值的区别如表 7-1 所示。

表 7-1　单利终值与复利终值的区别

| 各期末终值 | 单　利 | 复　利 |
| --- | --- | --- |
| 第 1 期 | $P(1+i)$ | $P(1+i)$ |
| 第 2 期 | $P(1+i)+Pi=P(1+2i)$ | $P(1+i)(1+i)=P(1+i)^2$ |
| 第 3 期 | $P(1+2i)+Pi=P(1+3i)$ | $P(1+i)^2(1+i)=P(1+i)^3$ |
| …… | …… | …… |
| 第 $n$ 期 | $P(1+ni)$ | $P(1+i)^n$ |

② 复利现值的计算。由复利终值(本利和)求复利现值(本金)的过程也叫折现，此时使用的利率 $i$ 又称折现率。折现是复利终值计算的逆运算。复利现值 $P$ 的计算公式为：

$$复利现值(P) = 复利终值 \times (1 + 利率)^{-时期} = F \times (1+i)^{-n}$$

上式中的 $(1+i)^{-n}$ 叫一次性收付款项现值系数、复利现值系数、一元现值或现值因子，简称现值系数，记作 $(P/F, i, n)$，代表在已知 $F$、$i$ 和 $n$ 的情况下求 $P$ 所用的系数。显然，终值系数与现值系数互为倒数。故复利现值的计算公式也可用下式表示：

$$复利现值(P) = 复利终值 \times 现值系数 = F \cdot (P/F, i, n)$$

利用复利现值系数表，可以很方便地查出它的系数值。在管理会计的长期投资决策中，必须熟练掌握复利现值的计算技巧。

【例 7-1】　张晔在第一年初(即零年时)一次性向银行存入 1 000 元定期存款，2 年存款到期时，如果年利率为 8%，到期连本带利可从银行取款多少？

$$\begin{aligned}张晔到期连本带利取款(复利终值) &= 1\,000 \times (1+8\%)^2 (8\%, 2\text{ 年复利终值系数}) \\ &= 1\,000 \times 1.166\,4 \\ &= 1\,166.4(元)\end{aligned}$$

【例 7-2】　李哲预计第 4 年末能够一次性从银行取得 10 000 元，年利率为 5%，按复利计算，目前这笔钱的价值是多少？

$$\begin{aligned}李哲目前这笔钱的价值 &= 10\,000 \times (1+5\%)^{-4} (5\%, 4\text{ 年复利现值系数}) \\ &= 10\,000 \times 0.822\,7 \\ &= 8\,227(元)\end{aligned}$$

③ 年金现值与年金终值的计算。年金(系列收付款项)是指某间隔相等时间，发生等

额的收(付)款项的行为。该等额款项称为年金,记作 $A$;系列的收(付)款折算成期末的价值称为年金终值,简记作 FV;系列的收(付)款折算成期初的价值称为年金现值,简记作 PV。

(2) 年金终值的计算。年金终值(FV)的计算公式为

$$年金终值 = 年金 \times [(1+利率)^{时期} - 1] / 利率$$

将年金终值记作 FV,年金记作 $A$,利率记作 $i$,期数记作 $n$,公式可转化为

$$FV = A \cdot (F/A, i, n) \quad (年金终值系数)$$

【例 7-3】 王洋从第一年末开始存款,每年末存入 5 000 元,共存入 5 年,如果银行利率为 8%,请问 5 年末,王洋能够从银行取得多少钱?

$$王洋 5 年末从银行取得的钱(FV) = 每年末存入的钱(A) \times (F/A, 8\%, 5)$$
$$= 5\,000 \times 5.866\,6$$
$$= 29\,333(元)$$

(2) 年金现值的计算。年金现值(PV)的计算公式为

$$年金现值 = 年金 \times [1 - (1+利率)^{-时期}] / 利率$$

将年金现值记作 PV,年金记作 $A$,利率记作 $i$,期数记作 $n$,公式可转化为

$$PV = A \cdot (P/A, i, n) \quad (年金现值系数)$$

【例 7-4】 徐刚预计第一年末开始,每年都能够获得 10 000 元收益,共 3 年,如果银行利率为 10%,请问这项收益目前价值多少?

$$徐刚收益的目前价值(PV) = 每年末获得的收益(A) \times (P/A, 10\%, 3)$$
$$= 10\,000 \times 2.486\,9$$
$$= 24\,869(元)$$

**2. 项目计算期**

项目计算期是指投资项目从投资建设开始到最终清理结束整个过程的全部时间,即该项目的有效持续期间,通常以年为单位。

完整的项目计算期包括建设期和生产经营期。其中建设期记作 $s(s \geq 0)$,建设期的第 1 年初(记作第 0 年)称为建设起点,建设期的最后一年(第 $s$ 年)年末称为投产日,若建设期不足半年,可假定建设期为零。项目计算期的最后一年年末(记作第 $n$ 年)称为终结点,假定项目最终报废或清理均发生在终结点(但更新改造除外)。从投产日到终结点之间的时间间隔称为生产经营期(记作 $p$),又包括试产期和达产(完全达到设计生产能力)期。这里的生产经营期应当是项目预计的经济使用寿命期,而并非物理意义上的续存期。就一般项目而言,若项目的实际寿命期超过 20 年,在进行投资决策时,可按 20 年计算;特殊项目计算期中的寿命期最长不超过 50 年。

项目计算期、建设期和生产经营期之间有以下关系成立,即

$$项目计算期(n) = 建设期 + 生产经营期 = s + p$$

**3. 原始总投资和现金流量**

(1) 原始总投资及其构成内容。原始总投资是一个反映项目所需现实资金水平的价值指标。从项目投资的角度看,原始总投资等于企业为使项目完全达到设计生产能力、开展正

常经营而垫支的全部现实资金。它包括建设投资和流动资金投资两项具体内容。

建设投资是指在建设期内按一定生产经营规模和建设内容进行的固定资产、无形资产和开办费等项投资的总和。其中固定资产投资可能与计算折旧的固定资产原值之间存在差异,原因在于固定资产原值可能包括应构成固定资产成本的建设期内资本化了的借款利息。两者的关系是:

$$固定资产原值 = 固定资产投资 + 建设期资本化借款利息$$

流动资金投资是指项目投产前后分次或一次投放于流动资产项目的投资增加额,又称垫支流动资金或营运资金投资。其计算公式为:

某年流动资金投资额(垫支数) = 本年流动资金需用额 − 截止上年的流动资金投资额

本年流动资金需用额 = 该年流动资产需用额 − 该年流动负债需用额

投资总额及其构成内容:投资总额是一个反映项目投资总体规模的价值指标,它等于原始总投资与建设期资本化利息之和。其中建设期资本化利息是指在建设期发生的与购建项目所需的固定资产、无形资产等长期资产有关的借款利息。

(2) 现金流量。企业投资决策中的现金流量是指与投资决策有关的现金流入和现金流出的数量。现金流入量是指某项目引起的现金流入的增加额,即以产品销售收入、营业外收入、项目终结时回收的固定资产余值和流动资金等形式体现的流入项目系统的现金。现金流出量是指某项目引起的现金流出的增加额,即以投资成本、经营成本、税金、营业外支出等形式体现的流出项目系统的现金。现金净流量是指相应的一定期间内的现金流入量与现金流出量的差额。这里的"现金"是广义的现金,不仅包括各种货币资金,而且还包括项目需要投入的企业拥有的非货币资产的变现价值。

使用现金流量作为评价投资项目经济效益的基础,具有以下优点:①现金流量的估算采用收付实现制,它以企业实际收到或付出的款项作为计算基础,避免了企业因使用权责发生制而出现的应收应付问题给企业计算收益带来的弊端;②利润在各年的分布受人为因素的影响,如存货的计价、折旧方法的选择和费用的摊配等有较大的主观随意性。而现金流量的分布不受这些人为因素的影响,可如实反映现金流量发生的时间与金额,保证方案评价的客观性;③现金流量概念使货币时间价值在计量企业的投资收益中得以应用,有利于企业的投资者更新观念;④在投资分析中,对项目效益的评价是以假设其收回的资金再投资为前提,使用现金流量比利润反映的盈亏状况更重要。

现金流量的构成:投资决策中的现金流量,一般分为初始现金流量、营业现金流量和终结现金流量三部分。

① 初始现金流量。初始现金流量是指开始投资时发生的现金流量,主要包括:购置设备、建造厂房和各种生产设施等固定资产的支出;购买专利使用权、商标使用权、土地使用权等无形资产的支出;项目投资前的筹建费用、培训费用、注册费用等相关费用的支出;垫支的流动资金支出,包括对材料、在产品、产成品等投资;原有固定资产的变价收入,即固定资产更新时原有固定资产的变价所得的现金收入;所得税影响,即固定资产更新项目变价收入的税赋损益。此外,出售资产时的资本利得(出售价高于原价或账面净值的部分)应缴纳所得税,构成现金流出量;出售资产时发生的损失(出售价低于原价或账面净值的部分)可以抵减当年所得税支出,少缴纳的所得税构成现金流入量。以上各项内容构成项目初始阶段现金流量。

**【例 7-5】** 假设某设备原价 100 000 元,已使用 5 年,设备净值为 50 000 元,所得税率为 25%。如果以 50 000 元出售此设备,所得税效应为 0,出售设备的净现金流量为 50 000 元。如果以 40 000 元出售此设备,出售旧设备的净现金流量为 42 500 元[40 000＋(50 000－40 000)×25%]。如果以 60 000 元出售,出售旧设备的净现金流量为 57 500 元[60 000－(60 000－50 000)×25%]。

② 营业现金流量。营业现金流量是指项目投入使用后,在寿命期内由于生产经营所带来的现金流入和流出的数量。现金流量一般是按年计算的。这里的现金流入一般指的是营业现金流入;现金流出是指营业现金流出(付现成本,即不包括折旧的成本)和交纳税金。营业现金流量可用下列公式计算:

$$营业现金流量 = 营业收入 - 付现成本 - 所得税$$
$$= 营业收入 - (营业成本 - 折旧) - 所得税$$
$$= 营业收入 - 营业成本 - 所得税 + 折旧$$
$$= 税后净利润 + 折旧$$

③ 终结现金流量。终结现金流量是指项目经济寿命终了时发生的非经营现金流量。主要包括:

固定资产残值变价收入以及出售时的税赋损益。出售时税赋损益的确定方法与初始投资时出售旧设备发生的税赋损益相同,如果固定资产报废时残值收入大于税法规定的数额,就应上缴所得税,形成一项现金流出量,反之则可抵减所得税,形成现金流入量。

垫支流动资金的收回。这部分资金不受税收因素的影响,税法将其视为资金的内部转移,就如同把存货和应收账款换成现金一样,因此,收回的流动资金仅仅是现金流量的增加。

当然,在营业期的最后一年仍然有生产经营的现金流入量和流出量,其计算方法和营业现金流量的计算方法一样。

## 7.2 长期投资决策评价方法

在投资决策中,估计项目的现金流量固然重要,但是现金流量的多少并不能告诉管理者该项目是否可行。因此,还需要采用一定的方法对投资项目进行分析和评价,从而做出决策。投资决策评价方法的种类很多,根据是否考虑货币的时间价值分为非贴现现金流量评价方法和贴现现金流量评价方法。

### 7.2.1 非贴现现金流量评价方法

非贴现现金流量评价方法是指不考虑货币时间价值的评价方法,也叫静态评价方法。具体包括:投资回收期法和平均报酬率法。

**1. 投资回收期法**

投资回收期是指收回初始投资所需要的时间,一般以年为单位来表示,是一种运用很广、很久的投资决策指标。投资回收期越短,说明投入资金的回收速度越快,所承担的投资风险越小。所以企业为了避免出现意外的情况,就要考虑选择能在短期内收回投资的方案。

投资回收期的计算,因每年的营业现金净流量(NCF)是否相等而有所不同。

(1) 如果每年的营业现金净流量相等,投资回收期可按下列公式计算:

$$投资回收期 = 项目原始投资支出 / 年净现金流量$$

(2) 如果每年的营业现金净流量不相等,投资回收期可按下列公式计算:

$$投资回收期 = 累计净现金流量开始出现正值的年份 - (+)$$
$$[上年累计净现金流量的绝对值 / 当年净现金流量]$$

投资回收期法进行计算回收的资金是现金,如果采用净利润则应加上各年的折旧。

投资回收期法的概念容易理解,计算也比较简单。但这一指标没有考虑现金流量发生的时间,同时也没有考虑回收期满后的现金流量状况。因此,单纯地运用投资回收期作为投资决策评价方法,不能准确反映投资方案的经济效益,有可能会形成错误决策。因此,在评价投资方案时,投资回收期一般只能作为辅助标准,必须和其他标准相结合,用以判断项目的可行性。

【例 7-6】 假设有两个方案的预计现金流量如表 7-2 所示,试计算回收期,比较优劣。

表 7-2 预计现金流量　　　　　　　单位:元

|  | 第 0 年 | 第 1 年 | 第 2 年 | 第 3 年 | 第 4 年 | 第 5 年 |
| --- | --- | --- | --- | --- | --- | --- |
| A 方案现金流量 | -10 000 | 4 000 | 6 000 | 4 000 | 4 000 | 4 000 |
| B 方案现金流量 | -10 000 | 4 000 | 6 000 | 6 000 | 6 000 | 6 000 |

两个方案的回收期相同,都是 2 年。如果用投资回收期进行评价,似乎两个方案不相上下,实际上 B 方案明显优于 A 方案。

### 2. 平均报酬率法

平均报酬率是指投资项目寿命期内平均的年投资报酬率,也称平均投资报酬率。年均报酬可用年均净利指标,也可用年均现金流量指标。计算公式如下:

$$投资报酬率 = \frac{年均净利(年均现金流量)}{初始投资额} \times 100\%$$

在采用平均报酬率指标时,应事先确定一个企业要求达到的平均报酬率,或称必要报酬率。在进行决策时,只有高于必要的平均报酬率的方案才能入选。而在有多个方案的互斥选择中,则应选择平均报酬率最高的方案。

【例 7-7】 某生产移动存储器公司的有关净收益和投资数据如表 7-3 所示。

表 7-3 净收益和投资额　　　　　　　单位:元

|  | 第 0 年 | 第 1 年 | 第 2 年 | 第 3 年 | 第 4 年 | 第 5 年 |
| --- | --- | --- | --- | --- | --- | --- |
| 设备投资 | 120 000 |  |  |  |  |  |
| 税后利润 |  | 58 872 | 71 412 | 73 524 | 75 900 | 37 818 |

$$投资报酬率 = \frac{(58\ 872 + 71\ 412 + 73\ 524 + 75\ 900 + 37\ 818) \div 5}{120\ 000} \times 100\% = 52.921\%$$

平均报酬率法的优点是简明、易算、易懂。投资报酬率法考虑了投资方案在其寿命周期内的全部收益状况和现金流量,从这一点上讲优于投资回收期法。其缺点是没有考虑货币的时间价值,第一年的现金流量与最后一年的现金流量被看作具有相同的价值。单纯地运用平均报酬率进行投资项目的决策,有时会作出错误的决策。在实际决策中可以配合其他方法加以运用。

### 7.2.2 贴现现金流量评价方法

贴现现金流量评价方法是指考虑了货币时间价值的评价方法,也叫动态评价方法。具体包括:净现值法、内含报酬率法和获利指数法。

**1. 净现值法(net present value,NPV)**

净现值是反映投资项目在建设和生产服务年限内获利能力的动态指标。一个项目的净现值是指该项目未来现金净流量的现值与投资额现值之间的差额。其计算公式为

净现值(NPV) = 未来现金净流量现值之和 − 投资额现值之和

$$NPV = \sum_{t=0}^{n} \frac{NCF_t}{(1+K)^t}$$

公式中:NPV——净现值;

$NCF_t$——第 $t$ 年的现金净流量;

$K$——贴现率(企业的资本成本或要求的报酬率);

$n$——项目的预计使用年限。

净现值的计算可按下列步骤进行:

(1) 计算每年的营业现金净流量和投资额。

(2) 用既定的贴现率将各年的现金净流量和投资额折算为现值。可以分为三步:第一步,将每年的营业现金净流量折算成现值。如果每年的 NCF 相等,则按年金法折算成现值。如果每年的 NCF 不相等,则先对每年的 NCF 进行折现,然后加以合计;第二步,将终结现金流量折算成现值;第三步,将投资额折算成现值。

(3) 将未来各年现金净流量的总现值减去投资额的总现值,计算出净现值。

【例 7-8】 对移动存储器生产项目的现金流量分析见表 7-4,假设贴现率为 10%,求各年净现值和项目净现值。

表 7-4 移动存储器项目净现值

| | 第 0 年 | 第 1 年 | 第 2 年 | 第 3 年 | 第 4 年 | 第 5 年 | 合计 |
| --- | --- | --- | --- | --- | --- | --- | --- |
| 现金净流量 | −219 000 | 81 672 | 89 112 | 94 374 | 94 156 | 111 452 | — |
| 贴现系数(10%) | 1 | 0.909 1 | 0.826 4 | 0.751 3 | 0.683 0 | 0.620 9 | — |
| 现金净流量现值 | −219 000 | 74 248 | 73 642 | 70 903 | 64 309 | 69 201 | 133 303 |

即:移动存储器项目净现值 = −219 000 + 74 248 + 73 642 + 70 903 + 64 309 + 69 201 = 133 303

影响项目净现值大小的因素有两个：项目的现金流量和贴现率。前者与净现值的大小呈同向变化，后者与净现值的大小呈反向变化。根据企业价值最大化的原则，利用净现值法进行项目决策的原则是：如果项目的净现值大于零，表明该项目投资获得的收益大于资本成本或投资者要求的收益率，则项目是可行的；反之项目应舍弃。若存在若干个净现值大于零的互斥方案，则应选择净现值最大的方案，或对净现值的大小进行排队，对净现值大的方案应优先考虑。

净现值法考虑了项目整个寿命期的各年现金流量的现时价值，反映了投资项目可获收益，在理论上较为完善。这一指标在应用中的主要难点是如何确定贴现率。在项目评价中，正确地选择贴现率至关重要，它直接影响到项目评价的结论。如果选择的贴现率过低，会导致一些经济效益较差的项目得以通过，从而浪费了有限的社会资源；如果选择的贴现率过高，会导致一些效益较好的项目不能通过，从而使有限的社会资源不能充分发挥作用。在实务中，一般有以下几种方法确定项目的贴现率：

① 以投资项目的资本成本作为贴现率。企业进行投资的目的是为了在未来获得一定的收益，这一收益应至少能抵偿为筹措资金而花费的各项成本。

② 以资本的机会成本作为贴现率。所谓资本的机会成本是指资金如果不用于兴建这个项目，而用于其他项目可能获得的投资收益率。这个收益率是确定该项目是否可以接受的最低收益率。

③ 根据不同阶段采用不同的贴现率。在计算项目建设期现金流量的现值时，以贷款的实际利率作为贴现率；在计算项目生产期现金流量的现值时，以全社会资金平均收益率作为贴现率。

④ 以行业平均收益率作为项目贴现率。

**2. 获利指数法（profitability index，PI）**

获利指数也称现值指数，是指未来现金净流量的现值与投资额现值的比率。其计算公式为：

获利指数（PI）＝未来现金净流量现值之和／投资额现值之和

获利指数实质上是净现值的一种变形。根据二者计算公式的区别和净现值对项目的取舍原则，我们不难得出获利指数法进行项目决策的规则：接受获利指数大于1的项目，放弃获利指数小于1的项目。若有多个投资方案备选，则应选择获利指数最大者。

【例7-9】 在例7-8中，根据未来现金净流量等相关数据，计算获利指数如下：

移动存储器项目获利指数＝(74 248＋73 642＋70 903＋64 309＋69 201)/219 000＝1.608 7

所以，项目获利指数＞1，该项目可选。

获利指数属于相对数指标，反映投资的效率，即获利能力。当备选方案的投资额不等且彼此之间相互独立时，可用获利指数法确定方案的优劣次序；若为互斥方案，当采用净现值法和获利指数法出现结果不一致时，应以净现值的结果为准。因为净现值是一个绝对指标，反映投资的效益，更符合财务管理的基本目标。

### 3. 内含报酬率法（internal rate of return，IRR）

内含报酬率也称为内部收益率，它与投资贴现率的选择无关，其目的是力图在项目内找出一个事先并不知道的贴现率，即项目净现值为零时的贴现率或项目现金净流量的现值之和与投资额的现值之和相等时的贴现率。

内含报酬率实际上反映了投资项目的真实报酬，目前越来越多的企业使用该项指标对投资项目进行评价。其计算公式为：

$$\text{未来现金净流量现值之和} - \text{投资额现值之和} = 0$$

或：

$$\sum_{t=0}^{n} \frac{\text{NCF}_t}{(1+\text{IRR})^t} = 0$$

内含报酬率的计算步骤如下：

（1）如果各年的现金净流量相等，初始投资在建设期一次投入，可以用年金求现值的方法计算。

第一步，计算年金现值系数。

$$\text{每年的 NCF} \cdot (P/A,\text{IRR},n) - \text{初始投资额} = 0$$

$$(P/A,\text{IRR},n) = \text{初始投资额}/\text{每年的 NCF}$$

第二步，查阅年金现值系数表，在相同的期数内，找出与上述年金现值系数相同的贴现率，或相邻近的较大和较小的两个贴现率。

第三步，根据上述两个相邻近的贴现率和年金现值系数，采用插值法计算该方案的内含报酬率。

【例 7-10】 某公司一投资方案原始投资 40 万元，项目有效期 5 年，项目投入生产经营后每年的净现金流量为 16 万元，计算内部报酬率。

首先计算净现值为 0 的现值系数

$$\text{根据：} \text{NPV}(\text{IRR}) = \sum_{t=0}^{n} \frac{\text{NCF}_t}{(1+\text{IRR})^t} = 0$$

年金现值系数 = 初始投资额/每年现金净流量

$$(P/A,\text{IRR},5) = 40/16 = 2.5$$

然后查年金现值系数表，在 $N=5$ 年找到与 2.5 最接近的两贴现系数和对应的贴现率，即 28% 和 30% 的贴现系数分别是 2.532 01 和 2.435 57，然后用内插法计算 IRR。

$$\text{IRR} = 28\% + \frac{2.532\ 01 - 2.5}{2.532\ 01 - 2.435\ 57} \times (30\% - 28\%) = 28.66\%$$

（2）如果每年的现金净流量不相等，内含报酬率的计算通常采用"逐年测试法"。首先估计一个贴现率，并按此贴现率计算净现值。如果计算出的净现值为正数，则表示估计的贴现率小于该项目的实际内含报酬率，应提高贴现率后再进一步测算；如果计算出的净现值为负数，则表示估计的贴现率大于该项目的实际内含报酬率，应降低贴现率后再进一步测算。经过如此反复测算，直至找到使净现值由正到负或由负到正的两个贴现率。然后根据上述两个邻近的贴现率，使用插值法计算出方案的内含报酬率。

【例 7-11】 根据移动存储器生产项目的现金流量分析,求内部收益率,如表 7-5 所示。

表 7-5 移动存储器项目内部收益率分析计算表 单位:元

|  | 第 0 年 | 第 1 年 | 第 2 年 | 第 3 年 | 第 4 年 | 第 5 年 |
|---|---|---|---|---|---|---|
| 现金净流量 | −219 000 | 81 672 | 89 112 | 94 374 | 94 156 | 111 452 |
| 贴现系数 $i_1=30\%$ | 1 | 0.769 23 | 0.591 72 | 0.455 17 | 0.350 13 | 0.269 33 |
| 累计净现值 $NPV_1$ | −219 000 | −156 175.45 | −103 446.10 | −60 489.89 | −27 523.05 | 2 494.32 |
| 贴现系数 $i_2=35\%$ | 1 | 0.740 74 | 0.548 70 | 0.406 44 | 0.301 07 | 0.223 01 |
| 累计净现值 $NPV_2$ |  | −158 502.28 | −109 606.53 | −71 249.16 | −42 901.61 | −18 046.70 |

采用插值法求内部收益:

$$IRR = 30\% + \frac{2\,494.32}{2\,494.32 + 18\,046.71} \times (35\% - 30\%) = 30.61\%$$

需要注意的是,投资项目的内含报酬率与资本的机会成本是不同的,内含报酬率是用来衡量项目的获利能力,它是根据项目本身的现金流量计算得出的;而资本的机会成本是用来衡量项目是否可行的切割率,它是根据同等风险项目投资最低收益率确定的。资本的机会成本与项目的内含报酬率计算无关,但与项目决策有关。

利用内含报酬率标准选择投资项目的基本原则是:若 IRR 大于项目的资本成本或投资最低收益率,接受该项目;反之则放弃。在有多个互斥项目的选择中,选用 IRR 最大的投资项目。

【思政经典案例】 北京首创股份有限公司加强现金管理,提升公司运营管理效率

扫描此码

深度学习

## 7.3 投资决策指标的运用

### 7.3.1 寿命期不等的互斥项目的投资决策

前面涉及的互斥项目都是有相同寿命期的项目。实际上企业进行投资决策时经常会在多个寿命期不等的互斥项目中作出选择。由于寿命期的不等,因而就不能对它们的净现值、内含报酬率和获利指数进行直接比较。为了使投资项目的各项指标具有可比性,必须设法使两个项目在相同的寿命周期内进行比较。下面举例加以说明。

【例 7-12】 某公司要在两个投资项目中选取一个,A 项目需要初始投资 160 000 元,每年产生 80 000 元的现金净流量,项目的使用寿命为 3 年,3 年后必须更新且无残值;B 项目需要初始投资 210 000 元,使用寿命为 6 年,每年产生 64 000 元的现金净流量,6 年后必须更

新且无残值。公司的资本成本为 16%，那么，公司该选用哪个项目呢？

两个项目的净现值计算如下：

$$A 项目的净现值(NPV) = 80\ 000 \times (P/A, 16\%, 3) - 160\ 000$$
$$= 80\ 000 \times 2.246 - 160\ 000$$
$$= 19\ 680(元)$$

$$B 项目的净现值(NPV) = 64\ 000 \times (P/A, 16\%, 6) - 210\ 000$$
$$= 64\ 000 \times 3.685 - 210\ 000$$
$$= 25\ 840(元)$$

项目的净现值表明 B 项目优于 A 项目，应选用 B 项目。但这种分析是不完全的，因为没有考虑两个项目的寿命是不相等的。如果采用 A 项目，在 3 年以后还要进行相同的投资，才能与 B 项目的寿命相同。为了使指标的对比更加合理，必须考虑对相同年度内的两个项目的净现值进行比较，或者是对两个项目的年均净现值进行比较，这便出现了进行合理比较的两种基本方法——最小公倍寿命法和等值年金法。

**1. 最小公倍寿命法**

使投资项目的寿命周期相等的方法是最小公倍寿命法。也就是说，求出两个项目使用年限的最小公倍数。对于例 7-12 的 A 项目和 B 项目，它们的最小公倍数是 6 年。由于 B 项目的净现值原来就是按 6 年计算的，所以不用调整。对于 A 项目，必须计算一个新的、假设项目要在第 0 年和第 3 年进行相同投资的净现值，具体计算如表 7-6 所示。

表 7-6　投资项目的现金流量表　　　　　　　　　　　　　单位：元

|  | 第 0 年 | 第 1 年 | 第 2 年 | 第 3 年 | 第 4 年 | 第 5 年 | 第 6 年 |
| --- | --- | --- | --- | --- | --- | --- | --- |
| 第 0 年投资的现金流量<br>第 3 年投资的现金流量 | -160 000 | 80 000 | 80 000 | 80 000<br>-160 000 | 80 000 | 80 000 | 80 000 |

计算 A 项目 6 年现金流量的净现值：

$$A 项目六年期的净现值 = 19\ 680 + 19\ 680 \times (P/F, 16\%, 3)$$
$$= 19\ 680 + 19\ 680 \times 0.641$$
$$= 32\ 295(元)$$

这时可以把两个项目的净现值进行比较，因为 A 项目的净现值是 32 295 元，而 B 项目的净现值是 25 840 元，因此，该公司应选择 A 项目。

对于以上两个项目来说，最小公倍寿命是 6 年。但在有些情况下，计算两个项目的最小公倍数是很麻烦的。例如，一个项目的寿命为 5 年，另一个项目的寿命为 9 年，那么，最小公倍寿命为 45 年。在这种情况下，应用最小公倍寿命法评价这两个项目，工作量非常大。

**2. 等值年金法**

等值年金法是将互斥项目的净现值按资本成本等额分摊到每年，求出项目每年的平均净现值，又叫年均净现值法。由于化成了年金，项目在时间上是可比的，而且从净现值转化为年金只是作了货币时间价值的一种等值交换，两种方法是等价的。因此，用等值年金法和

净现值法得出的结论应该是一致的。其计算公式为

$$\text{等值年金} = \frac{\text{NPV}}{(P/A, i, n)}$$

在例 7-12 中,两个项目的等值年金可以分别计算:

$$\text{A 项目的等值年金} = \frac{19\ 680}{(P/A, 16\%, 3)} = \frac{19\ 680}{2.246} = 8\ 762.24(\text{元})$$

$$\text{B 项目的等值年金} = \frac{25\ 840}{(P/A, 16\%, 6)} = \frac{25\ 840}{3.685} = 7\ 012.21(\text{元})$$

通过计算,项目 A 的等值年金比项目 B 大,所以公司应选用项目 A。这一计算结果与最小公倍寿命法计算的结果是一致的。

从以上分析可以看出,对寿命期不等的互斥方案进行决策时,无论是采用最小公倍寿命法还是等值年金法,都是建立在项目现金流年限相等的基础上进行的,这体现了评价方法在时间上的可比性。等值年金法计算简单,故在寿命期不等的互斥方案比较中较为常用。

### 7.3.2 固定资产更新改造决策

固定资产更新是在技术上或经济上不宜继续使用的旧资产,用新的资产更换或用先进的技术对原有设备进行局部改造。固定资产更新决策主要研究两个问题:一个是决定是否更新;另一个是决定选择什么样的资产进行更新。

更新决策不同于一般的投资决策。一般来说,更新设备并不改变企业的生产能力,不增加企业的现金流入,主要是现金流出,这就给采用贴现现金流量分析带来了困难,无论哪个方案都难以计算其净现值和内含报酬率。

通常,如果新旧设备未来使用年限相等,在分析时主要采用差额分析法,先求出对应项目的现金流量差额,再用净现值法对差额进行分析、评价。如果新旧设备的投资寿命期不相等,则分析时主要采用平均年成本法,以年成本较低的方案作为较优方案。

**1. 投资寿命期相等的更新决策——差额分析法**

在新旧设备未来使用年限相同的情况下,分析时普遍使用的方法是差额分析法,用以计算两个方案(出售旧设备购置新设备和继续使用旧设备)的现金流量之差以及净现值差额。如果净现值差额大于零,则购置新设备,否则继续使用旧设备。

**【例 7-13】** 某公司 5 年前以 100 000 元的价格购买了一台机器,预计使用寿命为 10 年,10 年后的残值为 10 000 元,直线法计提折旧。现在市场上有一种新机器,其性能及技术指标均优于原有设备。新机器价格为 150 000 元(包括安装费),使用寿命为 5 年。5 年内可以每年降低经营费用 50 000 元,5 年后无残值,直线法计提折旧。新机器投入后需增加净营运资本 12 000 元。

旧机器现在可以按 65 000 元出售,若公司所得税率为 25%,折现率为 15%。问该公司现在是否应该更新设备?

对这一问题的分析有两种可能的结果:一是继续使用旧机器;二是买新机器并卖旧机器。这两个结果公司只能择其一,因此构成互斥方案。公司的资产更新实际上是这两个互

斥方案的比较选择问题。以下分析它们的差额(增量)现金流量。

(1) 买新机器并卖旧机器所需投资支出：

| | |
|---|---|
| 购买新机器的费用 | 150 000 元 |
| 出售旧机器的市场价 | 65 000 元 |
| 出售旧机器税款增加 | 2 500 元(65 000－5 5 000)×25% |
| 净营运资本增加额 | 12 000 元 |
| 初始现金流量差额 | 99 500 元 |

(2) 项目寿命期内营业现金净流量差额：

新机器投入使用后，每年的经营成本比使用旧机器要少，此外，还有因新机器的折旧费增加而引起的所得税节约。具体计算如表 7-7 所示：

表 7-7　折旧费用影响所得税计算表　　　　　　　　　　　　单位：元

| | 第 1 年 | 第 2 年 | 第 3 年 | 第 4 年 | 第 5 年 |
|---|---|---|---|---|---|
| 税前经营成本节约 | 50 000 | 50 000 | 50 000 | 50 000 | 50 000 |
| 税后经营成本节约 | 37 500 | 37 500 | 37 500 | 37 500 | 37 500 |
| 新机器折旧额 | 30 000 | 30 000 | 30 000 | 30 000 | 30 000 |
| 旧机器折旧额 | 9 000 | 9 000 | 9 000 | 9 000 | 9 000 |
| 折旧差额 | 21 000 | 21 000 | 21 000 | 21 000 | 21 000 |
| 折旧税款节约 | 5 250 | 5 250 | 5 250 | 5 250 | 5 250 |
| 净营业现金流量差额 | 42 750 | 42 750 | 42 750 | 42 750 | 42 750 |

(3) 终结非营业现金净流量差额：

| | |
|---|---|
| 新机器预计净残值 | 0 元 |
| 旧机器预计净残值 | 10 000 元 |
| 净营运资本回收额 | 12 000 元 |
| 终结现金流量差额 | 2 000 元 |

公司使用新旧设备两互斥项目逐年现金净流量差额如表 7-8 所示：

表 7-8　新旧设备两互斥项目逐年现金净流量差额表　　　　　　单位：元

| | 第 0 年 | 第 1 年 | 第 2 年 | 第 3 年 | 第 4 年 | 第 5 年 |
|---|---|---|---|---|---|---|
| 净现金流量差额 | 99 500 | 42 750 | 42 750 | 42 750 | 42 750 | 44 750 |

当折现率为 15% 时，利用表 7-8 中现金净流量数据，可计算机器更新的差额净现值如下：

$$NPV = -99\,500 + 42\,750 \times (P/A, 15\%, 4) + 44\,750 \times (P/F, 15\%, 5)$$

$$= -99\,500 + 42\,750 \times 2.855\,0 + 44\,750 \times 0.497\,2$$

$$= 44\,800.95(元)$$

由于净现值是正的，说明资产更新比不更新时的获利能力大，应选择购买新机器，出售旧机器的方案。

上例中的资产更新决策并不改变企业的生产能力，不增加企业的现金流入，即使有少量的残值变价收入，也属于支出的抵减，而非实质上的流入增加。在这种情况下，往往将两个方案投资的差额(即购置新机器的投资减去出售旧机器的收入)作为更新的现金流出,每年的税后经营费用节约额视同现金流入,每年折旧差额的纳税减少额也视同现金流入。

**2. 投资寿命期不相等的更新决策——平均年成本法**

固定资产的平均年成本,是指该资产引起的现金流量的年平均值。如果不考虑货币时间价值,它是未来使用年限内的现金流出总额与使用年限的比值。如果考虑货币的时间价值,它是未来使用年限内现金流出总现值与年金现值系数的比值,即平均每年的现金流出。

【例7-14】 某公司目前使用的设备是4年前购置的,原始购价20 000元,使用年限10年,预计还可以使用6年,每年付现成本4 800元,期末残值800元。目前市场上有一种较为先进的设备,价值25 000元,预计使用10年,每年付现成本3 200元,期末无残值。此时如果以新设备更换旧设备,旧设备可作价8 000元。公司要求的最低投资收益率为14%,那么公司是继续使用旧设备,还是以新设备替代旧设备?(假设不考虑所得税因素)

如果不考虑货币的时间价值:

$$旧设备平均年成本 = \frac{8\,000 + 4\,800 \times 6 - 800}{6} = 6\,000(元)$$

$$新设备平均年成本 = \frac{25\,000 + 3\,200 \times 10}{6} = 9\,500(元)$$

如果考虑货币的时间价值:

$$旧设备平均年成本 = \frac{8\,000 + 4\,800 \times (P/A, 14\%, 6) - 800 \times (P/F, 14\%, 6)}{(P/A, 14\%, 6)}$$

$$= \frac{8\,000 + 4\,800 \times 3.888\,7 - 800 \times 0.455\,6}{3.888\,7}$$

$$= 6\,763(元)$$

$$新设备平均年成本 = \frac{25\,000 + 3\,200 \times (P/A, 14\%, 10)}{(P/A, 14\%, 10)}$$

$$= \frac{25\,000 + 3\,200 \times 5.216\,1}{5.216\,1}$$

$$= 7\,993(元)$$

上述计算表明,使用旧设备的年均成本现值比使用新设备年均成本现值低1 230(7 993 − 6 763)元,故公司应继续使用旧设备。

**【思政案例分析】 共享单车之倒下的町町单车、小鸣单车、酷骑单车**

"投资"(investment)指投资者当期投入一定数额的资金并期望在未来获得回报,所得回报应该能补偿当前的资金投入。从企业角度而言,投资包括实物投资(俗称对外投资,即固定资产、无形资产等投资)、证券投资(俗称对内投资,即股票、债券等投资)。从个人角度而言,投资可以是具体的创业投资也可以是对自身技能的投入,随着社会的发展,职场竞争越加激烈,职场人要学会对自己投资,以累积更多的就业资本并在未来获得更多的回报。但要注意,投资有风险,无论是企业还是个人,都要避免盲目投资,降低投资风险。近几年投资失败的案例中,共享单车行业是重灾区。

2017年初，共享单车以迅猛之势崛起，随后开始野蛮生长。然而一年之后，风口上的共享单车开始出现倒闭潮，先后有多家共享单车企业被曝押金无法退还。

这期间，经历了什么？一切要从两年前说起。

2015年6月，戴威的OfO收到了第一辆学生共享出来的单车，这标志着共享经济正式到来。

随后，伴随摩拜的入场，共享单车作为新的商业物种引得无数媒体轮番报道，共享单车持续升温。资本追捧也刺激着其他创业企业跃跃欲试，一时间，大街上出现了赤橙黄绿青蓝紫等各色共享单车，竞争激烈，OfO、摩拜的口水仗也使行业话题性十足。

2017年下半年，腾讯及阿里的加入使整个行业梯队分的更加明显，摩拜全面接入微信，OfO入驻支付宝，共享单车已不再单纯是"彩虹车"之间的较量，摩拜、OfO双寡头之下，留给其他平台的机会越来越少。

于是，倒闭潮开始来袭。2017年6月21日，3Vbike发布公告称，由于大量单车被盗，即日起停运，这距离其上线运营不过4个月。2017年8月2日，町町单车因非法集资、资金链断裂，被栖霞区工商局纳入异常企业经营名录。从"富二代"到"负二代"，前后不过8个月。2017年9月底，酷骑单车曝出资金链断裂、押金难退，多地运营单位与工商局失去联系，部分地区开始对酷骑单车进行清理。2017年11月，供应商和用户围堵了小蓝单车北京办公点要账、要押金，其中还有公司的调度维修员等员工讨工资，这种现象距离其上线运营不足一年。2017年，共享单车成为投资及创业圈一道最引人注意的风景线。

反思：创业不能跟风。

共享单车的价值不仅仅是盈利租金，还涉及大数据、线下交易入口、出行服务等领域，基于以上特征，共享单车市场不会出现小而精的企业，这要求共享单车企业的用户规模大，扩张速度快，必须是赛道前几名，行业本身就只允许有少数企业能存活，投资人也只看赛道前几名，这导致很多跟风小企业融资困难，不得不倒闭。

**要求**：根据上述思政案例内容，思考以下问题。

1. 结合本章长期投资决策步骤的相关知识点，请分析共享单车投资失败的原因。
2. 请结合共享单车跟风投资导致失败的原因，说说自己今后职业生涯应注意哪些问题。
3. 如果同学们毕业后选择自主创业，应避免哪些误区？

## 【本章小结】

长期投资是指涉及投入大量资金，获取报酬或收益持续时间超过一年以上，能在较长时间内影响企业经营获利能力的投资。根据投资在生产过程中的作用，长期投资分为新建企业投资、简单再生产投资和扩大再生产投资。根据对企业前途的影响，长期投资分为战术性投资和战略性投资。根据投资项目之间的关系，长期投资分为相关性投资和非相关性投资。根据决策的分析思路，长期投资分为采纳与否投资和互斥选择投资。其具有回收时间较长，变现能力较差，投资的实物形态与价值形态可以分离，投资的次数相对较少等特点。长期投资项目决策涉及的因素很多，主要应当考虑长期投资项目性质、现金流量和货币时间价值等因素。

【在线测试题】 扫描书背面的二维码,获取答题权限。

扫描此码

在线自测

【思考题】

1. 什么是现金流出量？什么是净现值？这两者存在什么关系？
2. 什么是年金？年金的现值与终值是如何计算的？
3. 什么是内部收益率,企业计算内部收益率的意义？
4. 什么是净现值？它的意义是什么？
5. 互斥项目的方案如何选择？

# 第8章

# 全面预算

---

【思政名言集锦——文明篇】

礼尚往来,往而不来,非礼也;来而不往,亦非礼也。

——《礼记·曲礼上》

君子以仁存心,以礼存心。仁者爱人,有礼者敬人。爱人者人恒爱之,敬人者人恒敬之。

——《孟子·离娄下》

不学礼,无以立。

——《论语·季氏》

---

【学习目标】

通过本章学习:了解全面预算的含义及作用;理解全面预算的构成体系及具体内容、编制原理及编制程序;掌握全面预算中各个具体预算的编制,能够编制一套完整的全面预算表格,并能区分各预算编制方法的优缺点及适用范围。

【引导案例】

## 华星公司全面预算管理

华星公司目前拥有三个全资子公司和十几个分支机构。近年来,华星公司逐步建立和完善了一套切合本企业实际的以财务管理为中心的企业经济运行新机制,把企业全面预算控制制度作为贯彻落实以财务管理为中心的基本制度。华星公司全面预算的编制按时间分为年度预算和月度预算。月度预算是为确保年度预算实现,经过科学地计划组织与分析,结合本企业不同时期动态的生产经营情况进行编制的。

具体明确六个要点:①预算编制原则:先急后缓、统筹兼顾、量入为出;②预算制程序:自上而下、自下而上、上下结合;③预算编制基础:集团年度预测目标;④预算编制重点:销售预算;⑤预算前提:企业方针、目标、利润;⑥预算指标的确定:年度预算经股东大会审议批准,月度预算经董事会审议批准。

全面预算编制紧紧围绕资金收支两条线,涉及企业生产经营活动的方方面面,将产供销、人财物全部纳入预算范围,每个环节都要做到位。在内容上,全面预算体系具体包括八个预算:资本性支出预算、销售预算、产量预算、采购预算、成本预算、各项费用预算、现金预算和总预算。

全面预算确定后,层层分解到各分厂、车间、部门、处、室,各部门再落实到每个人,从而使每个人都紧紧围绕预算目标来各负其责、各司其职。

全面预算实现了财务部门对整个生产经营活动的动态监控,加强了财务部门与其他部门之间的联系,尤其是财务部门与购销业务部门的沟通。全面预算控制制度的正常运行必须建立在规范的分析和考核基础上,财务部门依据某个时期(月度、年度)企业静态的会计资料和各部门会计派驻员掌握的动态经济信息,全面、系统地分析各部门预算项目的完成情况和存在的问题,并提出纠偏的建议和措施,报经总经理批准后,协同职能部门按程序对各部门的预算执行情况进行全面考核,经考核部门、责任人确认后兑现奖惩。

全面预算控制制度的实施,规范了企业生产经营活动的行为,将企业各项经济行动都纳入了科学的管理轨道,基本上在物资和货币资金及经营等方面实现了企业资金流、信息流、物流的同步控制,为企业进入市场、以市场为导向打下了基础。

## 8.1 全面预算概述

本节在介绍全面预算的定义和作用的基础上,讨论了全面预算体系的构成内容、编制期及编制程序。

### 8.1.1 全面预算的内容

为了实现企业的经营目标,保证企业最优决策方案的贯彻、执行,企业需要从其战略的角度,统筹安排各种资源。全面预算既是企业决策的具体化,又是对生产经营活动进行控制和考核的依据。全面预算与企业的经营决策和投资决策既相互联系,又相互作用,通过编制全面预算保证企业目标的实现,已是现代企业管理的大势所趋。

**1. 全面预算的含义**

全面预算(comprehensive budget)是指在预测与决策的基础上,按照企业既定的经营目标和程序,规划与反映企业未来的销售、生产、成本、现金收支等各方面活动,以便对企业特定计划期内全部生产经营活动有效地进行具体组织与协调,最终以货币为主要计量单位,通过一系列预计的财务报表及附表展示其资源配置情况的有关企业总体计划的数量说明。

预算是企业计划、协调和控制等职能得以实现的有效手段,是连接企业内部不同单位和部门及经济业务之间的桥梁和纽带。编制全面预算就是把涉及该企业战略目标的整套经济活动连接在一起,并规定了如何去完成目标的方法。例如,企业的销售部门按照预测的方法、预测目标销售量,然后通过市场销售预测,千方百计地增加产品销量,提高产品质量,降低产品成本，以保证目标销售量和目标利润的实现；生产部门根据销售部门确定的预计销售量，结合产品的期初、期末存量，计算出计划期的预计产量，并注意产量要适当；同时，采购部门根据计划期预计产量购进足够的合格材料，保证完成产品生产的需要；财务部门要根据以上各业务部门在计划期间的经济活动备好资金，保证为各业务部门在计划期间的经济活动备好资金，保证有足够的货币资金支付到期的债务，以及料、工、费和固定资产投资等方面的开支。因此，通过全面预算，企业可以把所有的经济活动协调起来，按预算体系进行经营管理，从而保证企业战略目标的实现。

【政策研学 8-1】　　　　《管理会计应用指引第 200 号——预算管理》

扫描此码

深度学习

**2. 全面预算的作用**

全面预算的作用主要表现在以下四个方面：

（1）明确工作目标。预算作为一种计划，规定了企业一定时期的总目标以及各级各部门的具体目标。这样就使各个部门能了解本单位的经济活动与整个企业经营目标之间的关系，明确各自的职责及努力方向，从各自的角度去完成企业总的战略目标。

（2）协调部门关系。全面预算把企业各方面的工作纳入了统一计划之中，促使企业内部各部门的预算相互协调、环环紧扣，从而达到平衡。在保证企业总体目标最优的前提下，组织各自的生产经营活动。例如，在以销定产的经营方针下，生产预算应当以销售预算为根据，材料采购预算必须与生产预算相衔接等。

（3）控制日常活动。编制预算是企业经营管理的起点，也是控制日常经济活动的依据。在预算的执行过程中，各部门应通过计量、对比，及时揭露实际脱离预算的差异原因，以便采取必要措施，消除薄弱环节，保证预算目标的顺利完成。

（4）考核业绩标准。企业预算确定的各项指标，也是考核各部门工作业绩的基本尺度。在评定各部门工作业绩时，要根据预算的完成情况，分析偏离预算的程度和原因，划清责任，奖罚分明，促使各部门为完成预算规定的目标而努力工作。

## 8.1.2　全面预算体系

全面预算体系（comprehensive budget systems）是由一系列预算按其经济内容及相互关系有序排列组成的有机体，主要包括经营预算、专门决策预算和财务预算三大部分。

**1. 经营预算**

经营预算（operating budgets）是指与企业日常业务直接相关、具有实质性的基本活动的一系列预算的统称,又叫日常业务预算。这类预算通常与企业利润表的计算有关,主要包括:①销售预算;②生产预算;③直接材料预算;④直接人工预算;⑤制造费用预算;⑥产品成本预算;⑦销售费用预算;⑧管理费用预算。这些预算大多以实物量指标和价值量指标分别反映企业收入与费用的构成情况。

**2. 专门决策预算**

专门决策预算(special budgets)是指企业不经常发生的、需要根据特定决策临时编制的一次性预算,又称特种决策预算。专门决策预算包括经营决策预算和投资决策预算两种类型。

**3. 财务预算**

财务预算(financial budgets)是指与企业现金收支、经营成果和财务状况有关的各项预算,主要包括:①现金预算;②财务费用预算[①];③预计利润表;④预计资产负债表。

这些预算以价值量指标总括反映经营预算和专门决策预算的结果。企业全面预算的各项预算前后衔接、互相钩稽,形成了一个完整的体系,它们之间的关系如图8-1所示。

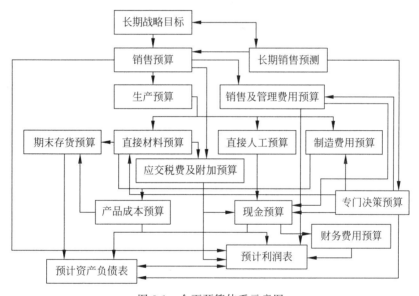

图 8-1 全面预算体系示意图

由图8-1可见,企业生产经营的全面预算,是以企业的经营目标为出发点,以市场需求的研究和预测为基础,以销售预算为主导,进而包括生产、成本和现金收支等各个方面,并且特别重视生产经营活动对企业财务状况和经营成果的影响,因此,整个预算体系是以预计的财务报表作为终结。

---

① 严格地讲,可以将财务费用预算划归经营预算的范畴,但由于该项预算必须在现金预算的基础上编制,因此本书将其划归于财务预算。

### 8.1.3 全面预算的编制期与编制程序

**1. 全面预算的编制期**

编制经营预算与财务预算的期间,通常以 1 年为期,这样可使预算期间与会计年度相一致,便于预算执行结果的分析、评价和考核。年度预算要有分季的数据,而其中的第一个季度,还应有分月的数据,当第二个季度即将来临的时候,又将第二个季度的预算数按月分解,提出第二个季度分月的预算数,按此顺序推进,在一个月内有关现金的预算数,还可按旬或按周进一步细分。至于资本支出的预算期则应根据长期投资决策的要求具体制定。

在预算编制的具体时间上,生产经营全面预算一般要在下一年度到来之前的 3 个月就着手编制,按规定进程由各级人员组织编、报、审等项工作,至年底要形成完整的预算并颁布下去。

**2. 全面预算的编制程序**

全面预算的编制工作是一项工作量大、涉及面广、时间性强、操作复杂的工作。为了保证预算编制工作有条不紊地进行,一般要在企业内部专设一个预算委员会负责预算编制并监督实施。预算委员会通常是由总经理,分管销售、生产、财务等方面的副总经理和总会计师等高级管理人员组成,其主要任务是:制定和颁布有关预算制度的各项政策;审查和协调各部门的预算申报工作;解决有关方面在编制预算时可能发生的矛盾和争执,批准最终预算并经常检查预算的执行情况。

企业预算的编制,涉及经营管理的各个部门,只有执行人均参与预算的编制,才能使预算成为他们自愿努力完成的目标。因此,预算的编制应采取自上而下、自下而上的方法,不断反复和修正,最后由有关机构综合平衡,并以书面形式向下传达,作为正式的预算落实到各有关部门。

全面预算编制的一般程序为:①在预测与决策的基础上,由预算委员会拟定企业预算总方针,包括经营方针、各项政策以及企业总目标和分目标,如利润目标、销售目标、成本目标等,并下发到各有关部门;②组织各生产业务部门按具体目标要求编制本部门预算草案;③由预算委员会平衡与协商调整各部门的预算草案,并进行预算的汇总与分析;④审议预算并上报董事会最后通过企业的综合预算和部门预算;⑤将批准后的预算下达给各级各部门执行。

## 8.2 预算的编制

### 8.2.1 销售预算

全面预算编制的起点是销售预算。销售预算是一个正式的财务计划,其根据销售预测为公司未来一定时期内的销售量和销售额制定目标,从而保证公司销售利润的实现。销售预测是依照以往经营业绩、经济形式、季节性因素、定价原则及市场调查而进行的销售量预测,它是公司编制销售预算的基础。如果没有销售预测,公司将无从知晓该生产多大量的产品,从而容易导致生产过剩或生产不足等问题。除此之外,若销售预测脱离实际情况将会给公司在原材料的采购甚至员工的雇佣等方面造成经济损失。由此可见,一份切合实际的销售预算及其销售预测是编制全面预算的奠基石。根据销售预测确定未来期间预计的销售量和销售单价后,可求出预计销售收入:

$$预计销售收入 = 预计销售量 \times 预计销售单价$$

【例 8-1】 蓝海公司是以加工定制零件为主业的小型制造企业,20×8 年底接到了来自 B 企业 20×9 年生产 4 600 件某种专业配件的订单。蓝海公司的经理预计,如果接下该订单,公司将再无剩余生产能力生产其他产品。根据合同规定,该专业配件的价格是 1 200 元/件,蓝海公司需按季度向客户交货,四个季度的供货量分别为 800 件、1 100 件、1 500 件和 1 200 件。合同规定的付款方式为:每个季度的货款应在当季支付 60%,其余 40% 在下一季度支付。目前,B 企业尚欠蓝海公司 50 万元货款,预计将在当年第一季度付清。据此,蓝海公司编制 20×9 年销售预算如表 8-1 所示。

表 8-1 蓝海公司 20×9 年度销售预算

| 季 度 | 第一季度 | 第二季度 | 第三季度 | 第四季度 | 全年 |
| --- | --- | --- | --- | --- | --- |
| 预计销售量 | 800 | 1 100 | 1 500 | 1 200 | 4600 |
| 预计单价 | 1 200 | 1 200 | 1 200 | 1 200 | 1200 |
| 销售收入 | 960 000 | 1 320 000 | 1 800 000 | 1 440 000 | 5 520 000 |
| 预计现金收入 | | | | | (单位:元) |
| 期初应收账款 | 500 000 | | | | 500 000 |
| 第一季度 | 576 000 | 384 000 | | | 960 000 |
| 第二季度 | | 792 000 | 528 000 | | 1 320 000 |
| 第一季度 | | | 1 080 000 | 720 000 | 1 800 000 |
| 第四季度 | | | | 864 000 | 864 000 |
| 现金收入合计 | 1 076 000 | 1 176 000 | 1 608 000 | 1 584 000 | 5 444 000 |
| 预计年末应收账款 | | | | | (单位:元) |
| 期初应收账款 | | | 500 000 | | |
| 加:预计全年销售收入 | | | 5 520 000 | | |
| 减:预计全年收回货款 | | | 5 444 000 | | |
| 期末应收账款 | | | 576 000 | | |

## 8.2.2 生产预算

销售预算和销售预测一旦编制完成以后,就可以着手进行生产预算了。生产预算是一种根据预计销售量和预计期末存货,为未来一定时期内产量而编制的计划。如果没有生产预算,公司将有可能无法满足预计的销售量或者生产不必要的产品。因此,公司必须同时对总产量及期末库存进行预测,要完成该预测,就必须涉及期初库存。计算公式如下:

$$预计生产量 = 总需求量 - 预计期初存货$$
$$= 预计销售量 + 预计期末存货 - 预计期初存货$$

以生产预算为基础,可进而编制直接材料预算、直接人工预算、制造费用预算。

**【例 8-2】** 续【例 8-1】蓝海公司预计,为保证供货的连续性,预算期内各季度的期末产品库存量应达到下期销量的 20%,同时根据 B 企业与蓝海公司的长期合作关系来看,蓝海公司预算年末的产品库存量应维持在和年初一致的水平,约为 200 件,才能保证及时向 B 企业供货。据此,蓝海公司编制 20×9 年度生产预算,如表 8-2 所示。

表 8-2 蓝海公司 20×9 年度生产预算

| 季 度 | 第一季度 | 第二季度 | 第三季度 | 第四季度 | 全年 |
| --- | --- | --- | --- | --- | --- |
| 预计销售量 | 800 | 1100 | 1500 | 1200 | 4600 |
| 加:预计期末产品库存 | 220 | 300 | 240 | 200 | 200 |
| 减:预计期初产品库存 | 200 | 220 | 300 | 240 | 200 |
| 预计生产量 | 820 | 1180 | 1440 | 1160 | 4600 |

### 8.2.3 直接材料预算

直接材料预算是一种为了满足预计生产量和预计直接材料库存的需要而对未来一定时期内原材料采购的数量和金额进行预测的计划。如果没有直接材料预算,公司将有可能因为原材料供应不足而导致减产,或者囤积超过实际需求量的原材料。不论哪种情况,都将给公司造成一定的经济损失。

直接材料采购预算编制的依据,主要是:

① 生产预算的每季预计生产量;
② 单位产品的材料消耗定额;
③ 计划期间的期初、期末存料量;
④ 材料的计划单价;
⑤ 采购材料的付款条件等。

编制直接材料采购预算时首先应按材料类别根据下列公式分别计算出预计购料量:

预计购料量 = 生产需要量 + 计划期末预计存料量 − 计划期初存料量

然后,分别乘以各类材料的计划单价,求得预计购料成本。在实际工作中,直接材料采购预算往往还附有计划期间的"预计现金支出计算表",用以计算预算期内为采购直接材料而支付的现金数额,以便编制现金预算。

直接材料采购预算的程序如下:

(1) 计算某种直接材料的预计购料量:

预计购料量 = 生产需要量 + 计划期末预计存料量 − 计划期初存料量

(2) 计算预算期某种直接材料的采购成本:

材料采购成本 = 该材料单价 × 该材料预计购料量(其中:材料单价不含增值税)

(3) 计算预算期所有材料采购的总成本。
(4) 计算预算期发生的与材料采购总成本相关的增值税进项税额:

某预算期增值税进项税额 = 材料采购总成本 × 增值税税率

(5) 计算预算期含税采购金额:

某预算期采购金额 = 采购总成本 + 进项税额

(6) 计算预算期内的采购现金支出：

　　某预算期采购现金支出＝该期现购材料现金支出＋该期支付前期的应付账款

(7) 计算预算期末应付账款余额：

　　预算期末应付账款余额＝预算期初应付账款余额＋

　　该期含税采购金额－该期采购现金支出

**【例 8-3】** 续【例 8-2】蓝海公司生产该配件主要使用的是一种合金材料，每件产品的耗用量为 5 公斤。该种合金材料蓝海公司一直以每千克 200 元的价格跟 C 企业定购，双方约定，购货款在购货当季和下一季各付一半。目前，蓝海公司尚欠 C 企业货款 400 000 元，预计在当年第一季度付清。公司为保证生产的连续性，规定预算期内各期的材料库存量应达到下期生产需要量的 10%，同时规定各年末的预计材料库存应维持在 600 千克左右。蓝海公司编制 20×9 年度直接材料预算如表 8-3 所示。

表 8-3　蓝海公司 20×9 年度直接材料预算

| 季　　度 | 第一季度 | 第二季度 | 第三季度 | 第四季度 | 全年 |
| --- | --- | --- | --- | --- | --- |
| 预计生产量 | 820 | 1 180 | 1 440 | 1 160 | 4 600 |
| 单位产品材料用量 | 5 | 5 | 5 | 5 | 5 |
| 生产需用量 | 4 100 | 5 900 | 7 200 | 5 800 | 23 000 |
| 加：预计期末材料库存 | 590 | 720 | 580 | 600 | 600 |
| 减：预计期初材料库存 | 600 | 590 | 720 | 580 | 600 |
| 预计材料采购量 | 4 090 | 6 030 | 7 060 | 5 820 | 23 000 |
| 材料单价 | 200 | 200 | 200 | 200 | 200 |
| 预计采购金额 | 818 000 | 1 206 000 | 1 412 000 | 1 164 000 | 4 600 000 |

预计现金支出　　　　　　　　　　　　　　　　　　　　　　（单位：元）

| 季　　度 | 第一季度 | 第二季度 | 第三季度 | 第四季度 | 全年 |
| --- | --- | --- | --- | --- | --- |
| 期初应付账款 | 400 000 | | | | 400 000 |
| 第一季度 | 409 000 | 409 000 | | | 818 000 |
| 第二季度 | | 603 000 | 603 000 | | 1 206 000 |
| 第三季度 | | | 706 000 | 706 000 | 1 412 000 |
| 第四季度 | | | | 582 000 | 582 000 |
| 合计 | 809 000 | 1 012 000 | 1 309 000 | 1 288 000 | 4 418 000 |

预计年末应付账款　　　　　　　　　　　　　　　　　　　　（单位：元）

| | |
| --- | --- |
| 期初应付账款 | 400 000 |
| 加：预计全年采购金额 | 4 600 000 |
| 减：预计全年支付金额 | 4 418 000 |
| 期末应付账款 | 582 000 |

## 8.2.4　直接人工预算

直接人工预算是为未来一段时间内直接人工费用而定的一种预算。它和直接材料预算一样，也是在预计生产量的基础上制定的。

直接人工预算是根据生产预算中的预计生产量、标准单位或金额所确定直接人工工时、小时工资率进行编制的。直接人工预算可以反映预算期内人工工时的消耗水平和人工成本。

直接人工预算的基本编制程序如下：
(1) 计算某种产品消耗的直接人工工时：
   某产品消耗的直接人工工时＝单位产品工时定额×该产品预计产量
(2) 计算某产品耗用的直接工资：
   某产品耗用的直接工资＝单位工时工资×该产品消耗的直接人工工时
(3) 计算某种产品计提的福利费等其他直接费用：
   某种产品计提的其他直接费用＝某产品耗用的直接工资×计提标准
(4) 计算预算期某产品的直接人工成本：
   预算期某产品的直接人工成本＝该产品耗用的直接工资＋计提的其他直接费用
(5) 计算预算期直接人工成本现金支出：
   直接人工成本现金支出＝直接工资＋计提的其他直接费用×支付率

【例 8-4】 续【例 8-3】蓝海公司生产一件配件大约需要 7 个工时，依据目前企业与工人签订的劳动合同规定，每工时需要支付工人工资 10 元。因此，蓝海公司制定了 20×9 年度直接人工预算，如表 8-4 所示。

表 8-4 蓝海公司 20×9 年度直接人工预算

| 季　　度 | 第一季度 | 第二季度 | 第三季度 | 第四季度 | 全年 |
| --- | --- | --- | --- | --- | --- |
| 预计生产量 | 820 | 1 180 | 1 440 | 1 160 | 4 600 |
| 单位产品工时 | 7 | 7 | 7 | 7 | 7 |
| 人工总工时 | 5 740 | 8 260 | 10 080 | 8 120 | 32 200 |
| 每小时人工成本 | 10 | 10 | 10 | 10 | 10 |
| 人工总成本 | 57 400 | 82 600 | 100 800 | 81 200 | 322 000 |

### 8.2.5 制造费用预算

制造费用预算是一种对预计制造费用的支出而制定的预算，如厂房的租赁费、车间管理费及维修费等。考虑到制造费用的复杂性，为简化预算的编制，通常按成本性态将制造费用分为变动性制造费用和固定性制造费用。

计算公式如下：

预计制造费用＝预计变动性制造费用＋预计固定性制造费用
　　　　　　＝预计业务量×预计变动性制造费用分配率＋预计固定性制造费用

【例 8-5】 续【例 8-4】蓝海公司预计 20×9 年度可能会发生的制造费用有：辅助材料与水电费为变动费用，每工时分别为 3 元和 2 元；车间管理人员工资和设备折旧费为固定费用，估计每季度的开支总额分别为 10 000 元和 15 250 元；设备维护费为混合成本，每季度要进行一次基本维护，费用大约为 15 000 元，日常维护费用则与开工时数有关，估计每工时的维护费约为 2 元，则蓝海公司编制了制造费用预算，如表 8-5 所示。

表 8-5　蓝海公司 20×9 年度制造费用预算

| 季　　度 | 第一季度 | 第二季度 | 第三季度 | 第四季度 | 全年 |
|---|---|---|---|---|---|
| 变动制造费用 | | | | | （单位：元） |
| 人工总工时 | 5 740 | 8 260 | 10 080 | 8 120 | 32 200 |
| 辅助材料(3元/工时) | 17 220 | 24 780 | 30 240 | 24 360 | 96 600 |
| 水电费(2元/工时) | 11 480 | 16 520 | 20 160 | 16 240 | 64 400 |
| 设备维护费(2元/工时) | 11 480 | 16 520 | 20 160 | 16 240 | 64 400 |
| 合计 | 40 180 | 57 820 | 70 560 | 56 840 | 225 400 |
| 固定制造费用 | | | | | （单位：元） |
| 管理人员工资 | 10 000 | 10 000 | 10 000 | 10 000 | 40 000 |
| 设备折旧费 | 15 250 | 15 250 | 15 250 | 15 250 | 61 000 |
| 设备维护费 | 15 000 | 15 000 | 15 000 | 15 000 | 60 000 |
| 合计 | 40 250 | 40 250 | 40 250 | 40 250 | 161 000 |
| 预计现金支出 | | | | | （单位：元） |
| 变动制造费用合计 | 40 180 | 57 820 | 70 560 | 56 840 | 225 400 |
| 固定制造费用合计 | 40 250 | 40 250 | 40 250 | 40 250 | 161 000 |
| 减：设备折旧费 | 15 250 | 15 250 | 15 250 | 15 250 | 61 000 |
| 现金支出额 | 65 180 | 82 820 | 95 560 | 81 840 | 325 400 |

## 8.2.6　产品成本预算

产品成本预算，是指为规划一定预算期内每种产品的单位产品成本、生产成本、销售成本等内容而编制的一种日常业务预算。产品成本预算是生产预算、直接材料预算、直接人工预算、制造费用预算的汇总，即产品成本预算主要依据生产预算、直接材料预算、直接人工预算、制造费用预算等汇总编制。产品成本预算的主要内容是产品的总成本与单位成本。其中，总成本又分为生产成本、销售成本和期末产品库存成本。

### 1. 产品成本预算的编制

在变动成本法下，如果产成品存货采用先进先出法计价，则产品成本预算的编制程序为：①估算每种产品预算期预计发生的单位生产成本；②估算每种产品预算期预计发生的生产成本；③估算每种产品预算期的预计产品生产成本；④估算每种产品预算期预计的产品销售成本。相关计算公式如下：

某种产品某期预计发生的产品生产成本＝该产品该期预计耗用全部直接材料成本＋该产品该期预计耗用直接人工成本＋该产品该期预计耗用变动性制造费用

某种产品某期预计产品生产成本＝该种产品该期预计发生产品生产成本＋该产品在产品成本期初余额－该产品在产品成本期末余额

本期预计产品销售成本＝本期预计产品生产成本＋产成品成本期初余额－产成品成本期末余额

**2. 产品成本预算的执行**

产品成本预算的执行情况对企业预算期的经济效益具有重大的影响。企业界有句名言是"利在于本",其中心意思是说,"企业利润获得的关键在于成本控制"。成本决定利润,降本才能增效。通常在收入一定的情况下,成本是决定企业经济效益的关键因素。在产品质量相同的条件下,产品价格的高低是决定企业市场竞争力的主要因素,而决定产品价格高低的就是产品成本的高低。因此,产品成本预算执行情况的好坏,反作用于销售预算的执行。加强成本管理是企业经营的永恒主题,也是企业预算管理的重点。产品成本预算执行的关键在于把握各项生产活动的"指令、实施、控制、核算、考核"五个基本环节。

(1) 指令:主要是指产品生产指令,生产部门必须按企业生产指挥中心下达的生产指令从事产品生产活动。产品生产指令是根据销售订单及产品成本预算编制的,其内容包括产品生产的品种、规格、数量、质量、时间要求,也包括产品生产的材料消耗定额、费用定额等成本控制指标。

(2) 实施:是指生产单位必须按照产品生产指令组织生产和控制成本,杜绝自行安排产品生产活动的行为发生。

(3) 控制:产品生产指令是生产部门控制产品生产消耗的依据,也是物资管理部门控制生产领用材料的依据。

(4) 核算:是指财务部门要按照成本预算的口径对产品生产成本进行责任核算,反馈产品成本预算的执行结果。

(5) 考核:是指企业预算管理部门对产品成本预算的执行结果进行定期考核,依据考核结果进行奖惩兑现。

【例 8-6】 续【例 8-3】、【例 8-4】、【例 8-5】蓝海公司根据直接材料、直接人工、制造费用三项预算,根据 20×9 年度预计销售量和期末产品库存情况,编制 20×9 年度成品成本预算,如表 8-6 所示。

表 8-6 蓝海公司 20×9 年度产品成本预算

| 成本项目 | 单位产品成本 | | | 生产成本 4 600 件 | 期末存货 200 件 | 销售成本 4 600 件 |
|---|---|---|---|---|---|---|
| | 价格 | 投入量 | 成本 | | | |
| 直接材料 | 200 | 5 | 1 000 | 4 600 000 | 200 000 | 4 600 000 |
| 直接人工 | 10 | 7 | 70 | 322 000 | 14 000 | 322 000 |
| 变动制造费用 | 7 | 7 | 49 | 225 400 | 9 800 | 225 400 |
| 固定制造费用 | 5 | 7 | 35 | 161 000 | 7 000 | 161 000 |
| 合计 | — | — | 1 154 | 5 308 400 | 230 800 | 5 308 400 |

注:单位产品固定制造费用 $=\dfrac{161\,000}{32\,200}=5(元)$。

### 8.2.7 销售及管理费用预算

销售及管理费用预算是一种对未来一定时期内各类销售及管理费用进行预测而制定的预算,如销售人员的工资及提成。在销售及管理费用预算里,有很大一部分的预算与销售预算息息相关,因此,销售及管理费用预算与销售预算在一定程度上有联系。

和其他预算一样,销售及管理费用预算是为了更好地对公司的财务进行控制,在每个会计周期的期末将该预算与实际的费用支出对比以后,就能得出差别,如果差别过大,经理就应寻求原因并对其进行纠正。另外,销售及管理费用预算是编制预计利润表及预计现金流量表的依据之一。

【例 8-7】 蓝海公司预计 20×9 年度的销售费用只有运输费一项,按照与运输公司的合同约定,每季度支付 13 000 元运费;管理费用包括管理人员工资、办公费和房租 3 项,均属于固定成本,每季开支额分别为 6 000 元、4 000 元和 10 000 元。据此蓝海公司编制 20×9 年度销售及管理费用预算,如表 8-7 所示。

表 8-7　20×9 年度销售及管理费用预算

| 季　　度 | 第一季度 | 第二季度 | 第三季度 | 第四季度 | 全年 |
| --- | --- | --- | --- | --- | --- |
| 销售费用 | | | | | |
| 运输费 | 13 000 | 13 000 | 13 000 | 13 000 | 52 000 |
| 管理费用 | | | | | |
| 管理人员工资 | 6 000 | 6 000 | 6 000 | 6 000 | 24 000 |
| 办公费 | 4 000 | 4 000 | 4 000 | 4 000 | 16 000 |
| 房租 | 10 000 | 10 000 | 10 000 | 10 000 | 40 000 |
| 合计 | 33 000 | 33 000 | 33 000 | 33 000 | 132 000 |

### 8.2.8　现金预算

现金预算(也称现金收支预算或现金收支计划)是指用于预测企业还有多少库存现金,以及在不同时点上对现金支出的需要量。现金预算是有关预算的汇总,由"现金收入""现金支出""现金多余或不足""资金的筹集和运用"四个部分组成。

"现金收入"部分包括期初现金余额和预算期现金收入,现金收入的主要来源是销货收入。年初的"现金余额"是在编制预算时预计的;"销货现金收入"的数据来自销售预算;"可供使用现金"是期初现金余额与本期现金收入之和。

"现金支出"部分包括预算的各项现金支出,其中"直接材料""直接人工""制造费用""销售与管理费用"的数据,分别来自前述有关预算;"所得税""购置设备""股利分配"等现金支出的数据分别来自另行编制的专门预算。

"现金多余或不足"是现金收入合计与现金支出合计的差额。差额为正,说明收入大于支出,现金有多余,可用于偿还借款或用于短期投资;差额为负,说明支出大于收入,现金不足,需要向银行取得新的借款。

"现金的筹集和运用"指当企业现金不足时对现金的筹措,包括银行借款的借入和有价证券的出售;当现金多余时,则对现金进行运用,包括银行借款的偿还和有价证券的取得。

预计的现金收入主要是销售收入,还有一少部分的其他收入,所以预计现金收入的数额主要来自于销售预算。预计的现金支出主要指营运资金支出和其他现金支出,具体包括采购原材料、支付工资、支付管理费、营业费、财务费等其他费用以及企业支付的税金等。现金预算通过对企业的现金收入、支出情况的预计推算出企业预算期的现金结余情况。如果现金不足,则提前安排筹资,避免企业在需要资金时"饥不择食";如果现金多余,则可以采取归还贷款或对有价证券进行投资,以增加收益。

现金预算是根据企业的投资发展计划,对未来一定时期内所需的资金量进行预测。编制现金预算时需考虑的4个问题如下:

(1) 企业预计的销售额为多少?
(2) 根据历年数据,企业年平均现金流需求为多少?
(3) 企业在未来一定时期内有无重大的战略目标,实现这些目标的现金需求量是多少?
(4) 这些资金的筹集渠道有哪些?

【例 8-8】 续【例 8-1】、【例 8-3】、【例 8-4】、【例 8-5】、【例 8-7】蓝海公司财务部根据企业的经验特点和现金流转情况,确定企业的最佳现金持有量是 10 000 元,当预计现金收支净额不足 10 000 元时,通过变现有价证券及申请短期银行借款来补足;当现金收支净额超过 10 000 元时,超出部分用于归还借款和购入有价证券。此外,企业已和银行商定了为期 1 年的信贷额度,企业随时按 6% 的年利率向银行借款,借款为 1 000 元的整数倍。除了日常经营活动所引起的各项现金收支外,蓝海公司估计 20×9 年还会发生如下现金支付业务:

(1) 企业的一台专用机床必须在一季度更新,预计需要支出购置及安装等费用共计 130 000 元;
(2) 公司将在 20×9 年初向股东发放 20×8 年度的现金股利 20 000 元;
(3) 估计企业每个季度需缴纳所得税 5 600 元;
(4) 第 1 季度变现年初持有的有价证券 23 000 元。根据以上信息,蓝海公司编制了现金预算表,如表 8-8 所示。

表 8-8 蓝海公司 20×9 年度现金预算

| 季度 | 第一季度 | 第二季度 | 第三季度 | 第四季度 | 全年 |
| --- | --- | --- | --- | --- | --- |
| 期初现金余额 | 10 000 | 10 820 | 10 800 | 10 650 | 10 000 |
| 加:销售现金收入 | 1 076 000 | 1 176 000 | 1 608 000 | 1 584 000 | 5 444 000 |
| 减:各项现金支出 | | | | | |
| 材料采购 | 809 000 | 1 012 000 | 1 309 000 | 1 288 000 | 4 418 000 |
| 直接人工 | 57 400 | 82 600 | 100 800 | 81 200 | 322 000 |
| 制造费用 | 65 180 | 82 820 | 95 560 | 81 840 | 325 400 |
| 销售及管理费用 | 33 000 | 33 000 | 33 000 | 33 000 | 132 000 |
| 所得税 | 5 600 | 5 600 | 5 600 | 5 600 | 22 400 |
| 购置设备 | 130 000 | | | | 130 000 |
| 分配利润 | 20 000 | | | | 20 000 |
| 支出合计 | 1 120 180 | 1 216 020 | 1 543 960 | 1 489 640 | 5 369 800 |
| 现金收支净额 | −34 180 | −29 200 | 74 840 | 105 010 | 84 200 |
| 现金筹集和运用 | | | | | |
| 出售有价证券 | 23 000 | | | | 23 000 |
| 购入有价证券 | | | | 95 000 | 95 000 |
| 申请银行借款 | 22 000 | 40 000 | | | 62 000 |

续表

| 季　　　度 | 第一季度 | 第二季度 | 第三季度 | 第四季度 | 全年 |
|---|---|---|---|---|---|
| 归还银行借款 |  |  | 62 000 |  | 62 000 |
| 短期借款利息 |  |  | 2 190 |  | 2 190 |
| 期末现金余额 | 10 820 | 10 800 | 10 650 | 10 010 | 10 010 |

注：短期借款利息=22 000×6%×3/4+40 000×6%×2/4=2 190(元)。

## 8.2.9　预计利润表及利润分配表

**1. 预计利润表**

预计利润表，是指反映企业在一定会计期的经营成果及其分配情况的会计报表，是一段时间内公司经营业绩的财务记录，其反映了这段时间的销售收入、销售成本、经营费用及税收状况，报表结果为公司实现的利润或形成的亏损。预计利润表对公司至关重要，因为它反映出公司预计的盈利大小。

**2. 利润分配表**

利润分配表是反映企业一定期间对实现净利润的分配或亏损弥补的会计报表，是利润表的附表，它说明利润表上反映的净利润的分配去向。利润分配表包括在年度会计报表中，是利润表的附表。通过利润分配表，可以了解企业实现净利润的分配情况或亏损的弥补情况，了解利润分配的构成以及年末未分配利润的数据。

利润分配表一般有表首、正表两部分。其中，表首说明报表名称、编制单位、编制日期、报表编号、货币名称、计量单位等；正表是利润分配表的主体具体，说明利润分配表的各项内容，每项内容通常还可分为"本年实际"和"上年实际"两栏分别填列。

**3. 利润分配的顺序**

公司向股东分派股利，应按一定的顺序进行。按照我国公司法的有关规定，利润分配应按下列顺序进行：

(1) 计算可供分配的利润。将本年净利润(或亏损)与年初未分配利润(或亏损)合并，计算出可供分配的利润。如果可供分配的利润为负数(即亏损)，则不能进行后续分配；如果可供分配的利润为正数(即本年累计盈利)，则进行后续分配。

(2) 计提法定盈余公积金。按抵减年初累计亏损后的本年净利润计提法定盈余公积金。提取盈余公积金的基数，不是可供分配的利润，也不一定是本年的税后利润。只有不存在年初累计亏损时，才能按本年税后利润计算应提取数。

(3) 计提公益金，即按上述步骤以同样的基数计提公益金。

(4) 计提任意盈余公积金。

(5) 向股东(投资者)支付股利(分配利润)。

公司股东大会或董事会违反上述利润分配顺序，在抵补亏损和提取法定盈余公积金、公益金之前向股东分配利润的，必须将违反规定发放的利润退还公司。

**【例 8-9】** 续【例 8-8】蓝海公司财务人员预计,如果各项日常业务预算和现金预算能在预算期内予以落实,那么企业在 20×9 年度的盈利前景比较乐观,并预计企业 20×9 年度的股利分配额能在 20×8 年基础上增长 50%,达到 30 000 元,则蓝海公司 20×9 年度预计利益表如表 8-9 所示。

表 8-9　蓝海公司 20×9 年度预计利润表

| 项目 | 金额 | 资料来源 |
| --- | --- | --- |
| 销售收入 | 5 520 000 | 销售预算 |
| 销售成本 | 5 308 400 | 产品成本预算 |
| 毛利 | 211 600 | |
| 销售及管理费用 | 132 000 | 销售及管理费用预算 |
| 利息费用 | 2 190 | 现金预算 |
| 利润总额 | 77 410 | |
| 所得税 | 22 400 | 现金预算 |
| 净利润 | 55 010 | |
| 加:年初未分配利润 | 580 800 | 企业预计值 |
| 可供分配的利润 | 635 810 | |
| 减:利润分配 | 30 000 | 企业预计值 |
| 年末未分配利润 | 605 810 | |

## 8.2.10　预计资产负债表

预计资产负债表是一种预计反映企业未来一定时期内财务状况的报表。预计资产负债表以公司年初的资产负债表为基础,然后对在预计损益表及预计现金流量表的预计经济业务进行相关调整。预计资产负债表为管理人员反馈了公司在会计周期结束之时预期的财务状况,便于管理人员对资产流动性及经营效率潜在的问题进行预测并寻找相关的对策。

**【例 8-10】** 续【例 8-9】蓝海公司结合预算期内的各项业务活动的情况,预计 20×9 年的资产负债表如表 8-10 所示。

表 8-10　蓝海公司 20×9 年度预计资产负债表

| 项目 | 年初数 | 年末数 | 资料来源 |
| --- | --- | --- | --- |
| 资产 | | | |
| 现金 | 10 000 | 10 010 | 现金预算 |
| 交易性金融资产 | 23 000 | 95 000 | 现金预算 |
| 应收账款 | 500 000 | 576 000 | 销售预算 |
| 材料库存 | 120 000 | 120 000 | 直接材料预算 |
| 产品库存 | 230 800 | 230 800 | 产品成本预算 |
| 固定资产 | 1 100 000 | 1 230 000 | 预计购置 130 000 元 |
| 累计折旧 | 183 000 | 244 000 | 制造费用预算,预计提取折旧 61 000 元 |
| 资产总计 | 1 800 800 | 2 017 810 | |

续表

| 项目 | 年初数 | 年末数 | 资料来源 |
|---|---|---|---|
| 负债及所有者权益 | | | |
| 应付账款 | 400 000 | 582 000 | 直接材料预算 |
| 应付利润 | 20 000 | 30 000 | 预计利润表 |
| 实收资本 | 800 000 | 800 000 | |
| 未分配利润 | 580 000 | 605 810 | 预计利润表 |
| 负债及所有者权益总计 | 1 800 800 | 2 017 810 | |

【思政经典案例】　　　以华为"量入为出"理念看全面预算管理

扫描此码

深度学习

## 8.3　编制预算的具体方法

### 8.3.1　固定预算与弹性预算

**1. 固定预算**

固定预算又称静态预算,是根据预算期内正常的、可实现的某一业务量水平作为唯一基础来编制预算的方法。由于固定预算适应性差,即按事先确定的某一业务量来编制预算,可比性较差。在实际业务与预计业务量差别较大的情况下,它不利于控制、考核和评价企业预算的执行情况,因此使用范围狭窄,仅适用于业务量水平较为稳定的企业或非营利组织。

【例8-11】　某企业202×年度生产计划及工时计划如表8-11所示,试对该企业材料费用进行预算。

表8-11　企业生产计划及工时表

| 产品名称 | 预计销量 | 期初库存 | 预计期末库存 | 计划产量 | 单位产品工时定额 | 计划产量总工时 |
|---|---|---|---|---|---|---|
| 甲产品 | 1 160 | 200 | 40 | 1 000 | 60 | 60 000 |
| 乙产品 | 4 200 | 500 | 300 | 4 000 | 60 | 320 000 |

材料费用预算一般以生产计划和单位产品消耗定额及材料计划单价为基础,并且考虑实现各项措施所降低的节约额加以计算。企业材料费用预算表如表8-12所示。

**2. 弹性预算**

弹性预算又称变动预算或滑动预算,是指在成本习性分析的基础上,以业务量、成本和

利润之间的依存关系为依据,按照预算期可预见的各种业务量水平,编制能适应多种情况预

表8-12 企业材料费用预算表

| 项 | 目 | A材料 | B材料 | 辅料 | 合计 |
|---|---|---|---|---|---|
| | 单价(元)1 | 8 | 3 | | |
| 甲产品<br>(计划1 000件) | 消耗定额2 | 3 | 6 | | |
| | 费用定额3=1×2 | 24 | 18 | 1.2 | 43.2 |
| | 定额耗用量4=2×计划产量 | 3 000 | 6 000 | | |
| | 定额费用5=3×计划产量 | 24 000 | 18 000 | 1 200 | 43 200 |
| 乙产品<br>(计划4 000件) | 消耗定额6 | 5 | 8 | | |
| | 费用定额7=1×6 | 40 | 24 | 2 | 66 |
| | 定额耗用量8=6×计划产量 | 20 000 | 32 000 | | |
| | 定额费用9=7×计划产量 | 160 000 | 96 000 | 8 000 | 264 000 |
| 基本车间一般消耗10 | | | | 2 000 | 2 000 |
| 修理车间耗费11 | | | | 9 200 | 9 200 |
| 合计 | 12=5+9+10+11 | 184 000 | 114 000 | 20 400 | 318 400 |

算的方法。与固定预算相比,弹性预算的预算范围宽、可比性强,理论上适用于编制全面预算中所有与业务量有关的各种预算,但从实用角度看,主要用于编制弹性成本预算、弹性利润预算。

在企业在制作弹性预算时,先要对业务量进行选择,单一的产品计量单位可以实物量为准,多种产品的计量单位可以人工小时或机器小时为准。业务量的范围通常以历史上的最高业务量和最低业务量作为上下限,一般选择正常生产能力的70%~120%。

编制弹性预算常用的方法有公式法(即列式计算)和列表法(即列表计算)。具体来看,采用公式法计算如下:

$$y = a + bx$$

其中:$y$为成本费用;$a$为固定成本总额;$b$为单位变动成本;$x$为实物量、人工小时或机器小时等。

(1)采用公式法的优点是在一定范围内不受业务量的波动影响,其缺点是逐项甚至按细目分解成本比较麻烦,不能直接查出特定业务量下的总成本预算额,并且有一定误差。

【例8-12】 某制造20××年拟利用闲置的三台机器,投资生产甲产品,在不知盈利状况的情况下,为了回避风险、稳健投资,该企业利用弹性预算法对该项目的制造费用进行了财务预算,如表8-13所示。

表8-13 该制造厂制造费用预算资料

| 项 目 | 固定费用(元) | 变动费用(元/台时) |
|---|---|---|
| 折旧 | 10 000 | |
| 保险费 | 9 000 | |
| 燃油 | | 2 |
| 原材料 | | 1 |
| 生产工人工资 | 13 000 | 0.35 |
| 维修费 | 1 500 | 0.10 |
| 合计 | 33 500 | 3.45 |

从表 8-13 可以得知如下数据：

固定成本费用总额 $a = 10\,000 + 9\,000 + 13\,000 + 1\,500 = 33\,500$（元）

变动成本费用率 $b = 2 + 1 + 0.35 + 0.10 = 3.45$（元/台时）

成本性态模型 $y = a + bx = 33\,500 + 3.45x$

利用该模型可以预测业务量 $x$ 在 8 400～9 756 台时，即生产能力利用率为 90%～105% 之间任意一点上的预计制造费用。

假设生产能力利用率为 100% 时，产量为 9 300 台

这时的预计制造费用 $= 33\,500 + 3.45 \times 9\,300 = 65\,585$（元）

（2）采用列表法是指在相关范围内每隔一定业务量编制一个预算表。列表法的优点是克服了公式法的弱点，可以直接查看在某一特定业务量水平下的相关成本，比公式法更精确。但列表法的缺点是需要列明各业务量水平下的各项成本费用项目支出，工作量大、适用面窄。

【例 8-13】 续【例 8-12】为了便于费用的分项控制和考核，进一步按照费用项目列出不同业务量水平下的弹性预算表，如表 8-14 所示。

表 8-14　某制造厂制造费用预算表（202×年度）

| 机器台时 | 8 400 | 8 835 | 9 300 | 9 765 |
|---|---|---|---|---|
| 生产能力利用% | 90 | 95 | 100 | 105 |
| 1. 变动费用项目： | 43 480 | 44 980 | 46 585 | 48 188 |
| 燃油 | 16 800 | 17 670 | 18 600 | 19 530 |
| 原材料 | 8 400 | 8 835 | 9 300 | 9 765 |
| 生产工人工资 | 15 940 | 16 092 | 16 255 | 16 417 |
| 维修费 | 2 340 | 2 383 | 2 430 | 2 476 |
| 2. 固定费用： | 19 000 | 19 000 | 19 000 | 19 000 |
| 折旧费 | 10 000 | 10 000 | 10 000 | 10 000 |
| 保险费 | 9 000 | 9 000 | 9 000 | 9 000 |
| 预计制造费用 | 62 480 | 63 980 | 65 585 | 67 188 |

根据表 8-14 可知：生产能力利用率为 90% 时，机器开动 8 400 台时，制造费用可控制在 62 480 元以内。生产能力利用率在 95% 时，机器开动 8 835 台时，制造费用可控制在 63 980 元，依此类推。

【政策研学 8-2】　　《管理会计应用指引第 203 号——弹性预算》

扫描此码

深度学习

## 8.3.2 定期预算与滚动预算

**1. 定期预算**

定期预算是指以固定不变的会计期间（如日历年度）作为预算期。它的优点是预算期间与会计年度配合，便于考核、评价预算执行结果。它的缺点是具有盲目性、滞后性和间断性。盲目性表现在年初编制，缺乏远期指导；滞后性表现在对预算期的各种变化不能及时进行调整，使预算滞后；间断性表现在局限于本期规划，通常不考虑下期。

**2. 滚动预算**

滚动预算是指预算期与会计年度脱钩，随着预算的执行而不断延伸补充，逐期向后滚动，使预算期始终保持12个月。每过一个季度（或月份），立即根据前一个季度（或月份）的预算执行情况，对以后季度（或月份）进行修订，并增加一个季度（或月份）的预算，包括逐季滚动、逐月滚动、混合滚动。滚动预算具有三个优点：第一，透明度高，管理人员能够从动态的角度把握住企业近期的规划目标和远期的战略布局；第二，及时性强，可以根据变化的情况及时调整和修订预算，使预算更加切合实际；第三，连续性、完整性和稳定性突出，能够连续不断地规划未来的经营活动。但是，滚动预算的工作量非常大，如图8-2所示。

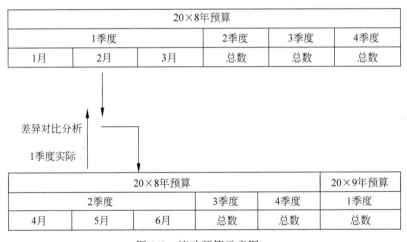

图 8-2 滚动预算示意图

【政策研学 8-3】　　《管理会计应用指引第 201 号——滚动预算》

扫描此码

深度学习

## 8.3.3 增量预算与零基预算

**1. 增量预算**

增量预算是以基期成本费用水平为基础,结合预算期业务量水平及有关降低成本的措施,通过调整有关原有费用项目而编制预算方法。在进行增量预算时,需遵守三个假设条件:①现有的业务流动是必需的;②原有的各项开支都是合理的;③费用的变动是在现有基础上调整的结果。这种编制方法受原有费用项目限制,导致保护落后,使企业在预算上呈现出"平均主义"和"简单化",不利于企业发展。

**2. 零基预算**

零基预算最初由美国德州仪器公司开发,是指在编制预算时对于所有的预算支出均以零为基底,不考虑以往情况如何,从根本上研究并分析每项预算有否支出的必要和支出数额的大小。这种预算不以历史为基础进行修修补补,而是在年初重新审查每项活动对实现组织目标的意义和效果,并在成本—效益分析的基础上,重新排出各项管理活动的优先次序,并据此决定资金和其他资源的分配。零基预算在编制成本费用预算时,不考虑以往会计期间所发生的费用项目或费用数额,而是以所有的预算支出均为零为出发点,一切从实际需要与可能出发,逐项审议预算期内各项费用的内容及开支标准是否合理,在综合平衡的基础上编制费用预算。编制零基预算的基本程序如下:

(1) 动员与讨论,确定本部门的费用项目与预算额;

(2) 划分不可避免项目和可避免项目,不可避免项目要保证,可避免项目要确定优先顺序;

(3) 划分不可延缓项目和可延缓项目,优先保证不可延缓项目的开支,按照轻重缓急确定可延缓项目的开支标准。

【例 8-14】 某企业采用零基预算编制年度的销售及管理费用预算,根据年度的目标利润及本部门的具体工作任务,经领导与职工充分讨论,认为下一年度将发生以下各项费用:

(1) 房屋租金 6(万元);

(2) 办公费用 1(万元);

(3) 差旅费 1(万元);

(4) 保险费 3(万元);

(5) 广告费 3.5(万元);

(6) 职工培训费 2.5(万元)。

该企业下一年度可用于销售及管理费用的资金预计为 13 万元。

分析上述费用中,第(1)、(2)、(3)、(4)项费用属于约束性固定成本,是下一年度必不可少的开支,必须全额保证。广告费与职工培训费属于酌量性固定成本,如广告费与职工培训费的成本收益率分别为30%与20%,则广告费可分配的资金如下:

$$\frac{13-(6+1+1+3)}{20\%+30\%} \times 30\% = 1.2(万元)$$

职工培训费可分配资金如下:

$$\frac{13-(6+1+1+3)}{20\%+30\%}\times 20\%=0.8(万元)$$

根据上述资料,销售及管理费用预算如表 8-15 所示。

表 8-15　销售及管理费用预算表　　　　　单位:元

| 项目 | 预算额 | 项目 | 预算额 |
| --- | --- | --- | --- |
| 房屋租金 | 60 000 | 广告费 | 12 000 |
| 保险费 | 30 000 | 职工培训费 | 8 000 |
| 办公费 | 10 000 | 合计 | 130 000 |
| 差旅费 | 10 000 | | |

零基预算的编制方法不受现有费用项目的限制,能调动降低费用的积极性,有利于各部门精打细算,合理使用资金,减少资金浪费。但它的缺点是工作量大,确定费用开支方案的轻重缓急以及资金分配带有一定的主观性,有可能顾此失彼。零基预算比较适合于产出较难辨认的服务性部门的费用预算编制。

【政策研学 8-4】　　　　《管理会计应用指引第 202 号——零基预算》

扫描此码

深度学习

【思政案例分析】　　　　　　深圳航空低成本预算管理

深圳航空有限责任公司 1992 年 11 月成立,1993 年 9 月开航,是一家由广东广控(集团)公司、中国国际航空公司、全程物流(深圳)有限公司、深圳鼎协实业有限公司、深圳众甫地有限责任公司 5 家企业共同投资经营的股份制航空运输企业,主要经营航空客、货运输业务。2002 年深航通过实施低成本战略扩展生存空间,谋求快速的低成本扩张,从而在行业竞争中取得有利的竞争地位。

深航目前拥有 24 架 B737 系列飞机,总资产 36.2 亿元,员工 1 900 多人,下辖 2 个分公司、5 个子公司、30 多个驻外营业部,经营国内航线 80 多条。2004—2006 年,深航总资产增长了 241%,经营收入增长了 79%,累计纳税 10 多亿元。

深航连续 12 年保持盈利,是目前中国单位成本最低、盈利能力最强的航空公司之一。在深航的管理实践中,其"低成本预算管理"被评为国家创新成果二等奖,在内部推行的"平衡计分卡"等管理方法也已取得明显成效。

**1. 主要手段**

深航降低成本的最主要手段是:简化机型和低成本预算管理。

(1) 简化机型。飞机的机型一旦确定,后期的维护和人员训练费用就基本确定下来。

因此，前期的飞机机型引进非常重要。该公司开始只引进"波音"系列飞机，一般只引进两种基本机型。这样，后期的飞机维护和人员训练费用将大大降低。

（2）低成本预算管理。以公司的战略规划和综合计划为依据，以降低成本为主线，将公司的预算管理与目标成本管理有机结合，强调科学合理规划目标成本，并将其作为预算标准分解到责任部门或责任人。通过预算控制，对企业生产经营活动中影响成本的各种因素加以管理，一旦发现与目标成本之间存在差异，立即采取有效的措施加以纠正。最终，以预算目标考核责任人和责任部门。其主要内容是：制定目标成本；将目标成本作为预算标准分解到各个责任部门；预算控制，发现差异，采取措施纠正；考核责任人和责任部门。

**2. 具体实施步骤**

（1）变革预算管理的组织结构。构建以预算管理委员会为主导的四级预算管理体制——预算管理委员会、预算综合管理部门、预算归口管理部门及预算责任部门。

（2）在预算编制方面，按照"上下结合、分级编制、归口管理、逐级汇总"的程序，把成本预算细化到每架飞机或每条航线下的每项支出，费用预算细化到费用的每一个项目，并对每项支出进行部门和费用的双重控制。

（3）预算控制。成本控制是公司战略的核心内容。在不同阶段采用不同手段。重大决策过程实行预算源头控制；对飞行运营过程和日常管理过程采用事中控制；及时对预算差异进行分析并建立预算反馈制度。

**3. 实施预算控制的主要做法**

（1）组建成本控制机构，公司级的成本控制委员会由公司总裁挂帅，总会计师具体负责；在财务部门设立成本控制工作小组，负责日常管理；在各部门和分公司设立成本控制专员，负责成本控制工作的组织、协调和报告等。

（2）成本项目管理，针对可控性最强的航油、维修、配餐、后勤等成本成立专门控制小组，对相关成本进行研究分析，提出具体措施。通过这些具体措施，降低了公司成本。例如，人均旅客餐食份数降低了10%，机供品回收率控制在20%以下。

（3）控制方式向流程化、系统化转变，通过改善流程来提高管理效益。

要求：根据上述思政案例内容，思考以下问题。

1. 全面预算管理的核心内容是什么？它对企业有何帮助？
2. 结合案例，分析深航全面预算管理的实施步骤。
3. 邹韬奋在《事业管理与职业修养·关于服务的态度五》一书中说："我们要靠自己的收入，维持自己的生存，所以仍然要严格遵守量入为出的原则。""量入为出"就是预算管理在个体中的体现，结合深航预算管理的成效和自身的情况，说说大学生如何对自己进行预算管理，这样做的好处有哪些？
4. 近几年随着网络金融的兴起，大学生屡次跌入"校园贷"陷阱。请结合预算管理理念，谈谈大学生在校期间应如何合理安排资金。

# 【本章小结】

全面预算管理是指企业在战略目标的指导下，对未来的经营活动和相应财务结果进行充分、全面的预测和筹划，并通过对执行过程的监控，将实际完成情况与预算目标不断对照和分析,从而及时指导经营活动的改善和调整,以帮助管理者更加有效地管理企业和最大限度地实现战略目标。全面预算包括经营预算(如销售预算、生产预算、直接人工预算、产品成本预算、销售及管理费用预算等)、财务预算(如现金预算、预计资产负债表和预计现金流量表)和专门决策预算。企业进行全面预算的方法有多种,常用的方法包括固定预算、弹性预算、定期预算、滚动预算、增量预算与零基预算。

【在线测试题】 扫描书背面的二维码,获取答题权限。

扫描此码

在线自测

## 【思考题】

1. 什么是全面预算?全面预算由哪些内容构成?
2. 如何编制全面预算?
3. 预算编制的常用方法有哪些?
4. 业务预算包含哪些具体预算?
5. 财务预算包含哪些具体预算?

# 第9章 标准成本法与作业成本法

【思政名言集锦——仁爱篇】

仁者不忧,知者不惑,勇者不惧。

——《论语·子罕》

子曰:"不仁者不可以久处约,不可以长处乐。仁者安仁,知者利仁。"

——《论语·里仁》

子曰:"见善如不及,见不善如探汤。"

——《论语·季氏》

【学习目标】

通过本章学习:了解成本控制的方法、程序以及作业成本法产生的背景;理解标准成本法和作业成本法的基本原理;掌握标准成本的制定、成本差异的计算与分析以及作业成本法的基本程序。

【引导案例】

### 绿地集团的标准成本管理

绿地控股集团有限公司成立于1992年7月18日,是中国市场化改革浪潮中诞生的代表性企业之一,已形成了"以房地产、基建为主业,金融、消费、健康、科创等产业协同发展"的综合经营格局。2019年,绿地集团资产规模突破1.14万亿元,实现营业收入4 280.83亿元、利润147.43亿元,在2020《财富》"中国企业500强"中位列第21位。

绿地集团致力于让成本成为竞争力,实施了标准成本管理,其标准成本体系分为集团标准成本、城市标准成本和先进标杆成本三大类。集团标准成本是集团范围内一定时期内各业态基于标准量价计算的平均先进成本;城市标准成本是所在城市范围内一定时期内各业态基于标准量价计算的平均先进成本;先进标杆成本是各城市需努力达到的成本,来源于各城市标准成本与集团标准成本,由其成本科目大类中的较小值组合而成。

集团制定了标准成本管理制度,包含了总则、职责、编制依据、标准成本的分类及编制过程、标准成本的使用范围、合理修正、材料设备供应模式、定期更新机制和考核制度。

## 9.1 成本控制概述

### 9.1.1 成本控制的含义

成本控制旨在根据预定的成本目标,对企业生产经营过程中的劳动耗费进行约束和调节,发现偏差、纠正偏差,以实现预定任务,使成本不断降低。成本控制也有狭义和广义之分。

狭义的成本控制主要针对生产阶段的产品成本,通过对生产过程中构成产品成本的各项耗费进行计算、限制和监督,将实际耗费限制在预算范围内,或者分析脱离预算的原因并采取对策。广义的成本控制则不局限于生产环节,它强调对企业所有滋生成本耗费环节的把控,力求在空间上渗透企业的方方面面,在时间上贯穿于企业生产经营的全过程。

广义的成本控制可以按照时间分为事前成本控制和日常成本控制两类:事前成本控制是指在产品投产前,大多与事前规划、审核监督以及建立制度等相关,如全面预算就属于事前成本控制;日常成本控制则指在产品生产过程中对成本形成和偏离成本目标差异的控制,如标准成本法就属于此类。

### 9.1.2 成本控制的原则

**1. 全过程原则**

成本控制要以产品生命周期成本形成的全过程为控制领域。只有这样,才能最大限度地降低成本。

**2. 全员原则**

成本控制不仅要依靠成本控制的专职机构和人员,还要依靠企业的每个部门和每个员工。应充分调动所有部门和员工参与成本控制的积极性和主动性。

**3. 责、权、利相结合原则**

成本控制必须严格按照目标管理经济责任体制的要求,事先将企业的成本管理目标按照各有关责任中心层层分解,落实到每个责任中心和每个员工,明确规定有关方面或个人应承担的成本控制责任和义务,并赋予其相应的权力,进而实现成本控制的目标。同时,还要对他们的工作成绩进行考评,做到奖惩分明。

#### 4. 成本—效益的原则

成本控制必须考核各项成本支出是否符合"以尽可能少的劳动消耗获得尽可能大的经济效果"的原则,这样才能达到降低成本的最终目的。在成本控制的过程中要本着成本—效益原则将成本控制所必须付出的代价限制在最经济的范围内。只有当成本控制取得的效益大于其代价时,成本控制才是可行的。

#### 5. 例外管理原则

例外管理原则是指在日常实施全面控制的同时,有选择地分配人力、物力和财力,抓住那些重要的、不正常的、非常规的关键性差异(也称为"例外事件"),进行重点调查分析,集中力量解决这些主要矛盾。

### 9.1.3 成本控制的程序和方法

成本控制是一项具有科学性的工作,为了收到良好的效果,需要按照以下程序进行:①制定成本控制标准;②控制成本形成过程;③计算成本差异并分析差异原因;④采取积极措施解决问题。

成本控制的方法有很多,我国采用过按照定额法计算产品成本、采用限额领料单控制材料等一些方法,但大都是事后成本控制。国外的成本控制法有目标成本法、预算成本和标准成本法等。本书重点介绍标准成本法。

## 9.2 标准成本法

### 9.2.1 标准成本法的含义

#### 1. 标准成本的含义

标准成本(standard cost)是通过精确的技术经济分析确定的,在正常的生产经营条件下应该能够实现的,而且可以衡量工作绩效和控制成本开支的一种成本水平。"标准成本"一词准确地讲有两种含义:一种是指"单位产品的标准成本",它是根据产品的标准消耗量和标准单价计算出来的,即"单位产品标准成本=单位产品标准消耗量×标准单价",它又被称为"成本标准";另一种是指"实际产量的标准成本",它是根据实际产品产量和成本标准计算出来的,即"标准成本=实际产量×单位产品标准成本"。

#### 2. 标准成本法的含义

标准成本法,是指企业以预先制定的标准成本为基础,通过比较标准成本与实际成本,计算和分析成本差异、揭示成本差异动因,进而实施成本控制、评价经营业绩的一种成本管理方法。

【政策研学 9-1】　　　　《管理会计应用指引第 300 号——成本管理》

扫描此码

深度学习

标准成本法的内容包括：标准成本的制定、成本差异的计算与分析、成本差异的账务处理三部分。通过标准成本的制定可以实现成本的事前控制；通过成本差异的计算与分析可以实现成本的事中控制；通过成本差异的账务处理不仅可以实现事后控制，而且还可以为下期的标准成本制定提供重要资料。

**3. 标准成本的分类**

在确定企业成本控制标准时，根据管理者要求达到的效率不同，可以把标准成本分为以下三类。

（1）理想的标准成本，它是一种理论标准，是指在理想（最佳）经营状态下的最低成本。由于它排除了一切浪费、机器故障、人员闲置等情况的可能性，因此这种标准成本要求很高。一般情况下，无论企业员工怎样努力，都难以达到该标准，这将削弱员工的积极性。如果一味地追求该标准，企业员工可能会采用某些不太合理的手段（如降低产品质量）来达到这一标准，最终会影响企业经营效果（如质量成本上升），所以实际中很少采用理想的标准成本。

（2）现实的标准成本，也是正常的标准成本，它是根据现有的生产技术水平和正常生产经营能力制定的标准成本。该标准适当地考虑了企业的一些不能完全避免的成本。因此，这一标准比较符合实际，只要企业员工尽最大努力就能达到。

（3）基本的标准成本，它是以过去一段时间的实际成本作为标准的成本，用来衡量产品在以后年度的成本水平，并结合未来的变动趋势而制定的标准成本。由于它的水平偏低，所以在实际中也较少采用。

### 9.2.2　标准成本的制定

基于产品成本的构成，标准成本通常是由直接材料、直接人工和制造费用三部分构成的。标准成本的确定取决于价格标准和用量标准两部分，其基本公式如下：

$$标准成本 = 价格标准 \times 用量标准$$

有关标准的制定往往需要利用实际的历史成本数据，经过相应的调整，使之现实可行。

**1. 直接材料的标准成本**

$$直接材料标准成本 = 单位材料的价格标准 \times 单位产品的用量标准$$

（1）直接材料的价格标准，是以订货合同的价格为依据，并考虑市价及未来市场情况的变动来确定。该价格系材料的采购价格，包括买价及附带成本。

(2) 直接材料的用量标准,即标准消耗量,主要由生产技术部门制定,并参考执行标准的部门和职工意见。它是现有技术条件下生产单位产品所需的材料数量,其中包括必不可少的消耗以及各种难以避免的损失。

【例9-1】 诚信公司生产某产品的主要原材料的耗用量标准和价格标准如表9-1所示。

表9-1 原材料耗用标准

| 标　　准 | 材　料　A |
|---|---|
| 单位产品耗用量标准 | |
| 主要材料耗用量 | 10千克 |
| 辅助材料耗用量 | 3千克 |
| 必要损耗量 | 1千克 |
| 价格标准 | |
| 预计发票价格 | 5元/千克 |
| 检验费 | 1元/千克 |
| 正常损耗 | 1元/千克 |

要求:计算该产品直接材料的标准成本。

计算分析如下:

单位产品A材料标准耗用量=10+3+1=14(千克)

A材料标准单价=5+1+1=7(元/千克)

单位产品A材料标准成本=14×7=98(元)

如果产品需耗用多种原材料,应将各种原料的标准成本加总,得到单位产品直接材料的标准成本。

## 2. 直接人工的标准成本

单位产品直接人工标准成本=单位小时工资率标准×单位产品工时标准

(1) 直接人工工资率标准,这里的工资率标准是指价格标准,通常是由企业人力资源管理部门事先制定的,包括员工的基本工资及规定的附加内容。当企业采用计件工资制时,工资率标准就是单位产品应支付的计件单价;当采用计时工资制时,工资率标准就是每一标准工时应分配的工资。

(2) 直接人工工时标准,这里的直接人工工时标准就是用量标准,即单位产品的工时定额,一般由企业的工程技术部门制定。它包括直接加工工时、工人必要的休息时间、机器停工以及难以避免地形成废品所耗用的工时。

【例9-2】 诚信公司生产某产品的直接人工标准成本计算如表9-2所示。

表9-2 直接人工标准成本计算表

| 项　　目 | 标　　准 |
|---|---|
| 标准工资率(1) | 10元 |
| 计算单位产品工时 | |
| 理想作业时间(2) | 12小时 |
| 调整设备时间(3) | 2.4小时 |

续表

| 项目 | 标准 |
|---|---|
| 工作间息(4) | 0.6 小时 |
| 单位产品工时合计(5)=(2)+(3)+(4) | 15 小时 |
| 单位直接人工标准成本(6)=(1)×(5) | 150 元 |

### 3. 制造费用的标准成本

制造费用的标准成本＝制造费用分配率标准×单位产品人工工时标准

（1）制造费用分配率标准。制定制造费用分配率标准时，应将制造费用按成本性态分类，分为固定性制造费用和变动性制造费用，并按下列公式确定制造费用分配率标准：

制造费用分配率标准＝标准制造费用总额÷标准总工时

（2）制造费用工时标准，一般可借用直接人工工时标准。制造费用标准成本的制定通常分变动制造费用和固定制造费用两部分。

**【例 9-3】** 诚信公司生产某产品的制造费用标准成本计算如表 9-3 所示。

表 9-3 制造费用标准成本计算表

| 项目 | 标准 |
|---|---|
| 月标准总工时(1) | 32 000 小时 |
| 变动制造费用预算总额(2) | 224 000 元 |
| 变动制造费用标准分配率(3)=(2)÷(1) | 7 元/小时 |
| 单位产品工时标准(4) | 15 小时 |
| 变动制造费用标准成本(5)=(3)×(4) | 105 元 |
| 固定制造费用预算总额(6) | 736 000 元 |
| 固定制造费用标准分配率(7)=(6)÷(1) | 23 元/小时 |
| 固定制造费用标准成本(8)=(4)×(7) | 345 元 |
| 单位制造费用标准成本(9)=(5)+(8) | 450 元 |

产品成本中直接材料、直接人工、制造费用标准成本确定以后，即可编制该产品的标准成本单。

**【例 9-4】** 汇总诚信公司产品的标准成本，如表 9-4 所示。

表 9-4 产品标准成本单

| 成本项目 | 价格标准 | 用量标准 | 标准成本 |
|---|---|---|---|
| 直接材料 | 7 元/千克 | 14 千克 | 98 元 |
| 直接人工 | 10 元/小时 | 15 小时 | 150 元 |
| 变动制造费用 | 7 元/小时 | 15 小时 | 105 元 |
| 固定制造费用 | 23 元/小时 | 15 小时 | 345 元 |
| 单位产品标准成本 | | | 698 元 |

以上产品的标准成本可以作为成本控制的手段，如果相关标准发生重大变化，则要进行相应的调整。一般情况下，标准成本制定好以后，一年内不进行修订，以便更好地发挥标准成本的控制作用。

【政策研学 9-2】　《管理会计应用指引第 302 号——标准成本法》

扫描此码

深度学习

### 9.2.3　标准成本的差异分析

标准成本的差异分析是对企业一定时期内发生的实际成本与标准成本之间差异原因的分析,它和预算一起作为企业规划与控制的重要手段。完整的标准成本差异分析包括三个步骤:首先,计算差异的数额并分析其种类;其次,寻找差异产生的具体原因;最后,明确责任,采取积极措施改进成本控制。

标准成本差异有两种,一种是不利差异,即实际成本大于标准成本的差异,这种差异就是成本的超支数;另一种是有利差异,即实际成本小于标准成本的差异,这种差异是成本的节约数。

基于成本的性态分类,标准成本的差异分析可分为变动成本差异分析和固定成本差异分析两部分。变动成本差异分析包括对直接材料成本差异、直接人工成本差异和变动制造费用成本差异的分析。固定成本差异分析即固定制造费用差异分析。

在标准成本制定的过程中,任何一项费用的标准成本都是由价格标准和用量标准这两个因素决定的。因此,标准成本差异分析就应该从价格差异和用量差异两方面进行分析。

总成本差异＝实际成本－标准成本
　　　　　＝实际价格×实际用量－标准价格×标准用量

价格差异(分配率差异)＝实际价格×实际用量－标准价格×实际用量

用量差异＝标准价格×实际用量－标准价格×标准用量

总差异＝价格差异(分配率差异)＋用量差异

**1. 直接材料成本差异分析**

直接材料成本差异,是指直接材料的实际成本与标准成本之间的差异。该差异还可以进一步分解为直接材料价格差异和直接材料用量差异。直接材料的价格差异是由直接材料的实际价格脱离标准价格引起的;直接材料的用量差异是由实际耗用量脱离标准耗用量引起的,其计算公式如下:

直接材料成本差异＝实际总成本－实际产量下的标准成本

直接材料价格差异＝实际价格×实际用量－标准价格×实际用量
　　　　　　　　＝(实际价格－标准价格)×实际用量

直接材料用量差异＝实际用量×标准价格－标准用量×标准价格
　　　　　　　　＝(实际用量－标准用量)×标准价格

【例 9-5】 华泰公司生产产品所用的 A 材料的实际耗用为 4 800 千克,实际产量为 350 件,原材料实际价格为每千克 7.2 元。单位产品的直接材料标准成本为 98 元,即每件产品耗用 14 千克直接材料,每千克材料的标准价格为 7 元。直接材料成本差异计算如下:

$$直接材料价格差异 = (7.2 - 7) \times 4\,800 = 960(元)$$
$$直接材料用量差异 = (4\,800 - 14 \times 350) \times 7 = -700(元)$$
$$直接材料成本差异 = 960 - 700 = 260(元)$$
$$= 实际成本 - 标准成本$$
$$= 4\,800 \times 7.2 - 14 \times 350 \times 7$$
$$= 34\,560 - 34\,300 = 260(元)$$

例 9-5 中计算表明,直接材料成本总差异为不利差异 260 元,即实际成本比标准成本多出 260 元,其中价格差异为不利差异 960 元,用量差异为有利差异 700 元。

直接材料的价格差异是在采购过程中形成的,采购部门的业绩报告应说明差异产生的原因。差异的原因有很多,其中有些差异是采购部门可以控制的,有些则是不可控制的。例如,由于采购批量、供应商的选择、运输工具等原因导致的价格差异是采购部门可以控制的;而由于通货膨胀、经济危机等原因导致的价格差异是采购部门无法控制的。因此,要具体调查差异原因,明确责任归属。

值得注意的是,有些较大金额的有利差异可能是由于购买了大量质量较次而廉价的原料所致,所以该有利差异对于整个企业来讲就是一个不利的因素,它将导致日后大量质量成本的产生,最后影响企业长远的经济效益。

直接材料的用量差异应由企业的生产部门负责,其差异产生的原因也有很多。例如,产品设计结构、工人的技术熟练程度、生产设备的有效利用程度等。但有时多用料并非生产部门的责任,如原料质量差、工艺变更等原因造成的多用料。因此,也要具体调查差异原因,明确责任归属。

### 2. 直接人工成本差异分析

直接人工成本差异,是指直接人工实际成本与标准成本的差异。它可以分为直接人工工资率差异(价差)和直接人工效率差异(量差)两部分。直接人工工资率差异是由实际工资率脱离标准工资率引起的;直接人工效率差异是由实际工时脱离标准工时引起的,其计算公式如下:

$$直接人工成本差异 = 实际成本 - 实际产量下标准成本$$
$$直接人工工资率差异 = 实际工资率 \times 实际工时 - 标准工资率 \times 实际工时$$
$$= (实际工资率 - 标准工资率) \times 实际工时$$
$$直接人工效率差异 = 实际工时 \times 标准工资率 - 标准工时 \times 标准工资率$$
$$= (实际工时 - 标准工时) \times 标准工资率$$

【例 9-6】 华泰公司用于生产的实际工时为 650 小时,实际每小时工资率为 8 元,实际产量为 350 件。每件产品的直接人工标准成本为 15 元,即每件产品标准工时为 2 小时,标准工资率为 7.5 元/小时。直接人工成本差异计算如下:

$$直接人工工资率差异 = (8 - 7.5) \times 650 = 325(元)$$
$$直接人工效率差异 = (650 - 2 \times 350) \times 7.5 = -375(元)$$

$$直接人工成本差异 = 325 - 375 = -50(元)$$
$$= 实际成本 - 标准成本$$
$$= 650 \times 8 - 350 \times 7.5 \times 2$$
$$= 5\,200 - 5\,250 = -50(元)$$

计算表明,直接人工成本差异为有利差异 50 元,是由直接工资率的不利差异 325 元和直接人工效率的有利差异 375 元引起的。

直接人工工资率差异应依据具体情况进行分析。直接人工效率差异反映了劳动生产率的高低。差异产生的原因有:工人的生产效率、生产合理安排程度、生产设备的状况等。这些差异都是生产部门可以控制的,但是如果差异的产生是因为其他责任中心效率低下所致,那么就应分清责任,合理评价业绩。

**3. 制造费用差异分析**

变动制造费用一般与以工时表现的产量成正比,如果生产产品的工时与预计数发生差异,变动制造费用肯定也将发生差异。而固定制造费用属于期间费用,与该期间的产量及工时的多少没有直接关系。因此,在分析两类制造费用差异时,使用的方法是不同的。

(1) 变动制造费用差异的分析。变动制造费用差异是实际变动制造费用与标准变动制造费用之间的差额。它可以分为耗费差异(价差)和效率差异(量差)两部分。变动制造费用耗费差异是变动制造费用分配率差异,是由变动制造费用实际分配率脱离标准分配率引起的;变动制造费用效率差异是由实际耗用的工时脱离标准应耗工时引起的,其计算公式如下:

变动制造费用差异 = 实际成本 − 实际产量下的标准成本

变动制造费用耗费差异 = 变动制造费用实际分配率 × 实际工时 −
变动制造费用标准分配率 × 实际工时
= (变动制造费用实际分配率 − 变动制造费用标准分配率) ×
实际工时

变动制造费用效率差异 = 实际工时 × 变动制造费用标准分配率 −
标准工时 × 变动制造费用标准分配率
= (实际工时 − 标准工时) × 变动制造费用标准分配率

**【例 9-7】** 华泰公司用于生产的实际工时为 650 小时,耗用变动制造费用的实际分配率为 7.5 元/小时,实际产量为 350 件。每件产品的变动制造费用标准成本为 14 元,即每件产品标准工时为 2 小时,变动制造费用标准分配率为 7 元/小时。变动制造费用差异计算如下:

$$变动制造费用耗费差异 = (7.5 - 7) \times 650 = 325(元)$$
$$变动制造费用效率差异 = (650 - 2 \times 350) \times 7 = -350(元)$$
$$变动制造费用差异 = 325 - 350 = -25(元)$$
$$= 实际成本 - 标准成本$$
$$= 650 \times 7.5 - 2 \times 7 \times 350$$
$$= 4\,875 - 4\,900 = -25(元)$$

例 9-7 计算表明,变动制造费用差异为有利差异 25 元,是由变动制造费用耗费的不利差异325元和变动制造费用效率的有利差异350元引起的。

变动制造费用耗费差异的产生实际上既有价格差异的因素,又有耗用量差异的因素。实际工作中,对变动制造费用耗费差异的控制一般都是针对各费用的耗用数量差异的控制。变动制造费用效率差异与直接人工效率差异的形成原因相同。

(2)固定制造费用差异的分析。固定制造费用在相关范围内,不随业务量的变化而变化,成本总额保持相对稳定。它与企业生产规模的大小、时间的长短有关。固定制造费用差异是固定制造费用实际发生额与实际用量下标准数额之间的差异。对固定制造费用差异的分析可采用两种方法,即"二因素分析法"和"三因素分析法"。

二因素分析法是指将固定性制造费用差异分解为预算差异和能量差异两部分的方法,其计算公式如下:

固定性制造费用预算差异＝固定性制造费用实际发生额－
　　　　　　　　　　　　固定性制造费用预算额
固定性制造费用能量差异＝(预算产量下的标准工时－实际产量下的标准工时)×
　　　　　　　　　　　　固定性制造费用标准分配率

三因素分析法是将固定性制造费用成本差异分解为预算差异、生产能力利用差异和效率差异三部分的方法。它是将二因素分析法下的能量差异进一步划分为生产能力利用差异和效率差异,其计算公式如下:

固定性制造费用预算差异＝固定性制造费用实际发生额－
　　　　　　　　　　　　固定性制造费用预算额
固定性制造费用生产能力利用差异＝(预算产量下的标准工时－实际产量下的实际工时)×
　　　　　　　　　　　　　　　　固定性制造费用标准分配率
固定性制造费用效率差异＝(实际产量下的实际工时－实际产量下的标准工时)×
　　　　　　　　　　　　固定性制造费用标准分配率

【例9-8】 华泰公司生产的产品应负担的固定性制造费用预算总额为16 000元,预算产量为360件,固定制造费用实际发生额为16 050元,单位产品的实际工时2.1小时,实际产量为350件。每件产品固定制造费用标准成本为46元/件,即每件产品标准工时为2小时,固定制造费用标准分配率为23元/小时。固定制造费用差异计算如下。

二因素分析法下:

　　　　固定性制造费用预算差异＝16 050－16 000＝50(元)
　　　　固定性制造费用能量差异＝(360×2－350×2)×23＝460(元)
　　　　固定性制造费用总成本差异＝50＋460＝510(元)

三因素分析法下:

　　　　固定性制造费用预算差异＝16 050－16 000＝50(元)
　　　　固定性制造费用生产能力利用差异＝(360×2－350×2.1)×23＝－345(元)
　　　　固定性制造费用效率差异＝(350×2.1－350×2)×23＝805(元)
　　　　固定性制造费用总成本差异＝50－345＋805＝510(元)

例9-8计算表明,三因素分析法中的生产能力利用差异和效率差异之和等于二因素分析法中的能量差异。

分析固定性制造费用差异时,必须结合企业实际,逐项分析形成这些差异的具体原因。

导致固定制造费用预算差异的因素主要有：管理人员工资及职工福利费的调整、折旧方法的改变和修理费用的变化等。导致固定制造费用能量差异（生产能力利用差异和效率差异）的因素主要有：机械发生故障、能源短缺、设备利用程度不高、材料供应存在问题和市场销路的变化等。

【政策研学9-3】　　《管理会计应用指引第304号——作业成本法》

扫描此码

深度学习

### 9.2.4　成本差异账务处理

（1）当相关的经济业务发生时，标准成本法下产品成本明细账中只会记录标准成本而非实际成本，与此相关的账户如"原材料""生产成本""库存商品""主营业务成本"等亦是如此。

（2）在获得实际成本数据时，企业须按照成本项目设置各种差异账户对成本差异予以归集，便于日常的成本控制和考核。例如，在"材料成本差异"科目下设不同的二级科目以便对差异做进一步的细分核算。

（3）在会计期末，对于各差异账户归集的成本差异，企业可以按标准成本的比例在本期销售成本、期末产成品成本、期末在产品成本等类别间分配，也可以一次性全部结转到销售成本中去。

【思政经典案例】　　疫情背景下钢铁行业管理会计案例
　　　　　　　　　　——中国宝武钢铁集团的成本控制

扫描此码

深度学习

## 9.3　作业成本法

### 9.3.1　作业成本法的基本概念

作业成本思想最早可追溯到20世纪30年代末至40年代初。当时美国会计学家科勒面临的问题是如何正确计算水力发电的成本,因为间接费用所占的比重相对很高,冲击了传统的制造成本法。因此,科勒提出了"作业成本计算"。作业成本法是基于作业的成本计算法,是指以作业为间接费用归集对象,通过资源动因的确认、计量,归集资源费用到作业上,再通过作业动因的确认、计量,归集作业成本到产品或顾客上去的间接费用分配方法。它既是核算产品成本的一种方法,又是以生产方式的电脑化、自动化为基础,同适时生产系统与全面质量管理紧密结合的一种成本管理方法。每一个科学的理论体系,都有基本的概念体系作为其完整理论框架的支撑,这样才能更全面、更科学地进行理论和应用体系等方面的研究。

### 1. 资源

资源(resource)是指支撑作业的成本、费用来源,它是一定期间内为了生产产品或提供服务而发生的各类成本、费用项目,或者是作业执行过程中所需要花费的代价。制造行业中典型的资源项目一般有:原材料、辅助材料、燃料、动力费用、工资、折旧、办公费、修理费和运输费等。如果一项资源支持多种作业,那么应当使用资源动因将资源分配计入各相应的作业中去。

### 2. 作业

作业(activity)是指企业为了实现其经营目标而从事的一系列活动。作业的实施必然消耗企业的资源。在作业成本法中,一项作业是最基本的成本归集单位。作业对资源的耗费,形成了作业成本。

作业是连接资源与产品的桥梁,具有如下特征:作业的主体是人;作业是投入产出因果联动的过程;作业消耗一定资源;作业贯穿于公司经营的全过程;作业是一种可量化的基准,使得基于作业的成本计算有了客观依据。

乔治·斯托布斯(George J.Staubus)教授从作业的层次上把作业分为以下四类:

(1) 单位层次作业(unit activity),是指作用于每一个产品单位或每一个顾客的作业,其成本往往与产品的产量或某种属性(如产品重量、长度等)成正比。例如,加工零件、对每件产品进行的检验等。

(2) 批别层次作业(batch activity),是指能够使一批产品或顾客受益的作业,其成本与产品的批数成正比。例如,设备调试、生产准备等。

(3) 产品层次作业(product activity),是指与特定产品品种有关的作业,其成本与产品的种类数成正比。例如,零件数控代码编制、产品工艺设计作业等。

(4) 设施层次作业(substaining activity)也称管理级作业,是指为支持和管理生产经营活动而进行的作业,其成本与产品数量无关,而取决于组织的规模与结构。这种作业的成本为全部生产产品的共同成本。通常认为前三个类别以外的所有作业都是设施层次作业。例如,厂房维修、管理作业、照明和热动力等。

### 3. 作业中心和作业成本库

作业中心(activity center)是指将类似的作业归集到一起。它是一系列相互联系、能够实现某种特定功能的作业集合。例如,材料采购、材料检验、材料入库、材料仓储保管等都是相互联系的,都可以归类于材料处理作业中心。

作业成本库(activity cost pool)把相关的一系列作业资源费用归集到作业中心,就构成了各作业中心的作业成本库,作业成本库是作业中心的货币表现形式。

### 4. 作业链与价值链

作业链(activity chain)是一个为了满足顾客需要而建立的一系列有序的作业集合体。一般来说,一家企业的作业链可以表示为:研究与开发—设计—生产—营销—配送—售后服务。

价值链(value chain)是指开发、生产、营销和向顾客交付产品或劳务所必需的一系列作业价值的集合,或者指伴随着作业转移的价值转移过程中全部价值的集合。从作业成本法的观点来看,由投入到产出的过程,是由一系列作业构成作业链的过程,每完成一项作业会消耗一定量的资源,同时又有一定价值量的产出转移到下一个作业,按此逐步接转下去,直至最后一个步骤将产品提供给顾客。作业的转移同时伴随价值的转移,最终的产出既是作业链的最终结果,也是价值链的结果,所以作业链的形成过程就是价值链的形成过程。作业形成价值,但并非所有的作业都增加转移给顾客的价值。有些作业可以增加转移给顾客的价值,则被称为增加价值的作业;有些作业不能增加转移给顾客的价值,则称为不增加价值的作业或浪费作业。企业管理就是要以作业管理为核心,尽可能消除不增加价值的作业,对于增加价值的作业,尽可能提高其运作效率,减少资源消耗。

### 5. 成本动因

成本动因(cost driver)是指诱导成本发生的原因,是成本对象与其直接关联的作业和最终关联的资源之间的中介。它是直接引起作业成本发生的原因,也是作业成本计算的成本分配标准。成本动因驱动成本产生,对产品成本结构起决定性作用。出于可操作性考虑,成本动因必须能够量化,可量化的成本动因包括生产准备次数、零部件数、不同的批量规模数、工程小时数等。成本动因作为分配标准,对于成本信息的准确性和相关性有重大影响。科学确定成本动因可以从根本上提高会计信息系统的质量,从而提高企业的经营决策水平和管理控制水平。

成本动因有多种分类,按照作业成本法的核算程序,可将成本动因分为资源动因和作业动因。

(1)资源动因,是指决定一项作业所消耗资源的种类及数量的因素,它反映作业中心对资源的消耗情况,是资源成本分配到作业中心的标准。在分配过程中,由于资源是一项一项地被分配到作业中去的,于是产生了作业成本要素(cost element)。将每个作业成本要素相加便可形成作业成本库。通过对作业成本库成本要素的分析,可以揭示哪些资源需要减少,哪些资源需要重新配置,最终决定如何改进和降低作业成本。因此,通过对资源动因高低的分析,可以评价作业对资源的利用是否有效。典型的资源动因例子如,采购作业量作为驱动采购部门资源耗费的动因,与采购部门所需的采购人员数量存在正相关的关系,从而与采购部门的工资、福利费也成正相关关系。一般情况下,采购作业的增加会引起采购人员的增加,从而引起工资、福利费用的增加。表9-5列举了几种常见的资源动因。

表 9-5　资源动因列举

| 资　源 | 资　源　动　因 |
|---|---|
| 人工 | 消耗劳动时间 |
| 材料 | 消耗材料数量 |
| 动力 | 消耗电力度数 |
| 房屋租金 | 房屋使用面积 |

**【例 9-9】** 辰星公司 20××年 10 月作业 A 和作业 B 的人工工时总消耗为 1 000 小时，人工成本为 6 000 元；一般材料总消耗为 400 千克，总成本为 10 000 元。作业 A 和作业 B 消耗材料与人工情况的详细资料如表 9-6 所示。

表 9-6　资源消耗情况表

| 作业成本库 | 资源动因 | |
|---|---|---|
| | 消耗材料(千克) | 消耗工时(小时) |
| 作业 A | 100 | 800 |
| 作业 B | 300 | 200 |
| 合　计 | 400 | 1 000 |

要求：计算作业 A 和作业 B 的成本。

解：作业成本计算过程与结果如表 9-7 所示。

表 9-7　作业成本计算表

| 作业成本库 | 材料消耗量(千克) | 分配率 | 材料消耗成本 | 工时消耗量(小时) | 分配率 | 消耗人工成本 | 作业成本 |
|---|---|---|---|---|---|---|---|
| 作业 A | 100 | 25 | 2 500 | 800 | 6 | 4 800 | 7 300 |
| 作业 B | 300 | | 7 500 | 200 | | 1 200 | 8 700 |
| 合　计 | 400 | | 10 000 | 1 000 | | 6 000 | 16 000 |

材料成本的分配率＝10 000÷400＝25(元/千克)

人工成本的分配率＝6 000÷1 000＝6(元/小时)

(2) 作业动因，是指决定产品所需作业种类和数量的因素，它反映产品使用作业的频率和强度，是将作业中心成本分配到产品、劳务或顾客中的标准。通过对作业动因的分析，可以揭示出增值作业与非增值作业，促使企业生产流程的合理化。典型的作业动因的例子，如产品设计消耗的资源与设计部门设计的品种数目有正相关性，因此，产品设计作业的作业动因就是设计产品的品种数目。常见的作业分类及相关作业动因如表 9-8 所示。

表 9-8　作业分类及相关作业动因

| 作业分类 | 常见作业动因 |
|---|---|
| 单位层次作业 | 产品或零部件产量、机器工时、人工工时、耗电千瓦时数等 |
| 批别层次作业 | 采购次数、生产准备次数、机器调整次数、材料或半成品转移次数、抽样检验次数等 |
| 产品层次作业 | 按产品品种计算的图样制作份数，按产品品种计算的生产工艺改变次数，模具、样板制作数量，计算机控制系统和产品测试程序的开发，按品种下达的生产计划书份数等 |
| 设施层次作业 | 设备数量、厂房面积等 |

(3) 资源动因与作业动因的区别和联系。从前文我们可以看出,资源动因连接着资源和作业,而作业动因连接着作业和产品。把资源分配到作业起作用的是资源动因;把作业成本分配到产品起作用的是作业动因。比如,工资是企业的一种资源,把工资分配到作业"质量检验"的依据是质量检验部门的员工数,这个员工数就是资源动因;把作业"质量检验"的全部成本按产品检验的次数分配到产品,则检验的次数就是作业动因。作业动因和资源动因也有混同的情况,当作业和产品一致,这时的资源动因和作业动因就是一样的。这些相关概念的内在联系如图 9-1 所示。

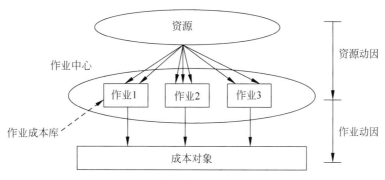

图 9-1　作业成本法概念联系图

## 9.3.2　作业成本法的程序与应用

**1. 作业成本法的计算原理**

传统的成本方法是首先将直接成本(如直接材料、直接人工等)直接计入产品成本而将各种不同性质的间接费用(如制造费用)归集到生产部门(如车间、分厂等);然后以数量为基础将制造费用分摊到有关产品,即把生产活动中发生的资源耗费通过直接计入和分摊两种方式计入产品成本,即"资源→产品"。作业成本计算是以作业为中心,通过确认企业设计、生产、销售等经营过程中所有与产品相关的作业及相应资源耗费,按成本动因分配计量作业成本,对所有作业活动进行动态的反映,尽可能消除"不增值作业",改进"增值作业",优化"作业链"和"价值链",从而得出相对合理的产品成本,为经营决策提供有用信息。

其计算原理可以概括为:首先依据不同的成本动因分别确认主要作业,设置成本中心及对应的成本库;再归集各项作业的资源耗费量等投入成本到作业成本中心;然后分别按最终产品或最终劳务所耗费的作业量分摊各个成本库的作业成本,汇总得出各产品的作业总成本,最后计算各种产品的总成本和单位成本。这个过程如图 9-2 所示。

图 9-2　作业成本法计算原理图

图 9-2 中实线表示成本计算和形成过程;虚线表示资源的消耗过程。图 9-2 反映了产品消耗作业、作业消耗资源;资源按资源动因把其成本追踪到作业中去,从而得到作业成本,作业又按作业动因把其成本追踪到产品中去,最终形成产品的成本。因此,作业是资源

与产品之间联系的桥梁,是作业成本计算的重点。

**2. 作业成本法的计算步骤**

根据作业成本法的基本原理,可以按以下步骤计算产品成本:

(1) 确认和计量各类资源的耗费。资源被消耗后,有关部门应采取一定的方法对其进行分类归集,这样既可以从总体上反映各类资源的耗用情况,也为各类资源的耗费价值向作业中心的成本库进行分配奠定了基础。

(2) 确认主要作业并建立作业成本库。首先,将与企业间接费用发生有关的作业活动进行分类。由于制造业企业产品品种多样而且不同产品在生产过程上有较大差异,因此企业要结合自身的生产特点,依据成本效益的原则,按照重要性和同质性划分出企业生产制造过程中的主要作业。在确认主要作业时,要特别注意具有以下特征的作业:资源昂贵、金额较大的作业,产品之间的使用程度差异极大的作业和需求形态与众不同的作业。其次,按同质作业设置作业成本库。以同质作业成本库归集间接费用不仅可以提高作业成本计算的可操作性,而且可以减少工作量,降低信息成本。例如,机器调整是一项作业,所有与机器调整有关的费用都应归属到"机器调整"这一作业成本库中。最后,以资源动因为基础将间接费用分配到作业成本库。作业成本库建立之后,关键在于如何将各类资源的价值耗费分配计入各作业成本库中。作业消耗资源,作业量的多少决定着资源的耗费量,故分配资源价值耗费的基础是反映资源消耗量与作业量之间的资源动因。资源动因在确认时应遵循一定的原则:若某项资源耗费可直接确认其是被某一特定的产品所消耗,则直接将其计入该产品的成本中,此时资源动因也就是作业动因。例如,直接材料费用的分配就适用于这个原则。若某项资源耗费可以从发生领域上划分为各作业所耗,则可计入各作业成本库,此时,资源动因可以认为是"作业专属耗费"。例如,不同作业各自发生的办公费一般适用于这个原则;若某项资源耗费从最初消耗上就呈现混合性耗费状态,则需要选择合适的量化依据将资源消耗分解到各作业,这个量化的依据就是资源成本动因。

(3) 确定作业动因并计算各成本动因的分配率。作业动因是将作业成本库的成本分配到产品或劳务中去的基础。当各作业成本库已经建立后,可从作业成本库的多个作业动因中选出恰当的作业动因作为该成本库的代表性成本动因,并计算成本动因的分配率,其计算公式如下:

$$成本动因分配率 = 成本库费用 / 成本库作业动因总量$$

有了成本动因分配率,就可以根据产品消耗的各成本库的成本动因量进行成本库费用的分配。

(4) 计算每种产品的成本。每种产品从各成本库中分配所得的费用之和,即为每种产品的费用分配额。然后,将每种产品的各作业成本库分摊成本和直接成本(直接人工及直接材料)合并汇总,计算得出该产品的总成本,再将总成本除以产品数量,计算得出该产品的单位成本。

根据作业成本法的基本计算步骤,其成本计算流程应当遵循如下规则:首先,进行资源的归集,然后按资源动因将其分配到作业中去;其次,把相同性质的作业归集在一起形成作业成本库后,按作业动因将其分配到产品中去;最后,对产品成本进行整合,提供决策相关的成本信息。该流程可用图 9-3 来表示。

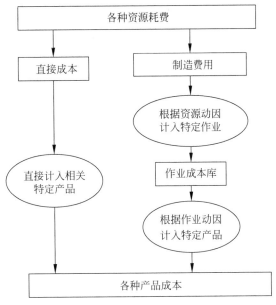

图 9-3 作业成本法核算程序示意图

### 3. 作业成本法的应用

【例 9-10】 辰星公司同时生产 A、B 两种产品。20××年 10 月,该公司发生的制造费用总计 500 000 元,过去该公司制造费用按直接人工工时进行分配,有关资料见表 9-9 和表 9-10。要求:分别采用传统成本法和作业成本法计算产品成本。

表 9-9 产品相关资料表

| 项 目 | A 产品 | B 产品 |
| --- | --- | --- |
| 产量(件) | 1 000 | 2 000 |
| 直接材料成本(元/件) | 100 | 80 |
| 材料用量(千克) | 3 000 | 2 000 |
| 直接人工工时(小时/件) | 2 | 1 |
| 机器调控次数 | 15 | 5 |
| 产品抽检比例(%) | 50 | 25 |
| 小时工资率(元/小时) | 50 | 50 |

表 9-10 产品作业资料表

| 作业 | 成本动因 | 成本库 | 制造费用(元) |
| --- | --- | --- | --- |
| 质量控制 | 抽检件数 | 质量控制 | 200 000 |
| 机器调控 | 调控次数 | 机器调控 | 200 000 |
| 材料整理 | 整理数量 | 材料整理 | 100 000 |
| 制造费用合计 | | | 500 000 |

解:
(1) 传统成本法下的产品成本计算:

制造费用分配率计算如下(见表9-11)。

直接人工工时：A产品 2×1 000＝2 000(工时)

B产品 1×2 000＝2 000(工时)

合计：4 000(工时)

$$制造费用分配率＝制造费用总额÷直接人工总工时$$
$$＝500\,000÷4\,000＝125(元/小时)$$

表9-11 传统成本法下的产品成本计算表　　　　　　　　单位：元

| 成本项目 | A产品 | | B产品 | |
|---|---|---|---|---|
| | 单位成本 | 总成本 | 单位成本 | 总成本 |
| 直接材料 | 100 | 100 000 | 80 | 160 000 |
| 直接人工 | 50×2＝100 | 100 000 | 50×1＝50 | 100 000 |
| 制造费用 | 125×2＝250 | 250 000 | 125×1＝125 | 250 000 |
| 合　计 | 450 | 450 000 | 255 | 510 000 |

(2) 作业成本法下的产品成本计算：

① 制造费用分配率计算见表9-12。

表9-12　制造费用分配率计算表

| 成本库 | 制造费用/元 | 成本动因 | 分配率 |
|---|---|---|---|
| 质量控制 | 200 000 | 抽检件数(件)<br>A产品：1 000×50％＝500<br>B产品：2 000×25％＝500<br>合计：1 000 | 200 000÷1 000＝200(元/件) |
| 机器调控 | 200 000 | 机器调控次数(次)<br>A产品：15<br>B产品：5<br>合计：20 | 200 000÷20＝10 000(元/次) |
| 材料整理 | 100 000 | 整理数量(千克)<br>A产品：3 000<br>B产品：2 000<br>合计：5 000 | 100 000÷5 000＝20(元/千克) |

② 制造费用分配计算见表9-13。

表9-13　制造费用分配表

| 成本库 | 制造费用/元 | 分配率 | A产品 | | B产品 | |
|---|---|---|---|---|---|---|
| | | | 消耗动因 | 分配成本/元 | 消耗动因 | 分配成本/元 |
| 质量控制 | 200 000 | 200(元/件) | 500件 | 100 000 | 500件 | 100 000 |
| 机器调控 | 200 000 | 10 000(元/次) | 15次 | 150 000 | 5次 | 50 000 |
| 材料整理 | 100 000 | 20(元/千克) | 3 000千克 | 60 000 | 2 000千克 | 40 000 |
| 合　计 | 500 000 | — | — | 310 000 | — | 190 000 |

③ 产品成本计算见表9-14。

表 9-14　产品成本计算表　　　　　　　　　　　　　单位：元

| 成本项目 | A产品（1 000件） | | B产品（2 000件） | |
|---|---|---|---|---|
| | 单位成本 | 总成本 | 单位成本 | 总成本 |
| 直接材料 | 100 | 100 000 | 80 | 160 000 |
| 直接人工 | 50×2=100 | 100 000 | 50×1=50 | 100 000 |
| 制造费用 | 310 000÷1 000=310 | 310 000 | 190 000÷2 000=95 | 190 000 |
| 合　计 | 510 | 510 000 | 225 | 450 000 |

## 9.3.3　作业成本法与传统成本法的比较

### 1. 传统成本法存在的问题

传统成本法存在的问题主要表现在以下两个方面。

（1）随着科学技术水平的提高与发展，企业的机械化、自动化程度越来越高，生产设备的更新换代也变得越来越快，导致了单位会计期间内的固定资产折旧增大从而直接导致制造费用的增加。加之，机器作业大规模替代了人工作业，传统成本法下分配制造费用的直接人工工时大大减少。在制造费用增大和直接人工减少的双重作用下，致使传统成本法下的制造费用分配率变大，且生产自动化程度越高，分配率就越大。过大的分配率也将导致在产品工时不发生大的误差时，也会导致产品成本的巨大差异。这显然不是产品的真实耗费，而是由于成本分配方法本身所导致的虚假表象。

（2）由于消费者需求的差异化和多样化影响，产品的更新换代速度越来越快，传统的大批量、少品种生产模式也逐渐被少批量、多品种的生产模式所取代。同时，与单个产品生产工时无关的费用却逐渐增加。而且很多生产支持性费用与产出数量并没有直接对应关系，企业如果把这些与产品生产工时无直接关系的费用按工时去分摊，将必然导致产品成本核算的不真实。

### 2. 作业成本法与传统成本法的区别

与传统成本核算方法相较而言，作业成本法最大的不同在于成本动因的选择实现了质的突破。它不再是以机器工时、人工工时诸如此类单一的数量标准为分配基础，而是集多元化的分配标准为一体，将财务指标与非财务指标综合考虑在内，提高了产品与其成本的相关性。作业成本法下的成本是通过将间接费用按不同作业动因分配到相应成本库的方式进行归集的，再按照相应的动因率进行分配。换言之，作业成本法将与产出量相关的间接费用和非产出量相关的间接费用区别开来，并且采用不同动因进行分配，使成本库中归集的间接费用更具同质性，费用的分配与分配标准之间更具因果关系。两种成本核算方法在成本核算和控制方面的区别可归纳如表9-15所示。

表 9-15　传统成本法和作业成本法的主要区别

| 项　目 | 传统成本法 | 作业成本法 |
| --- | --- | --- |
| 成本库数量 | 间接费用的成本库数量很少,且缺乏同质性 | 同质间接成本库较多 |
| 成本形态 | 反映成本发生的静态过程 | 体现成本形成的动态模式 |
| 间接费用的分配标准 | 间接费用的分配基础多为财务变量 | 间接费用的分配基础包括财务变量和非财务变量 |
| 间接费用的分配方式 | 仅满足与产出量相关的费用分配 | 兼顾与非产出量相关的费用分配 |
| 表现方式 | 揭示了成本的经济实质和形式 | 贯穿了成本发生的各个环节,体现成本发生的全过程 |
| 成本信息的特点 | 不精确,与决策相关性弱 | 较精确,与决策相关性强 |
| 成本控制流程 | 费用—产品 | 费用—作业—产品 |
| 成本控制着眼点 | 产品 | 作业 |
| 成本管理目的 | 降低成本 | 战略成本管理 |

**3. 作业成本法的优势**

（1）作业的分析与管理更有效率。作业成本法所提供的精确清晰的成本信息是进行作业管理及作业分析的基础,作业成本法溯本求源核算成本的思想也是作业管理及作业分析的精髓所在。作业成本法延伸到管理层面则被称为"作业成本管理",在作业成本管理体系中,企业管理的焦点从传统的"产品或服务"前移到"作业"上来,实行以作业管理为基础的管理思想。企业管理深入基层的作业层次,管理的幅度和深度得到了进一步的拓展。作业成本管理将企业管理深入作业层次后,使得企业管理聚焦于作业,对作业进行分析并理顺作业间的关系,对企业和行业作业链进行整合分析,进一步消除无增值作业,使得增值作业更有效率,同时还使企业管理处于动态改进的环境中。

（2）成本费用的核算更加合理、准确。传统成本法采用的是把直接成本同间接成本区分核算的方法,作业成本法则是通过对生产流程中的一系列作业活动分析后,无论一项资源是直接消耗还是间接消耗,凡是同某项作业具有关联性、对产品服务有重要影响的成本都会被纳入其中并同等对待。对于成本费用的归集,作业成本法首先分析成本资源发生的原因,通过资源动因将成本资源划分为相对应的作业,再依据作业动因将各种作业归入产品。与传统成本法比较而言,运用作业成本法进行成本核算,将原先单一化的成本分配方式转变为按资源动因和作业动因的多指标分配模式,使得成本的核算具有更高的精确度,成本信息也更为真实。

（3）有利于建立新的责任会计系统,进行业绩评价。企业的作业链同时也是一条责任链,以成本库为新的责任中心,分析评价该成本库中费用发生的合理性,以能否为最终产品增加价值作为合理性的标准,建立责任会计系统,并按照是否提高价值链的价值为依据进行业绩评价,充分发挥资源在价值链中的作用,促进企业经济效益的提高。

### 9.3.4　作业成本管理

作业成本理论产生和发展的初衷是提高成本计算的准确性,改变传统成本计算方法对成本信息的扭曲。但是，随着市场竞争的日益激烈和企业内部经营环境、制造环境的持续转变，传统成本管理已难以适应。而以作业成本计算为基础的作业管理，能够利用所提供的成本信息，发现作业乃至价值链中的浪费现象并分析其原因，从而消除不增加客户价值的作业，实现企业竞争力和盈利能力的不断提升。因此，作业成本理论呈现出从作业成本计算向作业成本管理转移的趋势。

### 1. 作业成本管理的含义

作业成本管理（activity-based management，ABM），是指以客户需求为出发点，以作业分析为核心，利用作业成本计算所获得的信息对作业链不断进行改进和优化，以达到不断消除浪费，提高客户价值，从而使企业获得竞争优势的一种先进的成本管理方式。作业成本管理是将成本管理的起点和核心由商品转移到作业层次的一种管理方法。在作业成本理论下，企业被看作一个作业链，企业每完成一项作业都要消耗一定的资源，而作业的产出又形成一定的价值，转移到下一个作业，依次转移，直至形成最终的产成品提供给外部顾客，最终产品中包含了各个作业链所形成并最终提供给顾客的价值。因此，从价值的形成过程看，作业链也可称为价值链。

作业成本管理运用作业成本计算提供的信息，通过科学合理地安排产品或服务的销售组合，从成本方面优化企业的作业链和价值链，达到寻求改变作业和生产流程，改善和提高生产效率的目的。作业成本管理的主要目的就是要努力找到企业经营中存在的非增值作业成本并努力消除或将之降到最低，一般包括确认和分析作业、作业链—价值链分析、成本动因分析、区分增值作业与非增值作业、分析作业预算执行的结果以及采取措施、改善企业的生产经营等步骤。因为企业的作业链同时也表现为价值链，而企业的价值最终将通过顾客愿意支付的价格来实现，因此，在进行作业分析时，应以顾客的需求为出发点，通过客户意向调查等方式，了解客户对企业产品的要求以及顾客的偏好。只有通过这种方式企业才能进一步分析哪些作业增加了企业价值，哪些作业属于无效用作业，从而为下一步的作业分析奠定基础。最后，企业通过作业分析，采用先进的方法以及有效的措施优化作业链，同时尽量提高增值作业的利用效率，从而达到不断改善生产经营、确保低成本竞争战略优势的最终目的。

### 2. 识别增值作业与非增值作业

增值作业与非增值作业是站在顾客角度划分的。最终增加顾客价值的作业是增值作业，否则就是非增值作业。在一个企业中，区别增值作业和非增值作业的标准就是看这个作业的发生是否有利于增加顾客的价值，或者说增加顾客的效用。

（1）增值作业分析。增值作业是指满足客户需要所必须进行的作业。对于此类作业，顾客愿意为其支付价格，如生产工艺中的各项作业。凡经过分析确定为增值作业的，企业必须保持不能消除，否则会降低企业价值。增值作业需同时满足以下条件：作业能带来某种变化；这种变化是该作业发生之前的其他作业无法实现的；该作业使其他作业的发生成为可能。

在实际工作中，在划分企业的每一个作业时，可以使作业多达上百种，要想对这些作业逐一进行价值分析并判定其增值作业的效率高低是不可能的，也是没必要的。因此，合理的做法是对那些相对于顾客较为重要的作业展开价值分析。因为企业80%的成本通常是由20%的作业引起的,将作业按其成本大小排列,凡排列在前面的那些作业就是应分析的重点作业,而对于排列在后面的作业,则是对成本影响不大的作业,可不予以分析。

(2) 非增值作业分析。非增值作业,从是否增加顾客价值角度来看,是指不能为最终产品或服务增加价值的作业,缺少它也不会影响顾客对产品或服务的满意程度;从企业角度来讲,它指的是不必要的或虽必要但效率低下并可以改进的企业活动。这类作业属于企业过剩的作业,客户并不愿意为此支付价格,在不降低产品质量、企业价值的前提下,企业应努力消除这类作业。例如,材料或在产品堆积作业,产品或在产品在企业内部迂回运送作业,产品废品清理作业,次品处理作业,返工作业,无效率重复某工序作业,由于订单信息不准确造成没有准确送达需要再次送达的无效率作业,等等。

### 3. 改善作业的具体措施

作业管理的最终目的是在保证客户价值不变的前提下尽可能改善作业,提高增值作业的效率和消除无增值作业。在实际工作中,要想达到彻底消除非增值作业的目的往往是不可能的,但我们可以根据实际情况采用作业消除、作业选择、作业减少、作业共享等措施来实现,具体内容如下。

(1) 作业消除,是指采取措施将经过作业分析所确定的非增值作业消除,以减少不必要的耗费,提高成本效率。例如,将原材料从集中保管的仓库搬运到生产部门,将某部门生产的零部件搬运到下一个生产部门都是非增值作业。如果条件许可,将原材料供应商的交货方式改为直接送达原材料使用部门,将功能性的工厂布局转变为单元制造式布局,就可以缩短运输距离,减少甚至消除非增值作业。

(2) 作业选择,是指尽可能列举各项可行的作业并从中选择最佳作业。不同的策略经常产生不同的作业。例如,加工某产品可以采用不锈钢材,但也可以采用普通钢材。如果通过表面处理后可以达到同样效果,且不影响产品质量,不降低客户价值,就应选择成本低的普通钢材加工作业。还可以通过作业成本计算,比较作业的成本和效率。如果作业效果相同,选择成本最低的作业;若成本不相上下,则选择效率最高或效果最好的作业。

(3) 作业减低,就是改善必要作业的效率或者改善在短期内无法消除的非增值作业。例如,将原来需要6个机器工时的加工工艺压缩为4个机器工时,工时减少导致作业成本也减少了。对难以立即消除的非增值作业,可以采取不断改进的方式降低作业消耗的资源或时间,或提高作业效率以尽量减少作业量或降低成本耗费。如生产过程中的半成品搬运,可以通过改进工厂设置来缩短运送距离,进而减少运送作业,降低作业成本。又如,不合格品返工作业,产品合格率提高了,不合格的产品少了,对这项作业的需求也就降低了。

(4) 作业转换,就是把不增值作业转换为增值作业。比如,海底捞火锅把顾客等待这个不增值作业转化为向顾客提供服务享受的增值作业。

(5) 作业分享,是指充分利用企业的生产能量使之达到规模经济效应,提高单位作业的效率。例如,不增加某种作业的成本而增加作业的处理量,使单位成本动因的成本分配率下降,也是提高作业效率的一个途径。所谓分享,即几种产品分享一项作业的产出。例如,新产品在设计时如果考虑到充分利用现有其他产品使用的零部件,就可以免除新产品零部件的设计作业,从而降低新产品的生产成本。对于不可消除的作业,扩大其共享范围是改进作业、提高效率的最佳方式。

企业在采取措施降低成本时,改善作业的五种途径往往需要结合起来考虑。需要说明的是,企业消除非增值作业,提高增值作业的效率,往往会造成作业能力的闲置,如厂房、设备、人员等方面资源的多余。如果不能将闲置资源充分利用或处置,则消除浪费的效果就不能充分得以实现。

**【思政案例分析】　　　　　　华为基本法之成本控制**

任正非说:"管理中最难的是成本控制,没有科学合理的成本控制方法,企业就处在生死关头。"可以说,成本费用控制是企业财务管理永恒的话题。成本费用是利润的死敌。企业往往会把控制成本费用当作扭亏增效的手段。

1994年11月,华为从一个默默无闻的小公司一跃成为热门企业。视察过该公司的上级领导都称赞华为的企业文化好。干部员工也常把企业文化挂在嘴上,但到底企业文化是什么?谁也说不清。于是,任正非就指派一位副总监与中国人民大学的几位教授联系,目的是梳理华为的企业文化,总结成功的经验,于是才有了后来的《华为基本法》。

《华为基本法》从1995年萌芽,到1996年正式定位为"管理大纲",到1998年3月审议通过,历时数年。《华为基本法》总结、提升了公司成功的管理经验,确定华为二次创业的观念、战略、方针和基本政策,构筑公司未来发展的宏伟架构。以《华为基本法》为里程碑,华为吸收了包括IBM等公司在内的管理工具,形成了均衡管理的思想,完成了公司的蜕变,成为中国最优秀的国际化企业之一。

关于成本控制,《华为基本法》第82条有一段描述:成本是市场竞争的关键制胜因素,成本控制应当从产品价值链的角度,权衡投入产出的综合效益,合理确认控制策略。成本费用的控制依据不应是"多与少",而应是"是与非",关键是要衡量投入产出比。控制成本费用不一定要追求成本费用总额的下降,而应尽可能让成本费用带来增量产出。华为在成本费用控制方面,主要关注五个方面:设计成本、采购成本与外协成本、质量成本、库存成本、期间费用。

**1. 设计成本**

设计成本是指企业在进行产品设计时,根据设计方案中规定使用的材料、经过生产工艺过程等条件计算出来的产品成本。它是一种事前成本,并不是实际成本,也可以说是一种预计成本。设计成本会决定后期生产中80%以上的成本。在生产制造环节降成本难度很大,也为时已晚。控制生产成本需要将着眼点前移到设计环节,让产品的设计方案能做到生产最经济,未来消费者能收获更高的性价比。

**2. 采购成本与外协成本**

采购成本与外协成本取决于企业的业务规模与议价能力。在很大程度上议价能力也取决于业务规模。要降低这两项成本,最佳的方式是不断拓展业务,实现规模经济。

**3. 质量成本**

质量成本一直是华为成本控制的重点。如果产品质量有瑕,必然会导致退换货、维修、运输等成本也会增高。如果产品直接面向消费者,产品质量问题还有可能导致公司整体形象受损,甚至给公司带来毁灭性灾难。

**4. 库存成本**

库存过高一方面会增加仓储费用；另一方面会增加资金占用成本。存货库存主要包括两部分：原材料和产成品。在市场生产过剩的情形下，企业都有控制产量的意识，在维持一定的安全库存的情况下，做到按订单生产。对于原材料，要重点关注版本升级造成呆料和死料。

**5. 期间费用**

很多企业把成本控制的重心放在了期间费用上。预算控制、总额控制、比率控制、人均控制，方法诸多，不一而足。控制效果一般不会太好。原因在于，期间费用在成本费用中比重一般不高，监管的难度却很大，本着成本效益原则，不应对期间费用过多干预。对期间费用的控制重心不妨后移，体现在对责任中心的利润考核中。华为对期间费用控制的理念是做到不浪费就好。

对于如何做好成本费用控制，任正非先生有一段论述，"管理中最难的是成本控制，没有科学合理的成本费用控制方法，企业就处在生死关头，全体员工都要动员起来优化管理，要减人、增产、涨工资"。

任总的这段话，有两层意思：

（1）强调成本费用控制的重要性。只有成本控制好了，在产品品质一样的情况下，才能更有市场竞争力。

（2）指出了控制成本费用思路：减人、增产、涨工资。"减人"是为了去除冗余，管理的冗余就是管理障碍和壁垒。"减人"能提高人均产出，人均产出提高了，自然而然能带来更多的利润。人均产出提高了，人均利润也会提高，这时企业才有实力给员工涨工资。涨工资又能反过来刺激员工的创造力和生产力，这就形成了一个良性循环。

在成本费用控制上，华为强调全员全流程的盈利意识，一方面需要把控制成本费用的意图灌输给全体员工；另一方面应该把成本费用的控制理念在公司的运营流程当中都要体现。

资料来源：华为：成本费用管理理念，财务人值得学习[OL].[2020-01-09].管理会计知识汇.

要求：根据上述思政案例内容，思考以下问题。

1. 唯物辩证法的矛盾范畴是辩证矛盾、客观矛盾，它是指事物之间或事物内部诸要素之间既对立又统一的关系。结合思政案例，谈谈华为是如何看待成本费用与利润是矛盾的统一体的。

2.《周易·丰》中有一句"日中则昃，月盈则食"。《红楼梦》第13回中说"月满则亏，水满则溢"。请用这两句名言阐述华为"控制成本费用需要有度，不宜做过"。

3.《华为基本法》中在成本费用控制方面，主要关注五个方面。这五个方面哪些是事前成本控制？哪些是日常成本控制？

4. 对于如何做好成本费用控制，任正非先生说："全体员工都要动员起来优化管理。"这句话体现了成本控制的什么原则？

## 【本章小结】

本章主要介绍了成本控制方法的标准成本法和作业成本法。标准成本的制定是关键，重点是标准成本差异的计算与分析。标准成本管理与控制为标准成本法的实施提供了管理保障。标准成本差异账务处理是实施标准成本法的核算结果。作业成本法是基于作业的成本计算法，是指以作业为间接费用归集对象，通过资源动因的确认、计量，归集资源费用到作业上，再通过作业动因的确认、计量，归集作业成本到产品或顾客上去的间接费用分配方法。作业成本管理是指以客户需求为出发点，以作业分析为核心，利用作业成本计算所获得的信息对作业链不断进行改进和优化，以达到不断消除浪费，提高客户价值，从而使企业获得竞争优势的一种先进的成本管理方式。作业成本管理是将成本管理的起点和核心由商品转移到作业层次的一种管理方法。

【在线测试题】 扫描书背面的二维码，获取答题权限。

扫描此码

在线自测

【思考题】

1. 简述标准成本法的含义、特征及作用。
2. 标准成本差异包括哪些内容？
3. 什么是成本动因？成本动因有哪些类型？
4. 采用作业成本法计算产品成本的具体步骤有哪些？
5. 什么是增值作业？什么是非增值作业？其判断的标准是什么？

# 第10章 责任会计

【思政名言集锦——励志篇】

会当凌绝顶,一览众山小。

——杜甫《望岳》

千磨万击还坚劲,任尔东西南北风。

——郑燮《竹石》

宝剑锋从磨砺出,梅花香自苦寒来。

——《警世贤文》之勤奋篇

【学习目标】

通过本章学习:了解平衡计分卡的基本原理,掌握责任中心的概念以及成本中心、利润中心和投资中心的内涵及其考核方法。

【引导案例】

## 海尔集团的战略经营单位

海尔自创立以来就十分重视管理创新。早在20世纪80年代开始的名牌战略阶段,海尔便以"砸冰箱"为开端,在企业推行全面质量管理,同时推进班组自主管理,这是海尔实践员工自主管理的开始。多元化战略阶段,海尔探索形成了独具特色的"OEC管理法"。国际化战略阶段,海尔借助信息技术,开始了以市场链为纽带的业务流程再造。

2001年,海尔开始推行全员战略经营单位(strategic business unit,SBU)经营机制。全球化战略阶段以来,海尔推进了人单合一管理,让每个人成为用户价值创造的主体。"人"就是员工,"单"就是市场目标、用户需求。"人单合一"就是员工与用户融合为一体,是对外建立一种员工同用户的契约,对内建立以自主经营体为基本创新单元的自组织。员工成为自主创新的主体,从原来员工听企业的,变成员工听用户的、企业听员工的,让每一位员工都成为自己的CEO,实现企业的基业长青。人单合一管理建立以战略损益表、日清表、人单酬表为核心的人单合一管理会计体系,从而建立起由市场需求驱动的全员自主经营、自主激励的经营管理模式。

"人单合一"的全员 SBU 经营机制是将每个员工作为了绩效考核的责任中心。

## 10.1 责任会计概述

### 10.1.1 责任会计的产生和发展

责任会计是西方现代管理会计中的重要内容,实行责任会计是西方企业将庞大的组织机构分而治之的一种做法。责任会计最早产生于 19 世纪末 20 世纪初。这一时期,西方资本主义经济迅速发展,企业组织规模不断扩大,责任会计得到了充分的发展,其标志是以泰勒的"科学管理理论"为基础的标准成本制度的出现。管理科学理论的出现使责任会计体系得到进一步完善。责任会计在理论和方法上的成熟,则是在 20 世纪 40 年代以后。第二次世界大战后,国际经济迅速发展,市场竞争日趋激烈,企业的规模以前所未有的速度发展,出现了越来越多的股份公司、跨行业公司和跨国公司等各种集团企业。这些企业规模庞大、管理层次繁多、组织机构复杂,其分支机构遍布世界各地,传统的管理模式已不适用或者效率低下。这样一来,现代分权管理模式应运而生,责任会计受到人们的普遍重视,其方法也被不断改进并最终形成了现代管理会计中的责任会计。

实行分权管理,就是将生产经营决策权在不同层次的管理人员之间进行适当划分,并将决策权随同相应的经济责任下放给不同层次的管理人员,有效地调动各级管理人员的积极性和创造性,使他们都能对日常的经济活动及时进行有效的决策,不断提高工作效率和质量。为了保证企业上下目标一致,并建立各管理层次的分工协作关系,对每一管理层次的主管人员都规定了相应的职责和权限,并且实行管理控制程序,用以考核各责任中心的工作成绩,及时协调企业的生产经营活动。责任会计正是顺应这种管理要求而不断发展和完善起来的一种行之有效的控制制度。目前,责任会计已形成一套完整的体系,在西方企业中已经制度化。

### 10.1.2 责任会计的含义

责任会计(responsibility accounting)是指以企业内部责任单位为主体,以责、权、利相统一的制度为基础,以分权为前提,以责任预算为控制目标的一种内部控制制度。其核心工作是:根据授予各单位的权利、责任及其对业绩的计量评价,在企业内部建立若干个不同形式的责任中心,并建立起以各责任中心为主体,以责、权、利相统一为特征,以责任预算、责任控制、责任考核为内容,通过信息的积累、加工和反馈等方式以实现对各责任中心分工负责的经济活动进行规划与控制的一种内部制度。

企业在预测分析与决策分析的基础上编制了全面预算,为企业在预算期间生产经营活动的各个方面规定了总的目标和任务。为保证这些目标和任务的实现,必须将全面预算中确定的指标按照企业内部管理系统的各个责任中心进行分解,形成"责任预算",使各个责任中心明确自己的目标和任务。全面预算通过责任预算得到落实和具体化,而责任预算的评价与考核则通过责任会计来进行。

### 10.1.3 责任会计的作用

责任会计在企业经营管理中的作用如下。

**1. 有利于贯彻企业内部的经济责任制**

实行责任会计制度,可使各级管理人员目标明确、权责分明,而且责任者有职有权。通过责任会计的一系列方法把企业的总经营目标进行分解并层层落实,将使企业内部经济责任制得以完善和充实。

**2. 有利于提高决策的质量**

实行责任会计制度,可使各级管理人员具有较多的决策自由,促使其及时掌握情况和改进工作。同时,实行责任会计制度也便于各级管理人员及时了解在决策制定中存在的问题,从而收集更充分的信息,使各项决策更加及时、准确。

**3. 有利于对各级管理部门的业绩进行评价与考核**

实行责任会计制度,各责任层次分工明确,有的只对其所能控制的成本负责,有的兼对成本和利润负责,有的对资金运用效益负责,因而权责明确、考核有据,便于对各责任中心(responsibility center)制定出具体的评价指标和考核办法,全面而客观公正地反映各责任中心的工作实绩和经营成果。

**4. 有利于保证企业经营目标的一致性**

实行责任会计制度,各责任单位的经营目标就是整个企业经营总目标的具体体现,因而在日常经营活动中,必须随时注意各责任中心的经营目标是否符合企业的总目标,并随时进行调整。这样就便于把各责任中心的经营目标与企业总目标统一起来,从而保证企业上下经营目标的一致性。

**5. 有利于及时进行信息反馈**

实行责任会计制度,为进行内部经济控制建立了会计信息反馈系统,可及时地反馈各部门、各层次责任预算的执行情况,以便分析出现的偏差和产生偏差的原因,并采取措施及时加以纠正。

### 10.1.4 责任会计的基本原则

各企业实行责任会计的具体做法可因企业的类型、规模、管理要求等情况的不同而有所差别,但在设计和建立责任会计制度时都应遵循以下几项基本原则。

**1. 责任主体原则**

当企业建立责任会计制度时,企业所发生的每一项经济业务都由特定的责任中心负责。

因此，责任会计的核算应以企业内部各责任中心为对象，责任会计资料的收集、记录、整理、计算、对比和分析等各项工作，都必须按责任中心进行。

### 2. 可控性原则

对于各级责任中心所赋予的责任，应以其能够控制为前提。各责任中心只对其能够控制的因素指标负责。生产部门应划分哪些项目属于可控成本，哪些为不可控成本；对于供销部门也应分清哪些成本和收益属于本部门的可控因素，哪些为不可控因素，这样才能划清经济责任。在考核时，应尽可能排除责任中心不能控制的因素。

### 3. 统一性原则

确定各责任中心的权责范围、工作目标和业绩考核标准时，应当要求各责任中心的工作目标必须与企业的总目标相一致。兼顾各责任中心的局部利益和企业的整体利益。防止各责任中心的工作偏离企业总目标。实行责任会计的最终目的是要提高企业的经济效益，如果各责任中心各行其是，不顾企业整体利益，那么实行责任会计的意义也就不存在了。

### 4. 责、权、利相结合原则

实行责任会计制度，要为每个收支项目确定责任者，而且责任者必须有职有权。同时，还要为每个责任中心制定出合理的绩效考评标准。制定考核标准时，一定要考虑到尽可能地充分调动各个责任中心的工作积极性，兼顾国家、集体和个人三方面的经济利益，做到奖罚分明，真正实现责、权、利三者的有机结合。

### 5. 反馈性原则

在责任会计制度中要求对责任预算的执行有一套健全的跟踪系统和反馈系统，使各责任中心不仅能保持良好完善的记录和报告制度，而且及时掌握预算的执行情况；要通过实际数与预计数的对比分析，及时发挥各责任中心的作用，控制和调节生产经营活动，以保证企业预定目标和任务的实现。

### 6. 激励性原则

实行责任会计制度的目的就是为了最大限度地调动企业职工的积极性和创造性，保证企业整体利益的实现。因此，责任预算的制定、责任业绩的评价考核标准要具有激励作用，制定的标准要合理。目标太高，会挫伤有关责任中心工作的积极性；目标太低，不利于增加企业的经济利益。要使各责任中心都感到目标是合理的，经过努力可以实现，达到目标后所能得到的奖励和报酬与所付出的劳动相匹配，这样就可以不断激励各责任中心为实现其责任预算而努力工作。

### 7. 例外管理原则

例外管理原则也称重要性原则，就是在分析评价各责任中心的责任执行情况和编制责任报告时，应重点分析和报告对各责任中心和企业有重大影响的事项或重大的差异，这样企业才能够集中精力和节省时间解决重大的问题，达到事半功倍的效果。

### 10.1.5 责任会计的基本内容

责任会计是将会计资料与责任中心紧密联系起来的信息系统,同时也是强化企业内部管理所实施的一种内部控制制度,是管理会计的一个子系统。它是在分权管理的条件下,为适应经济责任制的要求,在企业内部建立若干责任单位,并对其分工负责的经济活动进行规划与控制的一整套专门制度。责任会计一般包括以下内容:

**1. 设置责任中心,明确权责范围**

根据企业组织结构的特点和管理的需要,按照"分工明确、权责分明、业绩易辨"的原则,将它们划分为若干个责任中心,规定每一个责任中心的权责范围。

**2. 分解奋斗目标,编制责任预算**

将企业全面预算所确定的奋斗目标和任务进行层层分解,落实到每一个责任中心,形成责任预算,并以此作为各责任中心开展经营活动、评价工作成果的主要依据和基本标准。

**3. 建立跟踪系统,进行反馈控制**

在预算的实施过程中,每个责任中心应建立一套责任预算执行情况的跟踪系统,定期编制业绩报告,将实际数和预算数进行对比,据以找出差异,分析原因,并通过信息反馈使责任主体的负责人及上级领导能够及时总结经验、纠正偏差,控制和调节经营活动,以保证企业总体目标的实现。

**4. 分析评价业绩,建立责任奖罚制度**

通过定期编制业绩报告,全面分析和评价各个责任中心的工作成果,并按工作成果的好坏进行相应的奖罚,做到功过分明、奖罚有据,最大限度地调动各个责任中心的积极性,做到责、权、利相结合。

## 10.2 责任中心

### 10.2.1 责任中心概述

**1. 责任中心的概念**

企业为了有效地进行内部控制,通常都要采用统一领导、分级管理的原则。根据企业组织结构的不同将整个企业逐级划分为若干个责任区域,也就是各个责任层次能够严格进行控制的活动范围,即责任中心(responsibility center)。责任中心,是指有专人承担一定的经济责任,并具有相应管理权限和相应经济利益,能够对其经济活动进行严格控制的企业内部单位。责任中心受命完成某项特定的任务,并接受企业提供的为完成这些任务所需要的资源。

划分责任中心的标准并不在于范围的大小。凡是在管理上可以划分的、责任上可以辨认的、成绩上可以单独考核的单位,大到分公司、地区、工厂或部门,小到产品、班组甚至单体设备,都可以划分为责任中心,只有既能划清责任又能进行单独核算的企业内部单位,才能作为一个责任中心。

**2. 责任中心建立的条件**

建立责任中心是建立责任会计制度的首要问题。概括来说,建立责任中心必须满足以下四个条件:

(1) 有承担经济责任的主体——责任者;
(2) 有确定经济责任的客观对象——资金运动;
(3) 有考核经济责任的基本标准——责任预算;
(4) 具备承担经济责任的基本条件——职责和权限。

凡不具备以上条件的单位和个人,不能构成责任实体,不能作为责任会计的基本单位。责任中心按其责任者的责任范围不同,可以划分为成本中心、利润中心和投资中心。

## 10.2.2 成本中心

**1. 成本中心的概念**

成本中心(cost center)是能够对成本负责的责任中心。通常成本中心是没有收入的。因此,它只能控制成本,对成本负责,无须对收入和利润负责。任何发生成本、费用的责任领域都可以定为成本中心。

成本中心的应用范围最广,任何对成本、费用负有责任的部门都属于成本中心。例如,企业里每一个分公司、分厂、车间都是成本中心,而它们下属的工段、班组甚至个人也是成本中心,只不过所能控制的成本范围更小一些。至于企业中不进行生产活动而是提供专业性服务的职能管理部门,如计划部门、会计部门、统计部门、总务部门等,也属于广义的成本中心。

按照所能控制的成本范围的大小,成本中心可以划分为若干层次。上一层次的成本中心所负责的成本指标是较广的,而下一层次的成本中心所负责的成本指标往往是较窄的,也是比较具体的。一个较大的成本中心一般是由若干个较小的成本中心所组成,而较小的成本中心又可能再细分为若干个更小的成本中心。

**2. 成本中心的类型**

成本中心有两种类型:标准成本中心和费用中心。

(1) 标准成本中心(standard cost center)又称技术性成本中心。所谓技术性成本,是指成本发生的数额经过技术分析可以相对可靠地估算出来的成本。例如,间接材料、直接人工、间接制造费用等,其发生额可通过标准成本或弹性预算加以控制,其特点是投入量与产出量密切关系。标准成本中心是对那些实际产出量的标准成本负责的成本中心,它可以为企业提供一定的物质成果,如在产品、半成品、产成品。

(2) 费用中心也称酌量性成本中心(discretionary cost center)。酌量性成本是否发生以及发生数额的多少是由管理人员的决策所决定的,主要包括各种管理费用和某些间接成本,适用于那些产出物不能用货币来计量或者投入和产出之间没有密切关系的单位。这些单位包括一般行政管理部门,如会计、人事、劳资、计划等;研究开发部门,如设备改造、新产品研制等;某些销售部门,如广告、宣传、仓储等。政府机关及非营利机构常采用这一制度,对其控制着重于预算总额的审批上。费用中心是以直接控制经营管理为主的成本中心。

### 3. 成本中心的控制范围

成本中心只对成本或费用负责,但并不一定能对其责任区域内的全部成本或费用负责。可控性是责任会计的一个重要原则。责任会计在对责任中心的各种成本进行核算时,必须首先根据可控性原则对全部成本进行分析。在责任会计看来,各责任中心所发生的成本应区分为可控成本(controllable cost)和不可控成本(uncontrollable cost)两类。

可控成本是指成本中心真正能够控制和调节的、受其经营活动和业务工作直接影响的相关成本,它是衡量和考核成本中心工作业绩的主要依据。不可控成本则是成本中心无法控制和调节的,不受其经营活动和业务工作直接影响的成本。例如,某一工段为成本中心,在其工段内直接发生的材料消耗、人工消耗属于可控成本,而在车间发生的分摊给这一工段的车间经费,则属于不可控成本。

将成本中心的成本区分为可控成本和不可控成本并不是绝对的,而是相对的。一个成本中心的可控成本往往是另一个成本中心的不可控成本;下一层次成本中心的不可控成本,对上一层次成本中心来说则可能是可控成本。例如,材料的买价和采购费用对于材料采购部门是可控成本,而对生产部门来说则是不可控成本;又如广告费,对于决定其最高限额的最高管理部门来说是可控的,而对于只能在限额内使用,不能随意增减的有关基层单位来说,却是不可控成本。还有一些成本,从较短期间来看属于不可控成本,如折旧费、租赁费等,但是从较长期间来看又属于可控成本。总之,判断一项成本是不是可控成本,应根据以下三个条件:

(1) 成本中心能够通过一定的途径和方式预知将要发生的成本;
(2) 成本中心能够对发生的成本进行计量;
(3) 成本中心能够通过自己的行为对成本加以调节和控制。

凡不能同时满足上述三个条件的成本,通常是不可控成本,一般不属于成本中心的责任范围。可见,成本中心只对可控成本负责。

就一个成本中心来说,变动成本一般是可控成本,固定成本是不可控成本,但也不完全如此。例如,在手表厂的装配车间,表壳和表带属于变动成本,随着产销量的变动而按正比例变动,但如果表壳和表带是外购的,对于装配车间责任者来说就是不可控成本了。又如,车间管理人员工资属于固定成本,但车间责任者如果可以决定或影响它的发生,就可作为可控成本。

### 4. 责任成本与产品成本

由于责任会计是围绕各责任中心来组织的,因此,成本资料的收集、整理和分析,不是以产品为对象,而是以各责任中心为对象。以产品为对象归集和计算的成本称为产品成本,而以责任中心为对象归集和计算的成本称为责任成本。一般来说,只有责任中心的可控成本,才能构成该责任中心的责任成本,不可控成本不能列为责任成本。因此,某责任中心的各项可控成本之和,即构成该责任中心的责任成本。

责任成本与产品成本是有联系的,一个企业在一定时期内发生的全部责任成本和全部产品成本应一致,因为责任成本与产品成本反映的都是生产过程中所发生的耗费。但责任成本与产品成本又是有区别的,主要表现在以下两个方面:

(1) 成本计算和归集的方式不同。产品成本是按"谁受益,谁承担"的成本归集方法,由受益产品负担所发生的成本;责任成本采取的是"谁负责,谁承担"的成本归集方法,由责任中心负担其责任范围内的可控成本,各项可控成本之和构成该责任中心的责任成本。

(2) 成本反映与考核的目的不同。产品成本反映和监督产品成本计划的完成情况,是实行经济核算制的需要;责任成本反映和考核责任预算执行情况,是贯彻经济责任制的重要手段。

## 10.2.3 利润中心

**1. 利润中心的概念**

利润中心(profit center)是指对利润负责的责任中心,它常被称为战略经营单位。由于利润等于收入减去成本和费用,所以利润中心实际上既要对收入负责,又要对成本费用负责。利润中心属于企业中的较高层次,同时具有生产和销售的职能,有独立的、经常性的收入来源,可以决定生产什么产品、生产多少、生产资源在不同产品之间如何分配,也可以决定产品销售价格、制定销售政策,它与成本中心相比具有更大的自主经营权。

**2. 利润中心的分类**

利润中心可分为自然利润中心和人为利润中心两类。自然利润中心是指能直接与外界发生经营业务往来,获得业务收入,并独立核算盈亏的责任单位。这类利润中心主要是企业内部管理层次较高、具有独立收入来源的分公司、下属工厂等。人为利润中心则是指不直接对外销售,而是通过内部转移价格结算形成收入,从而形成内部收益或利润的责任单位。企业内部如果存在相互提供产品或服务的现象,为了公正地对各责任单位进行业绩考核,企业要制定内部转移价格,在这种情况下,才形成人为的利润中心。这类利润中心主要是企业中为其他责任中心提供产品或半成品的生产部门,或为其他责任中心提供劳务的动力、维修等部门。显然,当企业为各责任中心相互提供了产品或半成品,或劳务规定了内部转移价格后,大多数成本中心可转化为人为利润中心。此时,各责任中心之间虽然没有现金结算,但在会计账务处理上,提供产品或服务的供应方将内部转移价格结算视同收入,接受产品或服务的需求方将内部转移价格结算视同成本或费用,因而也就可以对供求双方的业绩进行考评。

### 10.2.4 投资中心

投资中心(investment center)是指既对成本、收入和利润负责,又对资金及其利用效益负责的责任中心。这类责任中心不仅在产品和销售上享有较大的经营自主权,而且能够相对独立地运用其所掌握的资金,一般是企业的最高层,如大型集团公司下面的分公司、子公司等。投资中心的责任对象必须是其能影响和控制的成本、收入、利润和资金。

投资中心也是利润中心,它与利润中心的主要区别是:(1)权利不同,利润中心没有投资决策权,它只是在企业投资形成后进行具体的经营;(2)评价方法不同,评价利润中心业绩时,不进行投入产出的比较,而在评价投资中心业绩时,必须将所获得的利润与所占用的资产进行比较。

从组织形式上看,投资中心通常都是独立的法人,只有具备经营决策权和投资决策权的独立经营单位才能成为投资中心。大型企业集团中具有投资决策权的事业部、子公司、分厂等,或者一个独立经营的常规法人企业,就是一个投资中心。因为它们拥有经营决策权和投资决策权,必须对投资的经济效益负责。投资中心的目标通常也就是企业的总目标,投资中心的责任预算从形式上看类似于企业总预算。为此,投资中心目标确定的前提是企业要有明晰且正确的战略导向。

由于投资中心要对其投资效益负责,为保证其考核结果的公正、公平和准确,各投资中心应对其共同使用的资产进行划分,对共同发生的成本进行分配,各投资中心之间相互调剂使用的现金、存货、固定资产等也应进行有偿使用。

【思政经典案例】 管理会计职业的未来:业财融合、技财融合、人财融合

扫描此码

深度学习

## 10.3 对责任中心的评价与考核

实行责任会计制度的企业,要为每个责任中心就其可控成本、收入和利润等编制责任预算。责任预算就是以责任中心为对象,为责任中心的成本、利润或投资编制的预算。责任预算是责任中心的工作目标,也是对责任中心进行考核的依据。责任预算是全面预算的补充和具体化。

在责任预算的执行过程中,应该设置一系列账户对责任中心的经济业务活动进行记录。也可以在设计会计账户体系时考虑责任会计的要求,使会计账户体系既满足对外报告的需要,又能够满足责任会计进行管理的需要。

责任预算和对责任中心的经济业务活动的记录是对责任中心进行考核的依据。考核责任中心通常是通过编制责任报告对责任预算的执行情况进行比较分析。不同的责任中心,其责任预算的内容和考核办法也不一样。下面分别介绍3类责任中心的考核办法。

### 10.3.1 对成本中心的评价与考核

由于成本中心没有收入,只能对成本负责,因而对成本中心的评价与考核应以责任成本为重点。成本中心编制的责任报告,亦称业绩报告。在编制责任报告时,既要注意报告的适时性和适用性,尽量使报告的时间与对生产经营活动进行规划、控制的时间相适应,使责任报告的内容最大限度地满足企业内部不同管理层次和管理人员的信息需要,又要注意报告的相关性和确切性,尽可能保证责任报告所提供的资料、数据的准确度和可信度,使各级管理者对其责任区域内的能够真正控制的经济业务活动进行切实有效的管理。

成本中心的责任报告一般包括该中心可控成本的各明细项目的预算数、实际数和差异数。对不可控成本则可采用两种处理方式,一种是全部省略、不予列示,以便突出重点;另一种是把不可控成本作为参考资料列入业绩报告,以便管理当局了解成本中心在一定期间内耗费的全貌。

责任报告中的成本差异是评价与考核成本中心工作实绩的重要标志。如果实际数小于预算数,则称为有利差异,它表示成本的节约额;如果实际数大于预算数,则称为不利差异,它表示成本的超支额。责任报告中还应有差异原因分析,以便采取措施巩固业绩,纠正偏差。

由于各责任中心是逐级设置的,因而责任预算和责任报告也应自下而上,从最基层的成本中心逐级向上汇编,直至最高管理层。在进行责任成本核算时,责任成本是由不同层次的责任成本逐级汇总计算的。某一责任层次的责任成本等于其所属的下一责任层次的责任成本之和加上本层次的责任成本。例如,某企业的成本中心共设置三个责任层次,即班组、车间和分厂,它们的责任成本由下而上逐级汇总计算的具体做法如下。

(1) 班组责任成本由班组长负责,计算公式为

班组责任成本 = 可控直接材料成本 + 可控直接人工成本 + 可控间接成本

(2) 车间责任成本由车间主任负责,计算公式为

车间责任成本 = $\sum$ 各班组责任成本 + 车间可控间接成本

(3) 分厂责任成本由分厂厂长负责,计算公式为

分厂责任成本 = $\sum$ 各车间责任成本 + 分厂可控间接成本

责任会计通过对各成本中心的实际成本与预算成本的比较,评价成本中心业务活动的优劣,其指标包括成本增减额和成本升降率。

成本增减额 = 实际成本额 − 预算成本额

成本升降率 = $\dfrac{成本增减额}{预算成本额} \times 100\%$

在对成本中心进行考核时,需要注意的是,如果预算产量与实际产量不一致,应按弹性预算的方法先调整预算指标,再计算上述指标。

成本中心的业绩报告通常是按成本中心的可控成本的各明细项目列示其预算数、实际

数和成本差异数,其基本形式如表 10-1 所示。

表 10-1　××成本中心业绩报告

20××年 9 月　　　　　　　　　　　　　　　单位：元

| 项　　目 | 预算数 | 实际数 | 成本差异数 |
|---|---|---|---|
| 下属单位转来的责任成本 | | | |
| 甲工段 | 8 000 | 8 400 | 400(U) |
| 乙工段 | 9 600 | 9 920 | 320(U) |
| 小计 | 17 600 | 18 320 | 720(U) |
| 本车间可控成本 | | | |
| 间接材料 | 4 000 | 3 600 | 400(F) |
| 间接人工 | 2 000 | 1 920 | 80(F) |
| 管理人员薪金 | 2 400 | 2 240 | 160(F) |
| 设备维修费 | 1 200 | 1 280 | 80(U) |
| 物　料　费 | 400 | 480 | 80(U) |
| 小计 | 10 000 | 9 520 | 480(F) |
| 本车间责任成本合计 | 27 600 | 27 840 | 240(U) |
| 本车间不可控成本 | | | |
| 房屋租金 | — | 1 600 | — |
| 固定资产折旧费 | — | 3 200 | — |
| 其他分配费用 | — | 2 000 | — |
| 合计 | — | 6 800 | — |
| 总计 | 27 600 | 34 640 | |

注：$U$ 表示不利差异；$F$ 表示有利差异,下同。

### 10.3.2　对利润中心的评价与考核

对利润中心业绩的评价,主要是通过一定期间实际责任利润同责任利润预算进行比较,并对形成差异的原因和责任进行具体剖析,借此对其经营上的得失和有关人员的功过进行全面而正确的评估。实际工作中,当考核自然利润中心的业绩时,通常是以边际贡献与税前利润为重点;当考核人为的利润中心时,内部销售收入以内部结算价格为计算依据,剔除了价格变动对责任利润的影响,重点考核内部销售数量、销售成本的变动以及品种结构的变动对责任利润的完成情况。

利润中心的考核指标是可控利润。但在责任会计里,利润的含义不是单一的,具体含义如下：

部门边际贡献 = 部门销售收入总额 − 部门变动成本总额
部门可控利润 = 部门边际贡献 − 部门可控固定成本
部门利润 = 部门可控利润 − 部门不可控固定成本
部门税前利润 = 部门利润 − 公司分配的各种管理费用等

以边际贡献作为评价依据不够全面,可能导致部门经理尽可能多支出固定成本以减少变动成本支出,尽管这样做并不能降低总成本。因此,业绩评价时至少应包括可控的固定成本。

以部门可控利润作为评价依据可能是最好的方法,因为它反映了部门经理在其权限和控制范围内有效使用资源的能力。这一衡量标准的主要问题是可控固定成本和不可控固定成本的区分比较困难,即如果部门经理有权决定本部门雇用多少职工和决定他们的工资水平,则工资成本是其可控成本;如果部门经理既不能决定工资水平又不能决定雇员人数,则工资成本是不可控成本。

以部门利润作为评价依据,可能更适合评价该部门对企业利润和管理费用的贡献,而不适用于部门经理的评价。若要决定该部门的取舍,则该指标可提供重要信息。

以部门税前利润作为评价依据通常是不合适的,因为公司总部的管理费用是部门经理无法控制的成本,由于分配公司管理费用而引起部门利润的不利变化,不能由部门经理负责。许多企业把所有的总部管理费用分配给下属部门,其目的是提醒部门经理注意各部门提供的贡献毛益必须抵补总部的管理费用,否则企业作为一个整体就不会盈利。其实,通过给每个部门建立一个期望能达到的可控贡献毛益标准,可以更好地达到上述目的。这样,部门经理可集中精力增加收入并降低可控成本,而不必在分析那些他们不可控的分配来的管理费用上花费精力。

因此,对利润中心进行业绩评价的指标应选择部门可控利润。

利润中心编制的责任报告包括预算数、实际数和差异数。就销售收入来说,如果实际销售收入超过预算销售收入,其差异额为有利差异;反之,则为不利差异。对成本来说,如果实际成本超过预算成本,其差异额为不利差异;反之,则为有利差异。实际利润额超过预算利润,其差异额为有利差异;反之,则为不利差异。利润中心的业绩报告也是自下而上逐级汇编的,直至整个企业的息税前利润。利润中心的业绩报告的基本形式如表10-2所示。

表10-2　××利润中心业绩报告

20××年9月　　　　　　　　　　　　　　　　　　　　单位:元

| 项　　目 | 预算数 | 实际数 | 差异数 |
| --- | --- | --- | --- |
| 销售收入 | 216 000 | 222 000 | 6 000(F) |
| 减:变动成本 | | | |
| 　变动生产成本 | 111 600 | 115 200 | 3 600(U) |
| 　变动销售及管理费用 | 15 600 | 16 800 | 1 200(U) |
| 　变动成本合计 | 127 200 | 132 000 | 4 800(U) |
| 部门边际贡献 | 88 800 | 90 000 | 1 200(F) |
| 减:可控性固定成本 | 21 840 | 21 600 | 240(F) |
| 部门可控利润 | 66 960 | 68 400 | 1 440(F) |
| 减:不可控性固定成本 | 18 000 | 18 000 | 0 |
| 营业利润 | 48 960 | 50 400 | 1 440(F) |

### 10.3.3　对投资中心的评价与考核

投资中心是最高层次的责任中心,它拥有最大的决策权,也承担最大的责任。投资中心必然是利润中心,但利润中心并不都是投资中心。利润中心没有投资决策权,而且在考核利润时也不考虑所占用的资产。投资中心可以看作有投资决策权的利润中心,其权责都高于利润中心。它不仅要对成本、利润负责,而且必须对投资效益负责。因此,对投资中心进行业绩评价时,要全面考核成本、利润和投资等方面的指标,重点考核投资经济效益方面的指标。一般来说,反映投资中心经营成果的指标主要有投资报酬率、剩余收益和经济增加值等。

### 1. 投资报酬率

投资报酬率(return on investment,ROI)又称投资的获利能力,是投资中心一定时期的营业利润和该期间的投资占用额比率,其计算公式为

$$投资报酬率 = 营业利润 / 投资额$$
$$= (营业利润 / 销售收入) \times (销售收入 / 投资额)$$
$$= 销售利润率 \times 资产周转率$$

企业可以根据需要改变投资报酬率分子分母的定义。例如,有些企业用营业利润作为分子,有些企业则用税后净利润。一些企业用总资产、平均总资产作为分母,另一些则用总资产减去流动负债即长期负债与权益作为分母。

投资报酬率综合反映了投资中心的经营业绩。作为评价考核指标,它主要有四方面的作用:①投资报酬率属于相对数指标,剔除了因经营资产不同而导致的利润差异的不可比因素,有利于判断各投资中心经营业绩的优劣;②投资报酬率在评价部门业绩时,能同时兼顾利润与经营资产,计量企业资产使用的效率水平,可以反映投资中心的综合盈利能力;③可促使部门经理将其注意力集中于利润最大的投资,鼓励充分运用其现有资产取得足以增进投资报酬率的资源,有利于调整资本流量和存量;④以投资报酬率作为评价投资中心业绩的指标,有利于正确引导投资中心的管理行为,使其行为长期化。

不过,投资报酬率在使用过程中也存在自身的缺陷。该指标可能会使管理者拒绝接受超出企业平均水平投资报酬率而低于该投资中心现有报酬率的投资项目,有损企业的整体利益。同时,由于通货膨胀的影响,会使资产账面价值失实,从而每年少计折旧、虚增利润,从而使投资利润率升高。为弥补这些缺陷,管理会计中引入了"剩余收益"这一评价指标来考核评价投资中心的业绩。

### 2. 剩余收益

剩余收益(residual income,RI)是指投资中心的利润扣减其投资额(或净资产占用额)按规定(或预期)的最低收益率计算的投资收益后的余额,其计算公式为

$$剩余收益 = 营业利润 - (投资额 \times 最低收益率)$$

利用剩余收益指标来考核投资中心的业绩,要求投资中心不仅要努力提高投资报酬率,而且还要尽量增加剩余收益。这样,可以克服评价投资中心工作绩效采用投资报酬率的片面性,使各投资中心的局部目标同整个企业的总体目标保持一致。它的缺点是该指标为绝对数指标,不利于不同投资中心之间的比较。因此,在进行业绩评价时,应综合考虑这两个指标的互补作用,不能只凭一个指标就下结论。

值得注意的是,责任业绩评价并非只局限于上述财务指标基础上的评价。面对企业日益复杂的内、外部环境,单纯的财务指标已经难以全面评价企业的经营业绩,只有突破单一的财务指标,采用包括财务指标和非财务指标相结合的多元化指标体系,才能对企业各个部门(责任中心)的经营业绩进行全面正确的评价。

### 3. 经济增加值

经济增加值(economic value added,EVA)是剩余收益的一种变化形式,被许多公司采用。它是美国思腾思特咨询公司基于税后营业净利润和产生这些利润所需资本投入的总成本(即资本成本)于1982年提出并实施的一套以经济增加值理念为基础的财务管理系统、决策机制、激励报酬制度和绩效评价方法。

**【政策研学 10-1】**　《管理会计应用指引第 602 号——经济增加值法》

扫描此码

深度学习

$$经济增加值 = 税后营业利润 - 加权平均资本成本 \times (总资产 - 流动负债)$$

经济增加值替换了剩余收益计算中的下列数字:
(1) 以税后营业利润替换营业利润。
(2) 以(税后)加权平均资本成本替换最低收益率。
(3) 以总资产减去流动负债替换投资额。

$$总资产 - 流动负债 = 长期资产 + 流动资产 - 流动负债$$
$$= 长期资产 + 营运资本$$
$$营运运本 = 流动资产 - 流动负债$$

经济增加值和剩余收益一样,要求管理者计算长期资本和营运资本的成本。只有当税后营业利润超过资本的投资成本时才增加价值。为了提高经济增加值,管理者可以运用相同的资本赢得更多的收益,或者用更少的资本获得同样的收益,也可以投资具有更高回报的项目。

### 4. 投资中心的责任报告

由于投资中心不仅要对利润负责,而且要对投资效果负责,所以投资中心的责任报告应包括销售收入、成本、利润、投资报酬率及剩余收益等项内容。一般格式如表 10-3 所示。

表 10-3　××投资中心业绩报告

20××年9月　　　　　　　　　　　　　　　　　　　　　　　　单位:元

| 项　目 | 实　际　数 | 预　算　数 | 差　异　数 |
| --- | --- | --- | --- |
| 销售收入 | 840 000 | 800 000 | 40 000(F) |
| 变动成本 | | | |
| 　变动生产成本 | 500 000 | 480 000 | 20 000(U) |
| 　变动销售管理费用 | 90 000 | 100 000 | 10 000(F) |
| 边际贡献 | 250 000 | 220 000 | 30 000(F) |

续表

| 项　　目 | 实　际　数 | 预　算　数 | 差　异　数 |
|---|---|---|---|
| 固定成本 | | | |
| 　　固定制造费用 | 120 000 | 120 000 | 0 |
| 　　固定销售管理费用 | 80 000 | 52 000 | 28 000(U) |
| 营业利润 | 50 000 | 48 000 | 2 000(F) |
| 投资占用额 | 100 000 | 100 000 | 0 |
| 销售利润率 | 5.95% | 6% | 0.05%(U) |
| 投资报酬率 | 50% | 48% | 2%(F) |
| 预期投资收益率(30%) | | | |
| 预期投资收益额 | 30 000 | 30 000 | 0 |
| 剩余收益 | 20 000 | 18 000 | 2 000(F) |

## 10.4　内部转移价格

### 10.4.1　内部转移价格的含义

**1. 内部转移价格的概念**

内部转移价格(interdivisional transfer price)也称内部结算价格，是指企业内部各责任中心之间相互提供产品(或半成品)和劳务并进行结算时所采用的一种内部价格标准。

在企业中要客观公正地衡量一个责任中心的业绩，就必须很好地解决各部门之间转移产品或劳务的计价问题。如果企业内每一个部门只和企业外部发生往来，则产品和劳务的价格基本上由市场价格决定。但是，在很多实行分权管理的企业中，企业内各部门之间也要互相提供产品和劳务，这就必须借助于内部转移价格来进行结算。实行责任会计制度的企业，不仅在各利润中心或投资中心之间相互提供产品或劳务时，需要按内部转移价格进行结算；一个成本中心向其他成本中心提供产品或劳务时，也应按照适当的单位成本进行成本的结转，这种单位成本可以视为内部转移价格。

**【政策研学 10-2】**　《管理会计应用指引第 404 号——内部转移定价》

扫描此码

深度学习

**2. 制定内部转移价格的必要性**

(1) 制定内部转移价格是划分各责任中心经济责任的必要条件。划分各责任中心之间的经济责任是实行责任会计制度的重要内容，而制定合理的内部转移价格又是明确划分经济责任的必要条件。要划清各责任中心的经济责任,除正确计量和核算直接发生在各责任中心的成本外,还应合理确定由其他责任中心转来的材料、中间产品或劳务的结算价格。没有合理的内部转移价格,就无法划清各责任中心的责任界限,从而使责任会计制度流于形式。

(2) 制定内部转移价格是客观、公正考评各责任中心的基础。合理的内部转移价格,能恰当地衡量企业内部各责任中心的工作实绩,准确计算和考核各责任中心责任预算的实际执行情况。因为内部转移价格充分考虑到了各责任中心的成本费用的消耗和补偿,并充分考虑到了各责任中心的经营成果。同时,又充分考虑到了各责任中心的客观性和公正性,因而能够对各责任中心的工作实绩进行统一的比较和综合的评价,使业绩考评公正合理。

(3) 制定内部转移价格是制定正确经营决策的重要手段。制定和运用内部转移价格,可以对企业内部各责任中心的业绩进行公正而客观的评价,因而企业的最高管理层可以根据各责任中心的业绩报告来决定哪些部门的业务应当发展,哪些部门的业务应当缩减或淘汰,哪些产品和劳务应当自制或外购。各部门的责任者也可以根据本部门责任预算执行情况的会计信息,进行有关本部门生产经营的决策。

### 3. 制定内部转移价格的原则

(1) 责任中心与整个企业目标一致的原则。由于内部结算价格直接决定着每个责任中心的利益,每个责任中心出于自身利益的考虑会为争取最大利益而努力,如希望能够尽量压低购进的半成品的价格,尽量提高售出半成品的价格等。这样各责任中心的利益将会出现矛盾。因此,制定内部转移价格时,一定要从企业整体利益出发。如果因内部转移价格不合理,导致某一责任中心利润虚增或某一责任中心的利润反映不足,将影响各责任中心的积极性,可能使整个企业的经济效益受到影响。

(2) 凡是成本中心之间提供产品或劳务,以及有关成本中心的责任成本转账,一般应按标准成本或预计分配率作为内部转让价格。其优点是简便易行、责任分清,不会把供应单位的无效劳动转嫁给耗用单位来负担,能激励双方降低成本的积极性。

(3) 凡企业内部产品或劳务的转让以及责任成本的转账,涉及利润中心或投资中心时,则应尽可能采用市场价格、协商价格或成本加成作为制定内部转让价格的基础。

(4) 简便易行、易于操作的原则。企业内部各个层次的责任中心很多,包括要生产或提供多种多样的产品和劳务。因此,制定内部转移价格,确定转账、结算、计价方法时,一定要注意简便易行,以减少不必要的工作量,并使各责任中心心中有数,操作方便。这样才能真正发挥内部转移价格的作用,达到责任会计制度的预期目的。

(5) 力求稳定的原则。制定内部转移价格的方法一经确定,应力求稳定,使各责任中心安排任务、评价工作时有据可依,避免不必要的混乱。合理的、公正的内部转移价格有利于分清各责任中心的成绩与不足,也使各责任中心乐于接受。在这种情况下轻易改变内部转移价格会导致不利的影响。

## 10.4.2 内部转移价格的制定

### 1. 按标准(定额)成本制定转移价格

以标准(定额)成本作为内部转移价格,是制定内部转移价格最简便的方法。这种方法适用于成本中心之间相互提供产品或劳务,在管理工作较好的企业里,各种产品的定额资料比较完整,能够容易地计算出各中间产品和半成品的定额成本,而实行标准成本计算的企业则有更完整的标准成本资料。其优点是将管理和核算工作结合起来,避免供应方成本的高低对需求方的影响,使责任清楚,有利于调动供需双方降低成本的积极性。

### 2. 按标准成本加成制定转移价格

按标准成本加成制定转移价格,是指根据提供产品或劳务的标准成本,加上以合理的成本利润率计算的利润作为内部转移价格的方法。这种方法适用于提供产品或劳务的利润中心和投资中心。其优点是能分清供需双方的经济责任,有利于成本控制。但加成利润率的确定具有一定的主观性,一般认为以最终产品成本利润率确定较为合理。因为最终产品是各有关责任中心共同创造完成的,由此创造的利润应由有关责任中心参加的份额进行分配。各责任中心有了相同的利益,就能相互配合,更好地开展生产。

### 3. 以市场价格作为内部转移价格

以市场价格作为内部转移价格,是指以产品和劳务的市场价格作为内部转移价格。在西方国家,通常认为市场价格是制定内部转移价格的最好依据。因为市场价格比较客观,对买卖双方均无偏袒,因而特别能促使卖方努力改善经营管理,不断降低成本。同时,市场价格法也最能体现责任中心的基本要求,那就是在企业内部引进市场机制,造成一种竞争的气氛,使每个利润中心都成为独立的机构,各自经营、相互竞争,再通过利润指标来评价与考核经营成果。但是,采用市场价格法也有一定的局限性。有些产品或劳务没有现成的市场价格可供参考,或者只有非完全竞争条件下的市场价格,在这种情况下,则只能借助于其他方法来制定内部转移价格。

### 4. 以双重价格作为内部转移价格

以双重价格作为内部转移价格,是指针对供需双方分别采用不同的内部转移价格而制定的价格。当某种产品或劳务有不止一种市场价格时,供应方希望采用较高的市场价格,而需求方则希望采用较低的市场价格。为了满足不同责任中心的需要,可允许双方按照自己希望的市场价格进行结算,而不强求一致。一般供应方以市场价格作为内部转移价格,而需求方则以供应方的变动成本作为购入产品的结算价格。双重市场价格的区别对待,可以较好地满足各责任中心在不同方面的需要,从而可以激励双方在生产经营中更好地发挥其主动性和积极性。这种方法在中间产品有非竞争性市场,即生产单位有闲置的生产能力以及单位变动成本低于市场价格,且部门经理有讨价还价的自由和拥有自主权的情况下使用。

### 5. 以协商价格作为内部转移价格

内部转移价格也可以通过供需双方协商确定。这种通过供需双方协商确定的价格叫协商价格。协商价格适用于某种产品或劳务没有现成的市场价格,或有不止一种市场价格的情况。协商价格不仅要使供需双方乐于接受,而且不能损害企业的整体利益。一般来说,应把市场价格作为协商价格的上限,把标准成本作为协商价格的下限。双方经过协商,确定一个都能接受的"公允市价"作为计价基础。当具体情况发生变化时,双方可以重新协商,调整价格。

### 10.4.3 内部结算方式

我国在实行责任会计核算的实践中，企业内部各责任中心之间发生经济业务往来，除了要以内部转移价格作为计价标准进行计量外，应采用适当的内部结算方式进行内部结算。具体做法是通过企业的内部结算中心（厂内银行）对各责任中心之间相互提供产品或劳务，按照内部结算价格进行结算。

按照内部结算采用的手段不同，企业内部结算方式通常包括以下几种：

**1. 内部支票结算方式**

内部支票结算方式，是指由付款一方签发内部支票通知内部银行从其账户中支付款项的内部结算方式。内部支票结算方式主要适用于收、付款双方直接见面进行经济往来的业务结算，如车间到仓库领用材料、车间将完工产品交库等。采用这种方式可以避免由于产品质量、价格等原因在结算过程中发生的纠纷，不会影响责任中心正常的资金周转。

**2. 转账通知单方式**

转账通知单方式是由收款一方根据有关原始凭证或业务活动证明签发转账通知单，通知内部银行将转账通知单转给付款一方让其付款的一种内部结算方式。转账通知单方式适用于经常性的、质量与价格较稳定的往来业务，如辅助车间向生产车间供水、供电等业务，它手续简便、结算及时。但因转账通知单是单向发出指令，付款一方若有异议，可能拒付，需要交涉。

**3. 厂币结算方式**

厂币结算方式是使用内部银行发行的限于企业内部流通的货币（包括内部货币、资金本票、流通券、资金券等）进行内部往来结算的一种内部结算方式。各责任中心有结算业务时，直接用厂币进行结算，而不必通过结算中心。因此，采用这种方式会削弱结算中心对各责任中心的监督、控制作用。这种结算方式一般只适用于收、付款双方零星小额的款项结算，以及层次较低、未开设内部结算账户的责任中心之间的结算。

### 10.4.4 内部仲裁

内部仲裁是指在实行责任会计制度中，各责任中心责、权、利的确定并不一定完全符合各责任中心的愿望与要求，为专门协调各责任中心之间的经济关系，调停或裁决各种内部经济纠纷，由专门部门实施的一种特殊的仲裁行为。因此，内部经济仲裁就成为责任会计制度的一个必要组成部分。

实行责任会计制度的企业，其内部经济仲裁机构通常称为"经济仲裁委员会"，一般由企业最高管理部门和各职能部门领导组成。负责调查研究和协商处理各种经济纠纷，以保障各责任中心的利益不受侵害，能够有效地行使自己的权利，履行规定的职责。但内部经济仲裁毕竟是一种补救性的措施，并且临时性的仲裁很难达成完全合理且令双方满意的结果。因此，责任会计工作的重点应放在分清经济责任、制定完善的经济责任制度上，把责任会计有关责、权、利的内容通过规章制度的形式明确和固定下来,以便在责任会计制度实行过程中有章可循。

## 10.5 平衡计分卡

### 10.5.1 平衡计分卡的含义

平衡计分卡(balanced score card,BSC),源自哈佛大学教授罗伯特·卡普兰(Robert Kaplan)与诺朗顿研究院(Nolan Norton Institute)的执行长戴维·诺顿(David Norton)于1990年所从事的"未来组织绩效衡量方法"一种绩效评价体系。平衡计分卡被《哈佛商业评论》评为 75 年来最具影响力的管理学,它打破了传统的单一使用财务指标衡量业绩的方法,在财务指标的基础上加入了未来驱动因素,即客户因素、内部经营管理过程和员工的学习成长。

【政策研学 10-3】　　《管理会计应用指引第 603 号——平衡计分卡》

扫描此码

深度学习

平衡计分卡是从财务、客户、内部运营、学习与成长四个角度,将组织的战略落实为可操作的衡量指标和目标值的一种新型绩效管理体系。设计平衡计分卡的目的就是要建立"实现战略制导"的绩效管理系统,从而保证企业战略得到有效执行。因此,人们通常称平衡计分卡是加强企业战略执行力的最有效的战略管理工具,其工作流程如图 10-1 所示。

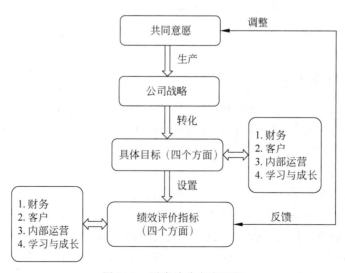

图 10-1　平衡计分卡流程图

它的核心思想就是通过财务、客户、内部运营及学习与发展四个方面的指标之间得相互驱动的因果关系展现组织的战略轨迹,实现绩效考核与绩效改进,战略实施和战略修正的战略目标过程。它把绩效考核的地位上升到组织的战略层面,使之成为组织战略的实施工具。这种方法正被越来越多的企业重视。

### 10.5.2 平衡计分卡基本原理

平衡计分卡的设计包括四个维度:财务、客户、内部运营、学习和成长。这几个维度分别代表企业三个主要的利益相关者:股东、顾客、员工。每个方面的重要性取决于利益相关者的指标选择是否与公司战略相一致。每一个方面都有其核心内容。

**1. 财务层面**

财务业绩指标可以显示企业的战略及其实施和执行是否对改善企业盈利有贡献。财务目标通常与获利能力有关,其衡量指标有营业收入、资本报酬率、经济增加值等。

**2. 客户层面**

在平衡计分卡的客户层面,管理者确立了其业务单位将竞争的客户和市场,以及业务单位在这些目标客户和市场中的衡量指标。客户层面指标通常包括市场份额、老客户挽留率、新客户获得率、顾客满意度、从客户处获得的利润率。这一指标使业务单位的管理者能够阐明客户和市场战略,从而创造优异的财务回报。

**3. 内部运营层面**

在这一层面上,管理者要确认组织必须擅长的关键的内部流程,这些流程帮助业务单位提供价值主张,以吸引和留住目标细分市场的客户,并满足股东对卓越财务回报的期望。内部运营绩效考核应以对客户满意度和实现财务目标影响最大的业务流程为核心。内部运营指标既包括短期的现有业务的改善,又涉及长远的产品和服务的革新。内部运营层面指标涉及企业的改良、创新过程、经营过程和售后服务过程。

**4. 学习与成长层面**

这一层面确立了企业创造长期的成长所必须建立的基础框架,以及目前和未来成功的关键因素。平衡计分卡的前三个层面一般会揭示企业的实际能力与实现突破性业绩所必需的能力之间的差距。为了弥补这些差距,企业必须投资于员工技术的再造、组织程序和日常工作的理顺,这些都是平衡计分卡学习与成长层面追求的目标,如员工满意度、员工保持率、员工培训和技能等,以及这些指标的驱动因素。

一份结构严谨的平衡计分卡不仅是重要指标或重要成功因素的集合,而且应当包含一系列相互联系的目标和指标,这些指标不仅前后一致,而且互相强化。例如,投资回报率是平衡计分卡的财务指标,这一指标的驱动因素可能是客户的重复采购和销售量的增加,而这两者是客户满意度带来的结果。因此,客户满意度被纳入计分卡的客户层面。通过对客户偏好的分析显示,客户比较重视按时交货率这个指标,所以按时交货率的提高会带来更高的客户满意度,进而引起财务业绩的提高。于是,客户满意度和按时交货率都被纳入平衡计分卡的客户层面。而较佳的按时交货率又是通过缩短经营周期并提高内部过程质量来实现的,所以这两个因素就成为平衡计分卡的内部运营指标。进而,企业要改善内部运营质量并缩短周期的实现又需要培训员工并提高他们的技术,所以员工技术又成为学习与成长层面的目标。这就是一个完整的因果关系链,贯穿平衡计分卡的四个层面。

平衡计分卡通过因果关系提供了把战略转化为可操作内容的一个框架。根据因果关系,对企业的战略目标进行划分,可以分解为实现企业战略目标的几个子目标,这些子目标是各个部门的目标,同样各中级目标或评价指标可以根据因果关系继续细分直至最终形成可以指导个人行动的绩效指标和目标,其基本的框架可见图 10-2。

图 10-2 基本框架图

【政策研学 10-4】　《管理会计应用指引第 601 号——关键绩效指标法》

扫描此码

深度学习

## 10.5.3　平衡计分卡的评价

**1. 平衡计分卡的优势**

平衡计分卡方法因为突破了财务作为唯一指标的衡量工具,做到了多个方面的平衡。实施平衡计分卡的管理方法主要有以下优势:

(1) 平衡计分卡为企业战略管理提供强有力的支持。随着全球经济一体化进程的不断发展,市场竞争的不断加剧,战略管理对企业持续发展而言更为重要。平衡计分卡的评价内容与相关指标和企业战略目标紧密相连,可克服财务评估方法的短期行为;企业战略的实施可以通过对平衡计分卡的全面管理来完成。

（2）平衡计分卡可以提高企业整体管理效率。平衡计分卡所涉及的四项内容，都是企业未来发展成功的关键要素。通过平衡计分卡所提供的管理报告，将看似不相关的要素有机地结合在一起，可以大大节约企业管理者的时间，提高企业管理的整体效率，为企业未来成功发展奠定坚实的基础。

（3）注重团队合作，防止企业管理机能失调。团队精神是一个企业文化的集中表现，平衡计分卡通过对企业各要素的组合，让管理者能同时考虑企业各职能部门在企业整体中的不同作用与功能，使他们认识到某一领域的工作改进可能是以其他领域的退步为代价换来的，促使企业管理部门进行决策时从企业整体利益出发，慎重选择可行方案。

（4）平衡计分卡可提高企业激励作用，扩大员工的参与意识。传统的业绩评价体系强调管理者希望（或要求）下属采取什么行动，然后通过评价来证实下属是否采取了行动以及行动的结果如何，整个控制系统强调的是对行为结果的控制与考核。而平衡计分卡则强调目标管理，鼓励下属创造性地（而非被动）完成目标，这一管理系统强调的是激励动力。因为在具体管理问题上，企业高层管理者并不一定会比中下层管理人员更了解情况、所作出的决策也不一定比下属更明智，所以由企业高层管理人员规定下属的行为方式是不恰当的。另外，目前企业业绩评价体系大多是由财务专业人士设计并监督实施的，但由于专业领域的差别，财务专业人士并不清楚企业经营管理、技术创新等方面的关键性问题，因而无法对企业整体经营的业绩进行科学合理的计量与评价。

（5）平衡计分卡可以使企业信息负担降到最低。在当今信息时代，企业很少会因为信息过少而苦恼，随着全员管理的引进，当企业员工或顾问向企业提出建议时，新的信息指标总是不断增加。这样就会导致企业高层决策者处理信息的负担大大加重。而平衡计分卡可以使企业管理者仅仅关注少数而又非常关键的相关指标，在保证满足企业管理需要的同时，尽量减少信息负担成本。

**2. 平衡计分卡的不足**

平衡计分卡在业绩考核层面的运用中，虽然实现了对传统绩效评价方法的一种突破，但是不可避免地也存在自身的一些缺点：

（1）实施难度大。平衡计分卡的实施要求：企业有明确的组织战略；高层管理者具备分解和沟通战略的能力和意愿；中高层管理者具有指标创新的能力和意愿。因此，管理基础差的企业不可以直接引入平衡计分卡，必须先提高自己的管理水平，才能循序渐进地引进平衡计分卡。

（2）指标体系的建立较困难。平衡计分卡对传统业绩评价体系的突破就在于它引进了非财务指标，克服了单一依靠财务指标评价的局限性。然而，这又带来了另外的问题，即如何建立非财务指标体系、如何确立非财务指标的标准以及如何评价非财务指标。我们知道财务指标的创立是比较容易的，而其他三个方面的指标则比较难以收集，需要企业长期探索和总结。而且不同的企业面临着不同的竞争环境，需要不同的战略，进而设定不同的目标，因此在运用平衡计分卡时，要求企业的管理层根据企业的战略、运营的主要业务和外部环境加以仔细斟酌。

（3）指标数量过多。由于指标数量过多，指标间的因果关系很难做到真实、明确。平衡计分卡涉及财务、客户、内部运营、学习与成长四个业绩评价指标，按照罗伯特·卡普兰的说法，合适的指标数目是20～25个。其中，财务角度5个，客户角度5个，内部运营角度8～10个，学习与成长角度5个。如果指标之间不是呈完全正相关的关系，我们在评价最终结果的时候，应该选择哪个指标作为评价的依据？如果舍掉部分指标的话，是不是会导致业绩评价的不完整性？这些都是在应用平衡计分卡时要考虑的问题。

平衡计分卡对战略的贯彻基于各个指标间明确、真实的因果关系，但贯穿平衡计分卡的因果关系链很难做到真实、可靠，就连它的创立者都认为"要想积累足够的数据去证明平衡计分卡各指标之间存在显著的相关关系和因果关系，可能需要很长的时间，可能要几个月或几年。在短期内经理对战略影响的评价，不得不依靠主观的定性判断"。而且，如果竞争环境发生了激烈的变化，原来的战略及与之适应的评价指标可能会丧失有效性，从而需要重新修订。

（4）各指标权重的分配比较困难。要对企业业绩进行评价，就必然要综合考虑上述四个层面的因素，这就涉及一个权重分配问题。使问题更为复杂的是，不仅要在不同层面之间分配权重，而且要在同一层面的不同指标之间分配权重。不同的层面及同一层面的不同指标分配的权重不同，将可能会导致不同的评价结果。而且平衡计分卡也没有说明针对不同的发展阶段与战略需要确定指标权重的方法，故而权重的制定并没有一个客观标准，这就不可避免地使得权重的分配有浓厚的主观色彩。

（5）部分指标的量化工作难以落实，尤其是对于部分很抽象的非财务指标的量化工作非常困难，如客户指标中的客户满意程度，再如员工的学习与发展指标及员工对工作的满意度如何量化等。这也使得在评价企业业绩的时候，不可避免地带有主观的因素。

（6）实施成本大。平衡计分卡要求企业从财务、客户、内部运营、学习与成长四个方面考虑战略目标的实施，并为每个方面制定详细而明确的目标和指标。在对战略的深刻理解外，需要消耗大量精力和时间把它分解到部门，并找出恰当的指标。而落实到最后，指标可能会多达15～20个，在考核与数据收集时，这也是一个不轻的负担。并且平衡计分卡的执行也是一个耗费资源的过程，一份典型的平衡计分卡需要3～6个月来执行，另外还需要几个月进行结构调整，使其规范化。也就是说，总的开发时间经常需要一年或更长的时间。

【思政案例分析】　　　　　海尔的"人单合一"模式

海尔集团创业于1984年，是全球大型家电第一品牌，目前已从传统制造家电产品的企业转型为面向全社会孵化创客的平台。在互联网时代，海尔致力于成为互联网企业，颠覆传统企业自成体系的封闭系统，变成网络互联中的节点，互联互通各种资源，打造共创共赢新平台，实现有关各方的共赢增值。

2016年，青岛海尔股份有限公司在"2016中国企业500强"中排名第84位。2018年，青岛海尔正式入围《财富》世界500强。2019年，"2019中国战略性新兴产业领军企业100强榜单"在济南发布，海尔集团公司排名第38位。2019年11月，青岛海尔股份有限公司上榜单项冠军示范企业（第四批）名单。

海尔集团董事局主席、首席执行官张瑞敏于2005年提出"人单合一"理论和发展模式，是有其理论基础的。亚当·斯密提出的分工理论奠定了现代经济学的基础，并长久统治着管理理论的发展。在分工理论的影响下，西方古典管理理论的三位先驱泰勒、韦伯和法约尔分别提出科学管理理论、层级官僚制组织理论和一般管理理论。三人因此分别被后世称为科学管理之父、组织理论之父和现代经营管理之父。三位先驱的理论分别催生了对现代企业影响深远的流水线、科层制和职能部门。

上述理论和管理成果都建立在分工理论的基础上，科学管理的前提是大规模生产；科层制的特征是"分部—分层""集权—统一"和"指挥—服从"。法约尔在《工业管理与一般管理》中提出，组织要想获得高效率，一方面我们需要强化专业化的能力，无论是管理者、领导者还是基层人员，只有贡献了专业化的水平，我们才能够算是胜任了管理工作；另一方面需要明确的分责分权制度，只有职责清晰，权力明确，等级安排合理，组织结构有序，管理的效能才会有效发挥法约尔的五大管理职能。一百多年来，古典管理理论经过后世管理学家的不断创新发展，为第一次工业革命以来以大规模生产为基本特征的经济发展做出巨大贡献，同时，随着信息科技发展，传统管理理论也不断接受新的挑战。

进入21世纪，互联网科技的快速发展和深入应用彻底颠覆了传统时代的经济理论和管理理论。互联网带来的"零距离"促使第一次和第二次工业革命时期的传统的、集中式的经营活动逐渐被第三次工业革命的分布式经营方式取代，传统的、等级化的经济和政治权力也将让位于以分布式节点组织的网络化驱动力。张瑞敏2014年8月23日在"中欧国际工商学院20周年校庆系列活动之大师课堂"（青岛）上指出，互联网带来的"零距离"将以企业为中心颠覆为以用户为中心，使大规模制造变成大规模定制，这是对科学管理原理的颠覆；互联网带来的"去中心化"把员工的领导从过去的上级变成了用户，这是对科层制的颠覆；互联网带来的"分布式"意味着资源不局限于企业内部而是来自全球，"世界就是我的研发部"（唐·泰普斯科特《维基经济学》）这是对企业内部职能再平衡的颠覆。

互联网颠覆了传统管理理论，但新的适应互联网时代的管理理论尚未形成，对新的管理理论和商业模式的探索，全世界的学者和企业家都在同一条起跑线上。张瑞敏于2005年提出的"人单合一"理论和发展模式得到西方学界和管理界的高度关注，被认为是超前的但符合时代环境和发展趋势的引领的管理理论和商业模式。从此海尔开始了对人单合一长达十余年的探索。"人单合一"从企业、员工和用户三个维度进行战略定位、组织结构、运营流程和资源配置领域的颠覆性、系统性的持续动态变革，在探索实践过程中，不断形成并迭代演进的互联网企业创新模式。

"人单合一"的字面释义："人"，指员工；"单"，指用户价值；"合一"，指员工的价值实现与所创造的用户价值合一。"人单合一"的基本含义是，每个员工都应直接面对用户，创造用户价值，并在为用户创造价值中实现自己的价值分享。员工不是从属于岗位，而是因用户而存在，有"单"才有"人"。在海尔集团的实践探索中，"人"的含义有了进一步的延伸，首先，"人"是开放的，不局限于企业内部，任何人都可以凭借有竞争力的预案竞争上岗；其次，员工也不再是被动执行者，而是拥有"三权"（现场决策权、用人权和分配权）的创业者和动态合伙人。"单"的含义也进一步延伸，首先，"单"是抢来的，而不是上级分配的；其次，"单"是引领的，并动态优化的，而不是狭义的订单，更不是封闭固化的。因此，人单合一是动态优化的，其特征可以概括为两句话，"竞单上岗、按单聚散""高单聚高人、高人树高单"。人单合一的"合一"即通过"人单酬"来闭环，每个人的酬来自用户评价、用户付薪，而不是上级评价、企业付薪。

人单合一模式从薪酬驱动的方式根本性变革倒逼企业两个变量——战略和组织的模式

颠覆,体现为"三化"——企业平台化、员工创客化、用户个性化。企业平台化,即企业从传统的科层制组织颠覆为共创共赢的平台;员工创客化,即员工从被动接受指令的执行者颠覆为主动为用户创造价值的创客和动态合伙人;用户个性化,即用户从购买者颠覆为全流程最佳体验的参与者,从顾客转化为交互的用户资源。模式的颠覆同时颠覆了企业、员工和用户三者之间的关系。传统模式下,用户听员工的,员工听企业的;人单合一模式下,企业听员工的,员工听用户的。战略转型、组织重构和关系转变带来的是整个商业模式的重建。

**要求:** 根据上述思政案例内容,思考以下问题。

1. 责任会计的理论基础有哪些?
2. 阐述法约尔的组织管理理论中的分工、权力与责任、统一方向、个人利益服从集体利益、集权与分权等思想与责任会计之间的关系。
3. "人单合一"模式中,海尔集团责任中心的基本单位是什么?
4. 习近平总书记2020年9月在湖南长沙考察调研时说:"创新是企业经营最重要的品质,也是今后我们爬坡过坎必须要做到的。"阐述海尔集团的"人单合一"模式是对责任会计哪些方面的创新?

## 【本章小结】

责任会计是指在组织企业经营时,按照分权管理的思想划分各个内部管理层次的相应职责、权限及所承担义务的范围和内容,通过考核评价各有关方面履行责任的情况,反映其真实业绩,从而调动企业全体职工积极性的管理会计子系统。责任中心按其权责范围大小划分为成本中心、利润中心和投资中心三大类。

内部转移价格是指在实行责任会计的企业内部,有关责任中心之间转移中间产品或提供劳务时所运用的内部结算价格。平衡计分卡是从财务、客户、内部运营、学习与成长四个角度,将组织的战略落实为可操作的衡量指标和目标值的一种新型绩效管理体系。

【在线测试题】 扫描书背面的二维码,获取答题权限。

扫描此码

在线自测

## 【思考题】

1. 什么是责任会计?为什么要建立责任会计制度?
2. 什么是成本中心?成本中心的考核指标是什么?如何对成本中心进行业绩评价?
3. 什么是利润中心?利润中心的考核指标是什么?如何对利润中心进行业绩评价?
4. 什么是投资中心?投资中心的考核指标是什么?如何对投资中心进行业绩评价?
5. 平衡计分卡由哪些维度构成?

# 第11章 战略管理会计

【思政名言集锦——劝学篇】

三更灯火五更鸡,正是男儿读书时。黑发不知勤学早,白首方悔读书迟。

——颜真卿《劝学》

及时当勉励,岁月不待人。

——陶渊明《杂诗》

纸上得来终觉浅,绝知此事要躬行。

——陆游《冬夜读书示子聿》

【学习目标】

通过本章学习:了解战略管理的内涵、基本程序及层次;了解战略管理会计的内涵、特点及基本内容。

【引导案例】

## 宜家实施战略成本管理

根据波特的观点,基本的竞争战略有两种:成本领先战略和差异化战略。而宜家根据其发展需要,将两种战略进行了创造性的结合运用。宜家创立于1943年,从简单的文具邮购业务开始,已发展成为分布于全球42个国家、拥有180家连锁商店的庞大集团,成为全球最大的家居用品零售商。宜家以"生活,从家开始"为口号,坚持低价格、多品种、高质量、美观实用的经营理念,不断发展壮大。宜家成功的秘诀在于:从战略高度出发,进行战略成本管理,从而保持公司的长久竞争力。

在成本领先战略方面:宜家自成立之日起,就以低成本作为其产品生产的战略目标之一,并将这种意识贯穿于整个经营过程。比如,在研发方面,宜家产品的开发系列包含大约10 000种产品,而整个研发工作的基本思想就是:打造低价位、设计精良、实用性强的家居产品,为人人所有。从设计研发开始,低成本已成为宜家的一种战略理念。在采购环节上,宜家与供应商保持着长久的合作伙伴关系,不仅对产品有着较高的质量要求,而且鼓励供应商之间的良性竞争。在这种模式下，宜家既获得了高质量的商品，又实现了采购环节的成本节约。在销售方面，宜家通过设定专门的店面，控制销售渠道，避免不必要的成本消耗。

在差异化战略方面：在宜家发展之初，虽然其产品价格低廉，但是由于产品缺乏特色，曾遭遇不断的降价压力。后来，宜家非常注重产品特色化，尤其在产品的研发设计环节，一直坚持由自己设计所有产品并拥有其专利，每年有 100 多名设计师为这一目标而努力。宜家出售的产品彰显了"简约、自然、清新、设计精良"的独特风格。此外，宜家产品的销售也是与众不同的。在销售流程上，宜家从顾客立场出发，根据顾客的品位和需求，提供简单而富有创意的设计和服务，从而深得顾客的喜爱；在销售方式上，宜家的店面销售别具一格，"服务人员"不向顾客促销某件产品，而是由顾客自己决定和体验，除非顾客需要向其咨询。

## 11.1 战略管理概述

### 11.1.1 战略与战略管理的含义

在西方，"战略"一词来自希腊语"strategos"，其含义是"将军指挥军队的艺术"。在我国，《辞海》中对"战略"一词的定义是："军事名词，指对战争全局的筹划和指挥，依据敌对双方的军事、政治、经济、地理等因素，照顾战争全局的各方面，规定军事力量的准备和运用。"随着经济的发展，"战略"一词已经被广泛应用于社会、经济、文化、教育和科技等领域。概括来说，"战略"是指重大的、全局性的、长远性的谋划。

"战略管理"一词是 1976 年由美国学者安索夫在《从战略计划走向战略管理》一书中首先提出的。战略管理的重点不是战略而是动态的管理，它是一种全新的管理思想与方式。它的特点是，指导企业全部活动的是企业战略，全部管理活动的重点是制定战略和实施战略。战略管理的任务就在于，通过战略制定、战略实施、监控和评价战略业绩以及必要时的战略调整，实现企业的战略目标。综上所述，战略管理是确定企业使命，根据企业外部环境和内部经营要素设定企业的组织目标，保证目标的正确落实并使企业使命最终得以实现的一个动态过程。

### 11.1.2 战略管理的基本程序

战略管理的基本程序是从根据企业内、外环境因素分析制定战略开始，到评价和控制战略管理，最后又回到企业内外环境分析的一整套贯穿企业管理始终的循环过程。

**1. 制定战略**

由企业高层管理者分析企业的内外经营环境，明确企业的目标，选择企业的战略，制定企业的政策。

**2. 战略实施**

在明确企业战略后，建立一个战略实施计划，将企业战略具体化，使之在时间安排和资源分配上有所保障。要根据新战略来调整企业的组织形式、人员配备、领导方式、财务计划、生产管理制度、企业文化等各项管理活动，目的是通过这些战略措施使企业战略的实施更为有效。

**3. 战略的评价和控制**

战略实施到一定阶段，应对其执行的过程和结果及时评价，并将评价后所得到的信息及时、准确地反馈到企业新的战略管理的各个环节中并加以改善。当出现战略实施的进度和结果与原计划有偏差时，企业管理当局应该从战略实施的计划体系或实施措施、企业的政策、战略、目标、宗旨等方面进行检查纠正。值得注意的是，如果这种偏差源于企业外部经营环境中的关键因素发生了重大或根本性的变化，而不是源于企业自身，那么企业的整个战略都要重新制定。

### 11.1.3 战略管理的基本层次

企业总体战略管理、经营部门战略管理以及职能部门战略管理构成了一个企业的战略管理层次，它们之间相互作用、紧密联系。只有企业战略管理的各个层次相互配合、密切协调才能增强企业的凝聚力，才能更有效地贯彻与实施企业战略。

**1. 企业总体战略管理**

企业总体战略管理是企业最高管理层为整个企业确定的长期目标和发展总方向，即一方面，从企业全局出发，根据内外部环境选择企业所从事的经营范围和领域；另一方面，在确定所从事的业务后，明确发展方向，并以此为基础在各经营管理部门之间进行资源分配，以实现企业整体的战略意图，这也是企业战略实施的关键所在。

**2. 经营部门战略管理**

经营部门战略管理包括竞争战略和合作战略，它处于战略管理的第二个层次，它把企业总体战略中规定的方向和意图具体化，是针对各项经营事业的目标和策略。

**3. 职能部门战略管理**

职能部门战略管理主要是确定各职能部门（如生产、市场、财会、研究与开发、人事等部门）的近期经营目标和近期经营策略。它是在高层次战略方针的指导下，规划如何充分利用人力、物力和财力，创造优异的工作业绩，为实现企业总体的战略目标而服务。

【政策研学 11-1】　　《管理会计应用指引第 100 号——战略管理》

扫描此码

深度学习

## 11.2 战略管理会计概述

### 11.2.1 战略管理会计的产生

20世纪80年代以来,企业面临的制造环境发生了很大的变化,企业的竞争日趋激烈,而传统管理会计在成本计算系统、成本控制系统和业绩报告系统等方面,已不适应新的制造环境。鉴于传统管理会计存在的问题,为适应战略管理的需要,战略管理会计逐渐形成。1981年英国学者西蒙斯(Simmonds)首次提出了"战略管理会计"一词,他也被公认为是战略管理会计之父。

### 11.2.2 战略管理会计的含义

关于战略管理会计的定义有很多观点。西蒙斯认为:"战略管理会计是提供并分析有关企业和其竞争者的管理会计数据,以发展和监督企业的战略。"他认为战略管理会计应该侧重于本企业和竞争对手的对比,收集竞争对手关于市场份额、定价、成本、产量等方面的信息,并认为"战略管理会计"就是未来管理会计发展的方向。布罗姆威奇(Bromwich)和比姆尼(Bhimani)相互合作,在发表的CIMA论文中,将战略管理会计定义为"提供并分析有关公司产品市场和竞争者成本及成本结构的财务信息,监控一定期间内企业及竞争对手的战略"。克拉克(Clarke)将战略管理会计的主要要素归结为"从战略角度提供有关公司市场和竞争者信息,同时也强调内部信息"。

目前,在西方经济发达国家,战略管理会计理论仍处于发展初期,无论是基本内容还是基本方法都尚未成熟化、规范化。但无论何种观点,对战略管理会计需要解决的主要问题的看法是基本一致的,即:如何适应变化中的内外部条件,企业资源在内部如何分配与利用,如何使企业内部之间协调行动以取得整体上更优的战略效果。

总而言之,本书认为战略管理会计是以实现企业价值最大化为目标,从战略的角度审视企业外部和内部信息,搜集、加工和整理企业财务与非财务信息、数量与非数量信息,并据此来帮助管理当局进行战略的制定、执行和考评,揭示企业在整个行业中的地位及其发展前景,建立预警分析系统,以维持和发展企业持久的竞争优势。

总之,战略管理会计是在当今企业经营环境瞬息万变、全球化市场竞争空前激烈的情况下,为满足现代企业实施战略管理的特定信息需要而建立的新的管理会计信息系统。它对现代会计体系将产生深远的影响。

### 11.2.3 战略管理会计的目标

战略管理会计的目标是指战略管理会计工作预期将要达到的目的,它可以分为最终目标、直接目标和具体目标三个层次。

(1) 战略管理会计的最终目标应与企业的总目标具有一致性。传统管理会计的最终目标是利润最大化,它能促使企业加强核算和管理,但是没有考虑企业的长远规划和市场经济条件下重要的因素——风险。战略管理会计克服了利润最大化的短视性和忽略市场风险因素的缺点,立足于企业的长远发展,考虑了货币时间价值和风险因素,把企业价值最大化作为自己的最终目标。

(2) 战略管理会计的直接目标是为企业战略管理和决策提供信息支持,该信息应包括有助于企业实现战略目标的财务信息和非财务信息。而战略管理会计的具体目标主要包括四个方面:协助管理当局确定战略目标;协助管理当局编制战略规划;协助管理当局实施战略规划和协助管理当局评价战略管理业绩。

### 11.2.4 战略管理会计的特点

战略管理会计之所以产生并发展,既是配合企业战略管理的兴起,也是原有管理会计基本思想、基本理论和基本方法不断丰富和发展的产物。对比传统管理会计,战略管理会计具有以下几方面的特点。

#### 1. 会计主体范围的广泛性

传统的管理会计发挥的预测、决策、规划、控制和考评的职能只限于企业本身这个会计主体。而战略管理会计超越了某一会计主体范围,延伸到企业之外更为广泛的领域。例如,企业所处的宏观经济环境、社会文化背景和经济法律制度,尤为重要的是企业所处的行业竞争环境、竞争对手的状况等领域。

#### 2. 开放性

传统管理会计是一种"封闭型"的管理会计,强调对企业内部管理服务的职能,忽视了企业所处的外部环境。而战略管理会计从企业战略管理的角度出发把目光不仅放在本企业内部,还更多地投向了影响企业的外部环境,提供超越企业本身的更全面、更有用的信息,是一种"开放型"的管理会计。这些外部环境(例如,经济市场、经济政策、法律制度、竞争对手、顾客等)的变化都会影响企业的战略目标。因此,开放的战略管理会计,增强了管理会计信息的相关性和有用性。

#### 3. 长远性和整体性

传统的管理会计着眼于有限的会计期间,以"利润最大化"为目标,注重短期利润最大,忽视了企业长远的经济利益。而战略管理会计从时间的角度来看,超越了单一的期间界限,着眼于企业长远的发展,着重从长期竞争地位的变化中把握企业未来的发展方向;战略管理会计从空间的角度来看,就是把企业管理作为一个整体,以企业管理的整体目标作为最高目标,通过不同部门之间相互协调和配合保证目标的实现。因此,战略管理会计需要为企业提供适用于企业评价、分析和控制整体经营战略的全面信息。

#### 4. 多样性

传统管理会计提供的会计信息局限于财务货币信息,而战略管理会计将信息扩展到更广的范围和更深的层次,包括财务的、非财务的、数量的、非数量的等各方面的信息,目的在于帮助企业高层领导人在进行战略管理和决策时,能从更广阔的视野和更深的层次进行分析研究。

**5. 及时性和有效性**

传统管理会计的业绩报告一般是每月或每周编报一次,因为大多数企业的管理会计系统是手工系统,管理会计信息及时性不高。而当今企业处于高度机械化和自动化制造环境中,企业内外部环境在不断变化中,这就使得战略管理在信息需求的数量和速度上大大提高。因此,在当今电算化的管理会计信息系统下,编制管理会计业绩报告的时间大为缩短,使得管理会计在问题发生的当时或当天就能提供相关的信息。

**6. 风险管理性**

战略管理会计研究的范围更加开阔,它高瞻远瞩地把握各种潜在的机会并回避各种可能的风险。例如,从事多种经营而导致的风险,由于流动性差导致的风险,由于行业结构发生变化导致的风险等。

### 11.2.5　战略管理会计的基本假设

战略管理会计的基本假设是实现战略管理会计目标的前提条件,它同传统会计一样也是建立在会计主体、会计分期、持续经营和货币计量四个方面的基本假设基础上,但是内容有所不同。

**1. 会计主体多元化假设**

会计主体是对会计活动空间范围的界定。传统的财务会计和管理会计都把会计主体局限于一个企业或一个单位,仅仅提供一个会计主体的信息。在战略管理条件下,会计主体一元化假设已不适用于战略管理会计,必须加以修正。战略管理会计在会计主体上应具有更大的灵活性,它不再局限于单个企业或企业内各责任单位,还应包括整个企业集团或跨国企业以及企业的外部环境。如竞争对手等。它既可以是上述实体单位,又可以是诸如网络企业那样的虚拟单位,因此,战略管理会计的会计主体不再是单一主体,而是多重主体或虚拟主体。

**2. 灵活分期假设**

虽然战略管理会计在很多领域还涉及会计分期,但已不局限于月、季、年的传统分期,而是根据企业自身情况灵活进行分期,并且借助于信息技术的高速发展,将来完全有可能以事项会计为基础,实现报告的实时性。灵活分期假设即把企业持续不断的经营活动和分析、决策、评价活动划分为一定的期间,以便及时提供有用的信息。战略管理会计的分期根据企业战略管理的实际需要进行,具有很大的灵活性。可以短到1天、1周或1季,也可以长到10年、20年,不受财务会计的月、季、年分期的限制。

**3. 持续经营假设**

虽然从目前及长远的发展情况来看,经济活动日趋复杂,金融创新工具不断涌现,企业风险不可避免,并且企业随时都有破产或被兼并的可能。但是,在进行战略管理会计理论研究时,仍有必要回避企业所面临的各种生存风险,为企业设定一个无期限的运行方式,以此作为战略管理会计运行的必要前提。持续经营假设指战略管理会计主体在可预见的未来不会被清算或终止,企业将无限期地延续下去,唯有如此,才能确保战略管理会计的一系列原则和专门方法稳定而有效地得到运用。战略管理会计致力于企业长期发展和长期竞争力的培养,尤其需要强调设立这一假设的特殊意义。

**4. 货币与非货币计量假设**

知识经济时代,大量非货币信息充斥于社会经济活动中。管理的重心将从有形资产转向无形资产,从财务资源转向知识资源。战略管理不仅要利用货币计量的信息,而且要利用非货币计量的信息,这就要求战略管理会计除提供必要的财务信息外,还要比传统管理会计提供更多的非财务信息,如产品质量、市场占有率、顾客满意程度等。显然,传统的货币计量手段无法满足这一要求,因此,采用多种计量手段是战略管理会计科学而现实的选择。货币与非货币计量假设是指战略管理会计在进行预测、决策、控制、分析和业绩评价时,除使用大量的货币计量手段外,还要使用大量的非货币计量手段,如以实物量、时间量、相对数等为单位进行计量。

## 11.3 战略管理会计的基本内容

如前所述,战略管理过程是由战略制定、战略实施、战略的评价和控制三个环节构成,相应地,战略管理会计的基本内容首先应当包括战略制定会计、战略实施会计和战略评价和控制会计三项。它们既分别服务于战略管理的相应环节,又相互联系,形成一个完整的战略管理会计内容体系。战略管理会计所包括的内容随战略管理实践的发展而动态变化,结合多方观点,本书认为战略管理会计的基本内容应包括以下几个方面。

**1. 制定战略目标**

协助企业制定战略管理目标是战略管理会计的首要任务。由企业高层管理者分析企业的内外经营环境,明确企业的目标,选择企业的战略,制定企业的政策。具体包括制定企业总体战略目标、经营部门战略目标以及职能部门战略目标。战略管理会计要从企业内部与外部收集各种信息,提出各种可行的战略目标,以便供企业管理者决策。

**2. 战略管理会计信息系统**

战略管理会计信息系统是指收集、加工和提供战略管理信息资料的技术与方法体系。战略管理会计作为战略管理的决策支持系统,面对的是复杂多变的外部环境和大量半结构化、非结构化的战略决策问题,因而它需要的信息来源、数量、特征和加工处理都与传统管理会计有着明显的不同,需要重新对原有管理会计信息系统进行设计和改进。战略管理会计信息系统提供的信息主要包括:有关企业基本情况的信息说明;对企业分析、预测以及竞争对手进行比较的信息;客户方面的信息;竞争对手的分析评价信息;政府政策、市场情况、国际形势及可能影响企业发展方面的信息;企业自愿披露的其他信息等。

【政策研学 11-2】《管理会计应用指引第 802 号——管理会计信息系统》

扫描此码

深度学习

### 3. 战略投资规划

广义的投资战略包括直接投资战略和间接投资战略。直接投资战略是指为直接进行生产和从事其他经营活动,而在土地、厂房设备及其他有关方面进行的投资。这种投资获得对企业的全部或部分所有权和控制权。间接投资是指投资者通过贷款、购买证券等方式,将资本转移给企业,企业再将资本投入到生产经营中去的投资。这种投资只能获得贷款或证券的利息或股息,而没有对企业的管理权和控制权。间接投资一般称为证券投资。从管理会计角度,战略投资规划重点是搞好投资评估。资产、盈利能力和成长性是投资评估时考虑的最基本的三个要素。在进行资产评估时,首先要关注资产负债表。对于有形资产可以直接估价,对于无形资产应该适当降低对资产负债表的依赖,要考虑资产的特性和所处行业的竞争态势。衡量投资内在价值的第二个标准是分析其盈利能力,要把未来的收益转化为现在的内在价值就需要对未来的收益和资本成本的关系进行假设,一般来说,投资项目的盈利能力价值可以用以下公式表示:

$$盈利能力价值 = 调整后的未来收益 / 资本成本成长性$$

式中,经过调整的未来收益与未来现金流保持一致,未来的收益维持稳定;资本成本成长性是最不确定的价值因素,其衡量难度较高。因此,分析投资项目的市场竞争状态、特许经营或专利保护的存在性和持续性是关键。

### 4. 战略成本管理

正如成本管理是传统管理会计的重要内容一样,战略成本管理也是战略管理会计的重要内容。战略成本管理产生于 20 世纪八九十年代的西方发达国家,它是指为了获得和保持企业持久竞争优势而进行的成本分析和成本管理,即根据企业所采取的战略建立相应的成本管理系统。战略成本管理的方法包括战略定位分析、战略成本动因分析、价值链分析、目标成本计算和改进成本计算、产品生命周期成本计算等。

### 5. 战略业绩评价

战略业绩评价是将业绩评价指标与企业所实施的战略相结合进行分析和评价,针对企业不同的战略目标,而采用不同的业绩评价体系。战略业绩评价是一个过程,包括以下几个步骤:选出必须评价的业绩;规定业绩标准;测定实际业绩;将实际业绩与业绩标准进行比较,揭示差异,并分析原因。战略业绩评价包括财务与非财务业绩指标的评价。对于责任中心财务业绩指标的评价,可以采用传统的责任会计方法;对于责任中心非财务业绩指标的评价,则要以分级的平衡计分卡为依据,收集并加工数据,定期编制报告,进行业绩评价。

【思政经典案例】 及时调整战略和预算加强成本和风险管控
——上海铁路局运用管理会计战疫情稳发展

扫描此码

深度学习

## 11.4 战略管理会计的主要方法

### 11.4.1 战略定位分析

**1. 战略定位分析的含义**

目前,学术界关于战略定位的含义尚未形成统一的观点。但大多数学者认为:"战略定位即企业在赖以生存的市场上如何选择竞争武器以对抗竞争者、并获得持久的竞争优势的策略。战略定位的过程就是根据企业所处的经营环境(包括企业自身条件的制定以及竞争对手的情况)取得竞争优势的过程。"还有学者认为:"战略定位就是把战略思想运用到成本管理系统中,通过企业的优势和风险分析,选择最有利于企业的战略成本管理方法,目的是提高企业的核心竞争力。"仔细分析可知,这些定义的本质都是通过提高企业的竞争优势,从战略的高度进行成本管理。

战略定位分析是指企业通过对所处的战略环境进行分析,确定应采取的战略,从而明确成本管理的方向,建立与企业战略目标相适应的成本管理战略。企业首先要对自己所处的内外部环境进行详细、严密的调查分析,才能确定以怎样的竞争战略保证在既定的行业、市场和产品中击败竞争对手,从而确立自身的竞争优势地位。企业在确定战略定位的同时也就确定了企业资源的配置方式以及相应的管理运行机制。

**2. 战略定位分析的方法**

战略定位分析的方法主要有波特五力模型、SWOT 分析法和 PEST 分析法三种。

(1) 波特五力模型。五力模型是迈克尔·波特于 20 世纪 80 年代初提出,对企业战略制定产生了全球性的深远影响。它在竞争战略的分析中,可以有效分析企业的竞争环境。"五力"分别是供应商的讨价还价能力、购买者的讨价还价能力、潜在竞争者进入的能力、替代品的替代能力和行业内竞争者现在的竞争能力。五种力量的不同组合变化,最终影响着行业利润潜在变化。

行业竞争的波特五力模型如图 11-1 所示,行业内现有企业间的竞争主要表现在价格、服务、质量等方面,通过分析可以获得竞争对手的基本情况、有哪些主要的竞争对手、竞争对手的优势与劣势、竞争对手的现行战略及未来目标等信息。影响企业间竞争状态的主要因素包括：竞争对手的数量及实力差异，固定成本、市场增长率及储存费用，行业内的专业成本、退出障碍等。

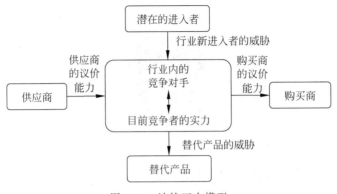

图 11-1　波特五力模型

这五种力量的竞争结果会使新竞争者通过低价格将价值转移到消费者身上，或者通过提高竞争成本导致价值损失；强大的购买者将为自己争得价值；替代品为产品的价格确定最高价格极限；强大的供应商将为自己争得价值；竞争对手的作用与新竞争者相同，将价值转移给消费者或通过提高竞争成本导致价值损失。

（2）SWOT 分析法。正确进行战略定位，首先就要对企业的自身条件和外部的经营环境进行分析。企业可通过 SWOT 分析法识别、找出关键成功因素，从而确定企业所采用的竞争战略。SWOT 分析法是指企业在制定竞争战略时，通过周密地审视企业营运环境，以确定外部存在的机会（opportunities）与威胁（threats），同时确定企业的优势（strength）与劣势（weakness）。这些因素是影响企业的生存与发展的最重要的因素，统称为战略因素。通过将企业面临的市场机会和威胁，与企业的优势和劣势相比较，确定一个企业的总体性战略（成本领先或差异化）以及关键成功因素，从而制定出企业的战略目标。

SWOT 分析有四种不同的组合，即"SO、WO、ST、WT"。这些组合将企业的竞争地位与企业的优势、劣势、机会、威胁联系起来并形成多元的应对战略，如表 11-1 所示：

表 11-1　SWOT 分析

| 系统因素<br>战略选择<br>环境因素 | 优势（S）<br>…… | 劣势（W）<br>…… |
|---|---|---|
| 机会（O）<br>…… | 优势—机会（SO）战略<br>（增长战略） | 劣势—机会（WO）战略<br>（转型战略） |
| 威胁（T）<br>…… | 优势—威胁（ST）战略<br>（多样化战略） | 劣势—威胁（WT）战略<br>（防御战略） |

SWOT 分析法通过对企业的内部优劣势和外部环境进行分析，提出了如何选择相应的战略方案的思路和合理框架。

（3）PEST 分析法，是指对宏观环境的分析。"PEST"分别代表了"政治""经济""社会"和"技术"。PEST 分析法主要是针对企业所面临的，对其发展影响较大的几个环境因素，主要有政治（political）、经济（economic）、社会（social）、技术（technological）等。对这四个角度展开分析，基本可以涵盖企业未来受到外界影响的各种因素，并根据可能存在的影响，确定企业应该选取的发展战略。

### 3. 竞争战略的类型

战略定位分析与竞争战略分析存在着密切的关系。战略成本管理强调事前控制，通过确定战略目标和竞争战略这些科学有效的事前规划，可以为企业日后的经营节约大量的成本费用开支，这正是战略成本管理的精髓所在。此外，三种基本战略在理论分析上有各自独立的意义：在产品性能与质量的差距不大的情况下，可选择成本领先战略取胜，即努力以降低成本、降低售价来取得竞争优势；在成本差距不可能拉大的情况下，可选择实施差异领先战略和目标聚集战略，即以生产比对手更优的产品来显示差异，吸引顾客。总之，三种模式都具有鲜明的市场特性，都立足于竞争优势。应该特别注意的是，一个企业要获得竞争优势就需要进行抉择，即企业要就争取哪一种优势和在什么范围内争取优势的问题进行选择。

竞争战略是由美国哈佛商学院著名的战略管理学家迈克尔·波特提出的，分别包括：成本领先战略、差异化战略、聚焦战略。如图 11-2 所示，企业必须从这三种战略中选择一种，作为其主导战略。要么把成本控制在比竞争者更低的程度；要么在企业产品和服务中形成与众不同的特色，让顾客感觉到你提供了比其他竞争者更多的价值；要么企业致力于服务于某一特定的市场细分、某一特定的产品种类或某一特定的地理范围。竞争战略是对企业的某一业务领域如何在市场进行竞争的总体谋划。

图 11-2　三种竞争战略

成本领先战略也称为低成本战略，是指企业通过有效途径降低成本，使企业的全部成本低于竞争对手的成本，甚至是在同行业中最低的成本，从而获取竞争优势的一种战略。差异化战略是指通过产品研发，力求就客户广泛重视的方面在产业内突出特色，或在成本差距难以进一步扩大的情况下，生产比竞争对手功能更多、质量和服务更优的产品，以获得竞争优势的战略。相对于成本领先者服务于典型的某一产业中的顾客，采取差异化战略的企业瞄准那些对它们来说价值是通过公司的产品与竞争对手生产和销售的产品之间的差异而产生的顾客。差异化通常可划分为垂直差异化和水平差异化两种类型。聚焦战略又叫目标集中战略，是指以某个特定的消费者群体、某产品或服务系列的一个细分区段或某一个地区市场为目标，通过一系列优化市场行动，逐步赢得目标市场竞争优势的战略，即企业集中使用资源，以快于过去的增长速度来增加某种产品的销售额和市场占有率。

### 11.4.2 价值链分析

**1. 价值链的含义**

价值链思想最早由美国麦肯锡咨询公司提出,而价值链的基本概念最早出现在 1985 年出版的《竞争优势》一书中,该书的作者是美国哈佛大学商学院教授迈克尔·波特。波特后来将他的理论思想不断拓展延伸和完善修正,并被众多企业应用到实践当中,效果非常显著。他认为企业应该是"一系列活动"的集合体,其目的是为最终满足顾客需要而设计的,其实质是企业运作的作业链,其货币表现体现在企业最终提供给客户产品或服务时形成的企业价值链。

波特将价值链分为横向价值链和纵向价值链。从横向角度看,可把企业的价值活动分为九种,如图 11-3 所示。

图 11-3 企业的价值活动

从纵向角度看,它是从整个行业对价值增值活动进行规划,考虑供应商、经销商和顾客在价值链中的作用与影响。通过以上分析来了解企业当前所处的地位,以及各个环节对其价值形成的作用,从而确定企业由目前的位置沿着价值链向前向后延伸是否有利可图,以提高企业的整体优势。

价值链是企业为客户生产有价值的产品和提供服务而发生的一系列的价值增值活动。因为企业最终向客户交付产品和提供服务都必须经过研发、生产、市场营销等活动,即一系列作业。每当企业完成一项作业,一定的资源就会被消耗,会对最终产品产生价值增值的作用,一系列作业都应该成为企业产品价值增值的动力,最终产品凝结了各个作业链所形成的最终提供给客户的价值,这一价值的形成和增值过程就叫价值链。因此,作业链就表现为价值链,即作业的转移伴随着价值的转移。

**2. 价值链分析的含义**

价值链分析是一种用来全面分析企业的竞争优势,帮助企业制定、实施和检测竞争战略的方法,同时通过区分企业增值的关键环节、不增值环节和低效环节进行改进,从而达到降低成本、取得竞争优势的目的。在战略管理会计中,运用价值链分析就是要通过从战略角度对行业价值链进行分析以了解企业在行业价值链中所处的位置;对企业内部价值链进行分析以了解自身的价值链;对竞争对手的价值链进行分析以了解竞争对手的价值链。

### 3. 价值链分析的内容

（1）企业内部价值链分析。企业内部价值链分析的目的就是找出最基本的价值链，再将其分解为单独的作业，考虑作业所占成本的比重，以及竞争对手在进行该作业时的成本差异，进而区分增值作业与非增值作业，探索提高增值作业的效率，最终达到降低成本的目的。同时，企业应把握这些内部价值链之间的联系，采取协调和最优化两种策略来提高效率或降低成本。首先，企业应该在对这些联系进行分析的基础上将工作流程重整，使资源的配置与效益挂钩，实现最优化。然后，通过改善企业内部各车间、各部门相互之间的关系，使各作业活动面配合融洽、信息沟通充分，从而使整体作业的效率达到最高。

企业内部价值链分析分为内部成本分析和内部差异价值链分析两部分。企业内部成本分析是要找出企业价值产生的主要作业活动，根据每一个主要活动进行成本动因分析，最后进行竞争优势分析。企业内部差异价值链分析是要找出产生顾客价值的主要作业活动，评估增加顾客价值的各种差异化策略，最终决定最佳的差异化策略。

（2）行业价值链分析。每一个企业从最初原材料投入到最终产品到达消费者手中，要经过一条较长的价值链，企业本身位于这一行业价值链的某个阶段。行业价值链分析能让企业明确自己在行业价值链中的地位，分析利用上下游价值链的各种可能性以实现最佳的行业价值链。要取得并保持竞争优势，企业不仅要了解其自身的价值链还要对企业所在行业的价值链进行分析，这是因为最终顾客所支付的价值包含了整个价值链的利润。将企业价值链分析扩大到行业价值链，可以站在战略的高度上，考虑是否可以利用上、下游价值链进一步降低成本或调整企业在行业价值链中的位置及范围以取得成本优势。

（3）竞争对手价值链分析。战略管理会计的精髓是用战略大局的眼光评价企业，进而建立企业的竞争优势，对于竞争对手价值链的分析就更加说明了战略的意义。企业能否取得竞争优势，在很大程度上取决于如何面对竞争对手。如果对主要竞争对手的优劣势和战略缺乏必要的了解，企业就有可能过于注重短期决策，忽视长期战略问题，使企业遭受不必要的攻击，遇到意料之外的竞争压力。竞争对手价值链的分析目的就是通过对竞争对手的价值链进行分析，了解竞争形势和企业面临的问题，明确企业的成本优势，明确竞争者的成本优势，这样可以使企业有的放矢地建立自己的竞争优势，同时在分析竞争对手价值链的过程中，会发现同一指标更先进的水平，那么企业就可以此来建立标杆，并以此衡量和改进自身的活动。对于企业竞争对手的价值链分析，存在着无法全面了解其价值链的障碍。通常我们既可以对竞争对手的上游、下游企业进行调查，以了解它的原料成本和销售活动，又可以通过对其产品的分析，大致了解其产品的设计和生产状况，因此，通过各种渠道的调查可以基本掌握对本企业有价值的信息。

## 11.4.3 战略成本动因分析

战略成本动因是与战略管理有关的成本动因。成本动因（cost driver）是指引起产品成本发生的原因。从价值链的角度看，每一个创造价值的活动都有一组独特的成本动因，各相关成本动因结合起来可以决定一种创造价值活动的成本。成本动因或多或少能够置于企业控制之下，控制成本不是控制成本本身，而是控制引起成本发生和变化的原因。识别和分析成本动因有助于认识企业成本地位及其形成和变化的原因,为强化成本管理提供了有效途径。战略管理会计所强调的成本动因可以分为结构性成本动因和执行性成本动因两大类。

(1) 结构性成本动因是指决定组织基础经济结构的成本驱动因素,这种动因体现了企业的长期决策、其在行业和市场中的定位。结构性成本动因可能会变化,一般包括构成企业基础经济结构的企业规模、业务范围、经验积累、技术和厂址等。例如,大型医药公司就享有规模经济的好处,可降低高昂研发的单位成本。

(2) 执行性成本动因是指与企业执行作业程序相关的成本驱动因素,体现企业如何利用资源以实现其短期和长期目标方面的经营决策,这些成本动因是由管理政策、风格和文化所决定的。公司在人力和实物资源方面执行得如何,将决定其成败。这些成本动因是结构性成本动因决定以后才成立的成本动因,一般包括参与、全面质量管理、能力应用、联系、产品外观及厂址布局等。例如,工人授权和扁平式组织可以帮助许多公司实现持续改进。

结构性成本动因与执行性成本动因中,很多是非量化的动因,但其对产品成本的影响大、更持久,因而也更应予以重视。在企业基础经济结构既定的条件下,通过执行性成本动因分析,可以提高产生各种执行性成本动因的能动性,并优化它们之间的组合,从而使价值链活动达到最佳效果。而对于结构性成本动因,未必总是越多越好,是一个扩张战略目标的选择问题。盲目扩大规模、范围或进行技术开发和迁移厂址会对成本带来负面影响;放弃发展战略,故步自封,不利于企业的生存和发展。

### 11.4.4　产品寿命周期分析

任何产品投入市场后最终都会被新产品取代然后退出市场,都存在一个生命周期。根据产品生命周期理论,这一周期包括产品投放期、增长期、成熟期和衰退期。在不同的阶段,企业会面临不同的机会和挑战,应采取不同的竞争战略。如在投放期,主要关注消费者的满意度和产品的缺陷,以便在技术上改进和完善;在成长期,主要以提高市场占有率为目标;在成熟期,主要以保持市场份额和竞争地位为目标;在衰退期,主要以维护生产能力和力争现金流入为目标,甚至不惜牺牲部分市场份额。

### 11.4.5　质量成本分析

在全面质量管理制度和适时采购与制造系统下,为了使产品达到零缺陷,企业开始非常重视质量成本分析。质量成本分析是以质量成本核算提供的数据为基础,结合相关的计划、定额、统计和技术资料,运用一定的方法对产品质量各组成因素变动的内因和外因及相互间的关系进行的分析。产品质量成本可分为预防成本、鉴定成本、内部损失成本和外部损失成本。质量成本分析有利于企业完成质量成本计划,激励和评价各种改进质量的业绩,从更新的角度进行全面质量管理。

应当指出,战略管理会计的方法远不止以上几种,并且会随着战略管理会计的发展而不断发展和完善。

## 【思政案例分析】　　　　　华为的战略管理助力化危为机

在华为的发展历程中,遇到过诸多突发事件,从供应商的断货、思科知识产权的诉讼,到美国的断供,华为从不缺少挑战。

1990年前后,为华为供货的企业被收购了,开始不给华为公司供货。在这样的情况下,任正非做出了自我研发的决策。于是,华为开始自己组装,研制了第1代产品,到了第2年,华为就开发了自有知识产权的用户交换机,产品型号BH03。所以是断货,让华为走上了自我研发之路。到了1993年,在郑宝用的带领下,华为开发了第一代面向邮电系统的数字程控交换机,产品名称CC08,这也决定了华为公司的发展道路从农村逐步走向城市。1994年年底,华为首次参加在北京举办的国际通讯展。第2年,华为就开始了海外拓展之路。到了2000年,华为在海外的业务已经取得了一定的突破。

到了2003年,华为已经开始对思科形成了一定的威胁。2003年元旦后,思科在美国发起了对华为的知识产权诉讼,这对华为是一个巨大的打击。但是,2004年,这场官司被华为成功化解。商场如战场,谁能够帮助你呢?任正非在部队的时候是学毛选的标兵。毛主席说,敌人的敌人就是朋友,当华为面对思科的诉讼时,我们的第一反应就是,思科的敌人是谁?最后,华为成功跟思科的最大的竞争对手——3Com走到了一起。历时一年半,这场官司自然就被华为化解了。思科的总裁钱伯斯说:我要去看一下,华为凭什么跟我思科握手言和?当年的思科是业界的巨无霸,华为公司还非常的弱小。但是钱伯斯离开华为前的最后一句话是:华为是最强硬的竞争对手,我非常尊敬华为。

2018年,华为公司的研发投入达到1000亿元人民币,现在在知识产权方面,华为公司是中国第一、全球第一。华为投这么多钱只有两个目的:保证华为公司在全球畅通无阻和成为与西方公司交换的砝码。

任正非的压力非常大,当国外的企业不足以抗衡中国企业的时候,外国的政府会做什么呢?阿尔斯通事件就是一个非常重要的案例。2011年,任正非就认识到这个问题:华为即将成为行业的老大,在这样的背景下,如何能够更长远地生存下去?于是,华为开始建造自己的"诺亚方舟"——2012实验室。"2012实验室"规模非常大,从此,华为公司开启了两条非常重要的路——把研究和开发分离,研究是花钱把不知道的变成知道的,开发是想办法把知识变成钱,既然不一样,从组织上就要进行隔离。"2012实验室"就是华为公司打造面向未来的"诺亚方舟",公司要创新,创新得有目标。2012年,任正非在跟"2012实验室"的干部、专家进行座谈时,有人就提出来了:现在的手机操作系统已经三分天下了,我们华为公司哪有机会再进入操作系统这个领域呢?任正非说:"正常情况下,我们是没有必要这样做的,进去这个市场也非常难。但是,一旦哪一天安卓系统不让你使用了,或者让你使用,但是每一台手机收费100美元的时候,该怎么办呢?"这件事情,真的像他预测得那样,2018年安卓就在欧洲开始收费了,这就是任正非的远见。后来,我们的操作系统做出来后,有人又提出:"我们现在做出来了,为什么不投入商用呢?"任正非说:"现在还没有必要商用,安卓是免费的,我们为什么要用自己的东西呢?"1991年,华为就开始了芯片的开发之路,到了2004年,正式成立了华为海思,聚焦芯片的开发。

在芯片开发上重要的战略点也是容灾,对于一个企业来说,一定要想到你的战略控制点究竟是什么,如果没有战略控制点,你就会被别人死死地掐住脖子。实际上,现在也是华为公司最困难的时候,2019年华为的心声社区专门评选的华为热词中有一个是——补洞。任正非说:"华为有4 000多个洞,因为早年开发产品时,我们都没有想过美国不供货的时候究竟是什么样子。所以从2019年年初开始,摆在华为面前的一个重要任务就是补洞。"任正非在誓师大会上发表了一个讲话,他说:"极端困难的外部条件,把我们逼向世界第一。敢战方有前途,善战才有胜利,面对困难要有心有惊雷而面不改色的定力。"到了下半年,华为运营商的补洞工作终于完成了,然后又对负责消费者业务的同事们说:"我曾经讲过钢铁是怎么炼成的。当前华为的状态就是在炼钢,过去我们是为了赚点小钱,现在是为了战胜美国。"

2019年,华为公司一季度的业绩同比增长39%,上半年同比增长了23%,全年同比增长了18%,达到了8 500亿元。相对来看,哪一家企业能够承受这么巨大的打击吗?在美国动用国家的力量遏制华为发展的背景下,华为仍然能同比增长18%。危与机是并存的,关键是如何准备能量,如何提升化危为机的能力。华为公司为了"过冬",有不少的准备过程和动作。

《华为基本法》就是准备过程之一。《华为基本法》总结、提升了公司成功的管理经验。《华为基本法》第82条有一段描述:华为在成本费用控制方面,主要关注五个方面:设计成本、采购成本和外协成本、质量成本、库存成本、期间费用。重点是控制设计成本、质量成本。

质量成本一直是华为成本控制的重点。如果产品质量有瑕,必然会导致退换货、维修、运输等成本相应增加。如果产品直接面向消费者,产品质量问题还有可能导致公司整体形象受损,甚至给公司带来毁灭性灾难。

资料来源:华为发展史中是如何化危为机[OL].[2020-05-06]. https://kuaibao.qq.com/s/20200506AZPRXS00?refer=spider.

要求:根据上述思政案例内容,思考以下问题。

1. 中文里的危机有两个解释,"危"是"危险"的意思,"机"是"机遇"的意思。危险中包含着机遇,机遇中蕴含着危险。作为一名大学生,你有哪些需要面对的危机,应该如何应对呢?

2. 毛主席说:"敌人的敌人就是朋友。"华为是如何利用这句话赢得思科知识产权诉讼案的?

3. 2018年5月,习近平总书记在北京大学考察时强调:"重大科技创新成果是国之重器、国之利器,必须牢牢掌握在自己手上,必须依靠自力更生、自主创新。"查找华为资料结合案例和习近平总书记的讲话谈谈华为采用了哪些战略管理会计的方法?

4. 华为的"补洞"属于企业战略管理的哪个过程?

## 【本章小结】

战略管理会计的形成和战略管理的产生有着密切的关系。由于企业管理从传统的注重内部的管理,发展到现代的既重视内部又重视外部的战略管理,企业管理需要的信息发生了变化,传统管理会计无法满足,其向战略管理会计方向的发展便成为必然。

战略管理会计的特点包括:会计主体范围的广泛性、开放性、长远性和整体性、多样性、及时性、有效性和风险管理性。战略管理会计研究的主要内容包括:制定战略目标、战略管理会计信息系统、战略投资规划、战略成本管理和战略业绩评价。战略管理会计的主要方法包括:战略定位分析、价值链分析、战略成本动因分析、产品寿命周期分析和质量成本分析。

【在线测试题】 扫描书背面的二维码,获取答题权限。

扫描此码

在线自测

【思考题】

1. 简述战略管理的基本程序。
2. 简述战略管理的基本层次。
3. 简述战略管理会计的特点。
4. 简述战略管理会计的基本内容。
5. 简述战略管理会计的主要方法。

# 参 考 文 献

[1] 金千.《CGMA管理会计能力框架》对我国高校的启示[J].教育财会研究,2016(6):80-81.
[2] 美国管理会计师协会.管理会计公告(2009—2019)[M].北京:人民邮电出版社,2020.
[3] 葛家澍,常勋.管理会计[M].沈阳:辽宁人民出版社,2009.
[4] 胡玉明.管理会计研究[M].北京:机械工业出版社,2008.
[5] 孙茂竹.管理会计学[M].北京:中国人民大出版社,2018.
[6] 温素彬.管理会计理论・模型・案例[M].北京:机械工业出版社,2019.
[7] 胡碧臣,陈娟.管理会计[M].长沙:湖南师范大学出版社,2019.
[8] 单昭祥,邓雪雅.新编现代管理会计学[M].大连:东北财经大学出版社,2015.
[9] 曹海敏,朱传华.管理会计学[M].北京:清华大学出版社,2011.
[10] 吴大军.管理会计[M].大连:东北财经大学出版社,2015.
[11] 胡碧臣,陈娟.管理会计[M].长沙:湖南师范大学出版社,2019.
[12] 张华伦.管理会计[M].西安:西安交通大学出版社,2009.
[13] 潘飞.管理会计[M].北京:清华大学出版社,2007.
[14] 刘运国.管理会计学[M].北京:中国人民大学出版社,2011.
[15] 隋静,高樱.管理会计学[M].北京:清华大学出版社,2018.
[16] 余绪缨,汪一凡.管理会计学[M].北京:中国人民大学出版社,2010.
[17] 冯巧根.管理会计(第三版)[M].北京:中国人民大学出版社,2018.
[18] 刘俊勇.管理会计[M].北京:高等教育出版社,2020.
[19] 龚巧莉.全面预算管理案例与实务指引[M].北京:机械工业出版社,2011.
[20] 郭晓梅.管理会计[M].北京:北京师范大学出版社,2012.
[21] 周亚力.管理会计——理论方法案例[M].上海:立信会计出版社,2006.
[22] 孟焰.西方现代管理会计的发展及对我国的启示[M].北京:经济科学出版社,1997.
[23] 王满,耿云江.管理会计[M].北京:清华大学出版社,2014.
[24] 林万祥.成本会计研究[M].北京:机械工业出版社,2008.
[25] 王平心.作业成本计算理论与应用研究[M].大连:东北财经大学出版社,2001.
[26] 王广宇,丁华明.作业成本管理——内部改进与价值评估的企业方略[M].北京:清华大学出版社,2005.
[27] 吴照云,等.战略管理(第二版)[M].北京:中国社会科学出版社,2013.

# 教师服务

感谢您选用清华大学出版社的教材！为了更好地服务教学，我们为授课教师提供本书的教学辅助资源，以及本学科重点教材信息。请您扫码获取。

## ▶▶ 教辅获取

本书教辅资源，授课教师扫码获取

## ▶▶ 样书赠送

**会计学类**重点教材，教师扫码获取样书

 清华大学出版社

E-mail: tupfuwu@163.com
电话：010-83470332 / 83470142
地址：北京市海淀区双清路学研大厦 B 座 509

网址：https://www.tup.com.cn/
传真：8610-83470107
邮编：100084